PRAXISBUCH
NLP

RONALD SCHWEPPE | ALJOSCHA LONG

PRAXISBUCH NLP

Die eigenen Kräfte aktivieren und sich auf Erfolg programmieren

südwest

Inhalt

Vorwort zur überarbeiteten Auflage

Nach dreizehn Jahren, einem Jahrtausendwechsel, zwei Hochzeiten, zwei Todesfällen und drei Geburten wurde es wirklich höchste Zeit, unser NLP-Praxisbuch zu überarbeiten. Und zwar grundlegend. Zum einen Teil haben uns unsere Leser Anregungen gegeben, zum anderen Teil waren es Klienten – und nicht zuletzt haben wir selbst uns auch weiterentwickelt.

Falls Sie die frühere Fassung dieses Buchs kennen, werden Sie natürlich ein paar Dinge wiedererkennen – doch insgesamt ist diese stark überarbeitete Fassung ein ganz neues Buch geworden. Unser ursprünglicher Titel wurde ein NLP-Bestseller, wobei natürlich auch kritische Stimmen ertönten. Manchen Lesern erschienen die Techniken zu kompliziert. Andererseits gab es aber auch Stimmen, die beklagten, wir seien an manchen Stellen nicht genug in die Tiefe gegangen. Von einer weiteren Seite wurde die Kritik laut, dass ein gesonderter Abschnitt für berufliche Situationen fehlte.

Wir nehmen jede Kritik ernst. Und vielleicht hat es auch deshalb so lange gedauert, bis wir endlich diese vollständige Überarbeitung schreiben konnten.

Wir hoffen, dass es uns gelungen ist. Das Buch ist nun noch anwendungsfreundlicher, praktischer und leichter zu lesen, die Übungen und Experimente sind leichter nachvollziehbar. Wir haben außerdem zahlreiche Anregungen, wie Sie das Gelernte gleich im Alltag einsetzen können, hinzugefügt – und es gibt jetzt auch einen Abschnitt für die Anwendung von NLP im Job. Andererseits haben wir den Stand der Wissenschaft berücksichtigt. Daher haben wir ein paar Übungen und Hypothesen gestrichen, die sich durch die empirische wissenschaftliche Forschung als un-

wirksam oder falsch erwiesen haben und die wir deshalb nur der Vollständigkeit halber kurz vorstellen.
Die vielen Jahre, die uns NLP begleitet, haben natürlich auch bei uns etwas verändert. Unter anderem sind uns ein paar Dinge über NLP klarer geworden:
Wir haben erkannt, dass NLP viel einfacher ist, als es klingt. Das sollte nicht so sein. Deshalb haben wir in diesem Buch versucht, NLP noch klarer und einfacher zu vermitteln. So, dass es jetzt so einfach klingt, wie es ist.

Der Geist ist wie eine Blume: Erst wenn er sich öffnet, zeigt sich seine ganze Schönheit.

NLP wirkt manchmal ein bisschen technisch, doch im Kern ist NLP ein Weg, der uns hilft, das zu verwirklichen, was in uns steckt. Durch NLP werden wir zu den Menschen, die wir wirklich sind.
Wir haben drei Dinge erkannt, die in der Praxis wirklich wichtig sind: Achtsamkeit, Offenheit und ein völlig unverkrampfter Umgang mit den NLP-Techniken. Die »Techniken« werden dann mit ein wenig Übung zu einer Lebenskunst.

Wir hoffen, dass Sie dieses Buch nicht nur in Ihrem Leben voranbringt, sondern dass es für Sie ein Lesevergnügen wird. Vor allem aber wünschen wir uns, dass Sie es genießen, die Vorschläge in Ihrem Leben zu verwirklichen und dass Sie die Veränderungen bewirken, die Sie sich vorstellen – oder sogar Veränderungen, die noch weit über das hinausgehen, was Sie sich heute vorstellen können!
Hören Sie auf sich selbst, sehen Sie zu, wie Sie innerlich wachsen, nehmen Sie Ihr Leben in die eigene Hand und setzen Sie Ihr gesamtes Potenzial frei!

München, August 2013

Aljoscha Long und Ronald Schweppe

Kapitel 1

Schritte zur Veränderung

Was ist NLP?

NLP steht für »Neurolinguistische Programmierung« oder »Neurolinguistisches Programmieren«. Das klingt sehr wissenschaftlich und technisch. Doch in NLP dreht es sich weder um Wissenschaft noch um Technik, sondern um den Menschen. Und zwar um den ganzen Menschen – mit all seinen schlummernden Möglichkeiten und Fähigkeiten. Mit NLP können Sie lernen, Ihr Potenzial zu wecken. Sie können erreichen, was Sie wollen, und Sie können werden, wer Sie wirklich sind. Sie werden staunen, was dabei alles zum Vorschein kommt!

Die Methode macht den Unterschied

Vielleicht haben Sie sich schon mehrmals in Ihrem Leben vorgenommen, etwas zu verändern. Möglicherweise wollten Sie schlechte Angewohnheiten, wie das Rauchen, aufgeben. Oder Sie hatten vor, etwas Neues zu lernen, beispielsweise eine Fremdsprache oder ein Musikinstrument. Manchmal waren es vielleicht auch Eigenschaften, wie Schüchternheit, die Sie gern abgelegt hätten. Oder Sie dachten daran, dass Sie einfach gerne besser mit Menschen zurechtkommen würden. Einiges davon ist Ihnen vielleicht gelungen, aber andere Dinge nur teilweise oder gar nicht – obwohl Sie sich möglicherweise sogar sehr darum bemüht haben. Was machte den Unterschied zwischen Erfolg und Misserfolg aus? Zufall? Waren die Dinge, bei denen Sie erfolgreich waren, nur leichter als die anderen?

Nein – der Unterschied lag allein darin, wie Sie vorgegangen sind. Vermutlich ist Ihnen gar nicht so klar, was Sie in Ihrem Leben schon alles geleistet haben. Sie haben Lesen und Schreiben gelernt und beherrschen zumindest eine Sprache sehr gut – Fähigkeiten, die Sie sich relativ mühelos angeeignet haben, obwohl diese Dinge nicht gerade unkompliziert sind! Und Sie können noch weitaus mehr, als Sie sich vorstellen können. Sie wissen nur noch nicht genau wie. Und eben darum geht es in diesem Buch: Sie werden erfahren, wie Sie die unglaublichen Möglichkeiten, die in Ihnen stecken, verwirklichen können!

Tun statt theoretisieren

Sie werden ein wenig über die Theorie des NLP hören – doch die Betonung liegt auf wenig. Denn viel wichtiger als alles Wissen und alle Theorien ist, dass Sie NLP praktizieren. Das Lesen eines Buchs über NLP ist noch nicht NLP. Erst wenn Sie das Gelesene anwenden, werden Sie erfahren, was NLP für Sie leisten kann!

Keine Methode der Welt wird Ihr eigenes Handeln ersetzen können. Wenn Sie sich jedoch immer wieder ins Bewusstsein rufen, dass Sie erst lesen, dann verstehen und dann handeln, wird niemand Sie dabei aufhalten können, Ihre Ziele zu verwirklichen!

Wir wollen es Ihnen so leicht wie möglich machen, das umzusetzen. Wenn Sie etwas über eine NLP-Technik oder ein Konzept aus dem NLP gelesen haben, finden Sie im Anschluss daran »Experimente« oder »Anwendungen im Alltag«.

Im Buch erkennen Sie die unterschiedlichen Bereiche sofort an diesen Zeichen:

DEF Hier finden Sie Ausdrücke erklärt, die nicht unmittelbar verständlich sind.

NLP Hinter diesem Zeichen finden Sie Erklärungen für Wörter, Begriffe und Vorgehensweisen, die NLP-spezifisch sind. Die teilweise englischen und technisch klingenden Begriffe sind hilfreich, wenn Sie mit anderen Menschen sprechen, die NLP kennen. Für die Arbeit mit sich selbst brauchen Sie natürlich keinen NLP-Slang.

TEC Hier wird eine Technik, eine Methode oder ein Konzept vorgestellt. Dann wissen Sie theoretisch, wie es funktioniert. Damit es auch pratisch funktioniert, müssen Sie es natürlich in die Tat umsetzen.

EXP Hier stellen wir Ihnen ein Experiment beziehungsweise einen kurzen Selbstversuch vor, mit dem Sie die Wirkung oder das Prinzip einer NLP-Methode am eigenen Leib erfahren können.

PRA Hier finden Sie praktische Tipps, wie Sie das, was Sie gelesen haben, in Ihrem Alltag anwenden können. Nehmen Sie diese Tipps ernst. Wenn Sie NLP in Ihrem ganz normalen Leben einsetzen, dann lernen Sie am schnellsten und haben am meisten davon.

Alle NLP-Techniken und die wichtigsten NLP-Begriffe sind farbig und fett gedruckt, so dass Sie sie schnell wiedererkennen.

Wie Sie NLP einsetzen können

NLP ist eine erfolgreiche Methode, um tatsächliche und dauerhafte persönliche Veränderungen in erstaunlich kurzer Zeit zu bewirken. NLP hat sich in den beinahe vierzig Jahren seit es entwickelt wurde, in vielen Feldern bewährt:

- NLP hilft Ihnen dabei, Ihr ganzes Potenzial hervorzubringen, Herausragendes zu leisten und Ihre Ziele, beruflich oder privat, zu erreichen.
- NLP dient der Bewältigung persönlicher Schwierigkeiten und dem individuellen Wachstum.
- NLP zeigt Ihnen, wie Sie praktische Probleme – wie Prüfungsängste, Rauchen, Übergewicht oder Beziehungsschwierigkeiten – in den Griff bekommen.
- NLP wird in der beruflichen Fortbildung von Führungskräften eingesetzt, um ihre Führungskompetenzen und ihre Erfolgsorientierung zu steigern und sie zu effektiver Kommunikation anzuleiten.
- NLP ist eine effektive Form der Kurzzeittherapie, bei der in kurzer Zeit (manchmal reicht sogar eine einzige Sitzung) seelische Probleme überwunden werden können. Die Veränderung kann im NLP sehr schnell auftreten – um tief sitzende Probleme zu lösen, kann man dann noch tiefer gehen.

Diese Vielzahl an Möglichkeiten des NLP machen natürlich den einen oder anderen skeptisch – insbesondere jene, die bereits mit herkömmlichen Methoden versucht haben, Veränderungen in ihrem Leben zu bewirken. Wie kann NLP auf so vielen Gebieten erfolgreich sein? Manchmal scheinen die Möglichkeiten des NLP an Zauberei zu grenzen. Die eigentliche Magie liegt jedoch nicht im NLP, sondern im menschlichen Geist: NLP ist so erfolgreich, weil es sich zur Aufgabe gemacht hat, die Wirkungsmechanismen des Geistes zu erforschen und in praktische Vorgehensweisen umzusetzen. NLP überzeugt nicht durch eine abstrakte Theorie, sondern durch praktischen Erfolg.

Wie alles begann

Es ist kein Zufall, dass NLP so effektiv ist und dass es in relativ kurzer Zeit so weite Verbreitung fand. Die Geschichte von NLP beginnt in der Aufbruchszeit Mitte der 1960er- Jahre in Kalifornien, wo sich junge Wissenschaftler Gedanken darüber machten, ob in der bisherigen Psychologie nicht etwas Wichtiges fehlte. Die Psychologie befasste sich vor allem mit seelischen Störungen und abnormalem Verhalten. Ihr Ziel war in erster Linie, die Arbeitsfähigkeit der betroffenen Menschen wiederherzustellen. Doch die wissenschaftlich orientierte Psychologie ignorierte weitgehend einen viel bedeutsameren Teil des menschlichen Geistes: den Teil, der das Gute, Kraftvolle, Menschliche ausmacht. Ja, natürlich war und ist es wichtig und wertvoll, leidenden Menschen zu helfen, keine Frage. Doch ebenso interessant ist es doch auch, das Gegenteil zu erforschen: Was macht glückliche, erfolgreiche, herausragende Menschen aus?

Es entstand das sogenannte *Human Potential Movement*, eine Bewegung, der es darum ging, die unglaublichen Möglichkeiten, die in Menschen schlummern, zu erforschen und zu fördern. Wenn Sie sich auch nur ein bisschen mit Psychologie beschäftigt haben, sind Ihnen einige dieser Namen wahrscheinlich bekannt: Abraham Maslow, Carl Rogers, Fritz Perls, Alan Watts, Viktor

Frankl, Milton Erickson … Auf den Ideen dieser Menschen gründete die neue Bewegung.

Viele junge, kreative und engagierte Wissenschaftler und Therapeuten entwickelten Methoden und Theorien, die diesem neuen Weg der Psychologie folgten. Einer dieser kreativen jungen Wissenschaftler war der Informatik- und Psychologiestudent Richard Bandler (* 1950). 1972 lernte er den elf Jahre älteren John Grinder kennen, der an der University of Santa Cruz Linguistik lehrte. Die beiden hatten ähnliche Interessen und begannen zusammenzuarbeiten. Zunächst untersuchten sie Sprachmuster, die Menschen in verschiedenen Situationen verwenden und entwickelten ein neues Modell der Kommunikation. Dann aber kamen sie auf die Idee, nicht nur die gesprochene Sprache, sondern auch die nonverbalen Teile der Sprache zu erforschen. Und zwar ganz gezielt bei Personen, die auf ihrem Gebiet herausragten. Sie kontaktierten die drei bekanntesten und erfolgreichsten Therapeuten der Vereinigten Staaten – Milton Erickson, der die Hypnotherapie revolutioniert hatte, Fritz Perls, den Erfinder der Gestalttherapie, und Virginia Satir, die »Mutter der Familientherapie« – , und baten darum, an ihren Therapiesitzungen teilnehmen zu dürfen.

Bei der Analyse dieser drei Therapeuten fanden Bandler und Grinder schnell heraus, dass der Erfolg nicht etwa von den psychologischen Theorien abhing, die diese Therapeuten vertraten! Es waren vielmehr ganz bestimmte Kommunikations- und Verhaltensmuster, die sie bei ihren Klienten anwandten. Offenbar waren es sehr effiziente Muster, denn sie führten zu schnellen und dauerhaften Veränderungen. Die Therapeuten selbst waren sich dessen interessanterweise meist gar nicht bewusst – sie gingen mehr oder weniger intuitiv vor. Die Intuition sagte den großen Therapeuten, was sie tun sollten. Nun ist die Intuition zwar eine wunderbare Fähigkeit, aber sie kann leider nicht einfach weitergegeben werden.

Bandler und Grinder ging es jedoch gerade darum, den Erfolg dieser Meister-Therapeuten nachvollziehbar zu machen und anderen zu vermitteln. Also fassten sie die konkreten Erfolgsstrategien in einem klaren, nachvollziehbaren und erlernbaren System zusammen, das sie Neuro-Linguistisches Programmieren nannten. Sie hatten die »Sprache der Veränderung« gefunden.

Werden Sie Ihr eigener Erfolgstrainer

In diesem Buch werden Sie lernen, die Veränderungen, die Sie sich wünschen, aus eigener Kraft herbeizuführen. Sie werden erfahren, wie Sie Ihre persönlichen Ziele finden, wie Sie sich wirklich motivieren können, wie Sie Ihre Ängste überwinden und Selbstsicherheit gewinnen, wie Sie schlechte Gewohnheiten – wie das Rauchen – aufgeben, wie Sie sich entspannt neue Fähigkeiten aneignen, wie Sie die Kommunikation mit Ihren Mitmenschen erfolgreicher machen, wie Sie belastende Erfahrungen in Ihrer Vergangenheit bewältigen und wie Sie beruflich noch erfolgreicher sein können. Für diejenigen, die ihre NLP-Erfahrungen weitergeben wollen oder bereits als Therapeut, Motivationstrainer oder Coach arbeiten, haben wir ebenfalls ein Kapitel geschrieben.

NLP ist ursprünglich eine Methode, die für Therapeuten, Trainer oder Berater konzipiert wurde. Mit dem Wissen über die Möglichkeiten der Veränderung durch NLP können Berater ihren Klienten effizienter dabei helfen, wichtige Veränderungen zu erreichen. In unserem Buch haben wir jedoch alle wichtigen NLP-Techniken so dargestellt, dass Sie sie auch ohne einen NLP-Coach praktisch nachvollziehen können. So werden Sie zu Ihrem eigenen NLP-Erfolgstrainer. Lassen Sie Ihre Wünsche ruhig groß werden – wenn sie groß genug sind, müssen Sie nur noch die Hand ausstrecken, um sie zu erreichen!

Kapitel 2

Grundlagen – wie Sie die Veränderung bewirken

Worum geht es?

»Neuro-Linguistisches Programmieren« ist ein ziemliches Wortungetüm. Doch hinter den Worten steckt ja eine Bedeutung. NLP hat drei Buchstaben. Und jeder steht für einen Teil des Neuro-Linguistischen Programmierens.

NLP – Eine Begriffserklärung

Sehen wir uns diese drei Buchstaben einmal an:

- »N« steht für Neurologie: Das ist die Wissenschaft vom Nervensystem und seiner Funktion. Bei NLP geht es also um Vorgänge im Gehirn.
- »L« steht für Linguistik: In der Linguistik wird die Sprache untersucht; als System, ihre Wahrnehmung, ihre Form und Funktion. NLP hat also mit Sprache zu tun.
- »P« steht für Programmieren: Beim Programmieren bekommt ein Computer eine Folge von Anweisungen, die ihm sagen, welche Operationen mit welchen Daten durchzuführen sind. NLP geht also Schritt für Schritt voran und gibt klare Anleitung, was zu tun ist, um ein Ziel zu erreichen.

Offensichtlich ist das alles Theorie. Der Begriff NLP erklärt nur ganz grob, worum es geht. Mehr kann man von einem Wort allerdings auch nicht erwarten. Man kann aber erwarten, dass weitaus mehr dahintersteht. Und so ist es auch. NLP ist keine Gehirnforschung, keine Sprachforschung, und es verwechselt Menschen auch nicht mit Computern. Im NLP geht es um Menschen, um die Kraft, die in jedem steckt und um Versuche, das große Potenzial in jedem Menschen zur Entfaltung zu bringen.

DEF

Nennen Sie die Methode NLP. Aber sehen Sie NLP als eine Methode, die Ihnen hilft, Ihr Gehirn so zu benutzen, dass Sie das erreichen, was Sie erreichen wollen – und vielleicht noch mehr.

Die drei Säulen des NLP

Es gibt drei Hauptanliegen im NLP. Vielleicht decken sich diese mit Ihren persönlichen Anliegen? Überlegen Sie mal: Was ist Ihnen wichtig? Was möchten Sie verändern?

EXP

Lesen Sie jetzt noch nicht weiter, sondern denken Sie wirklich darüber nach, was Ihnen wichtig ist und was Sie verändern wollen. Sie müssen nicht in die Tiefe gehen – aber nehmen Sie sich ein paar Sekunden Zeit, um sich diese beiden Punkte klarzumachen.

Was auch immer es ist, es hängt sicher mit einer der drei Säulen des NLP zusammen. Entweder wollen Sie

- Ziele erreichen,
- Ihre Möglichkeiten erweitern oder
- Ihre Beziehungen zu anderen Menschen verändern.

Zielorientierung

Viele Menschen denken an Probleme, die zu überwinden sind. Das ist problemorientiertes Denken. Im NLP geht es dagegen immer um zielorientiertes Denken und Handeln. Das macht einen entscheidenden Unterschied, denn beim problemorientierten Denken ist das Problem immer präsent. Beim zielorientierten Denken spielt das Problem nur eine Rolle als Anstoß.

EXP

Wo liegt Ihre Aufmerksamkeit, wenn Sie auf eine Schwierigkeit stoßen? Überlegen Sie sich einmal eine solche Situation und beobachten Sie sich dabei.
Kreisen Ihre Gedanken um das Problem – und dann natürlich auch, wie Sie das Problem lösen können? Oder ist Ihr Geist damit beschäftigt, an Ziele zu denken – an Ziele, die dazu führen, dass das Problem keines mehr ist?
Wenn Sie beispielsweise daran denken, das Rauchen aufzugeben: Drehen sich Ihre Gedanken um das Rauchen oder um ein Verhalten, bei dem Rauchen unnötig wird?
Und dann überlegen Sie mal: Welche Vorteile hat das problemorientierte Denken?
Richtig! Genau null!

Verhaltensflexibilität

Wenn man keine Wahl hat, wie man denkt, fühlt und sich verhält, wird es in ungewohnten Situationen schwierig. Das merken Sie vor allem dann, wenn Sie eine starke Gewohnheit haben. Wenn Sie jeden Tag auf demselben Weg zur Arbeit fahren und plötzlich die Straße gesperrt ist, wird es stressig, wenn Sie nur diesen einen Weg kennen. Haben Sie eine Straßenkarte, ein Navi oder, noch besser, mehrere Wege im Kopf, schrumpft das Problem zu einem Nichts zusammen. NLP macht Ihr Denken, Fühlen und Handeln flexibler, sodass Sie auf Unerwartetes schneller, effizienter, stressfreier und erfolgreicher reagieren können. NLP ist wie ein Navigationsgerät für Ihr Gehirn.

Sehen Sie sich einmal das folgende Bild an. Nicht sehr spektakulär – nur neun Punkte. Versuchen Sie einmal, diese neun Punkte zu verbinden. Und zwar mit vier geraden und zusammenhängenden Linien – also ohne den Stift abzusetzen.

Vermutlich werden Sie, falls Sie dieses Rätsel noch nicht kennen, nach einer Weile glauben, es gäbe keine Lösung. Aber es gibt eine. Denken Sie daran: Es geht um Verhaltensflexibilität. Wenn Sie nicht weiterkommen, überlegen Sie einmal, was Sie bei Ihren bisherigen Versuchen immer gleich gemacht haben.

Falls Sie die Geduld oder der Mut verlässt: Die einfachste Lösung finden Sie auf Seite 75.

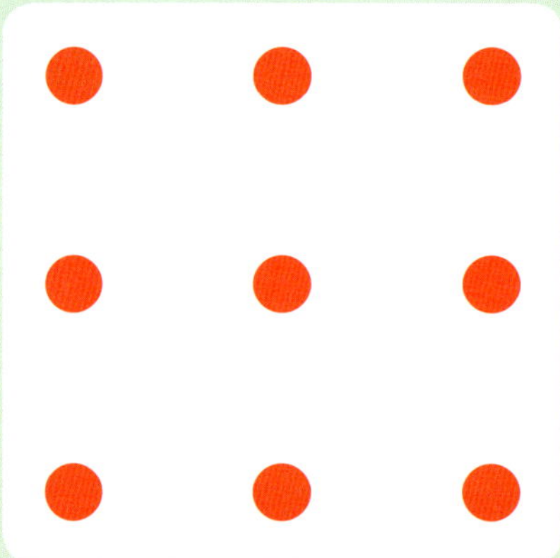

Das Neun-Punkte-Rätsel

Rapport

Ein ganz wichtiger Aspekt des NLP ist Kommunikation – mit anderen Menschen und mit Ihrem eigenen Inneren. Im NLP erfahren Sie, wie Sie effektive, befriedigende und funktionierende Beziehungen zu anderen Menschen aufbauen können, wie Sie Ihre Mitmenschen und sich selbst besser verstehen und selbst verstanden werden – im Privat- und im Berufsleben.

»Rapport« ist ein Begriff, der in der Psychologie, vor allem aber in der Hypnose, einen »guten Draht« zu einem Menschen bezeichnet. Ist der Rapport gut, dann ist die Kommunikation effektiv und von Vertrauen getragen.

Gedanken, Gefühle und Sprache

Der Mensch ist kein Computer. Das müssen wir natürlich im Auge behalten, wenn wir diese Metapher verwenden. Doch es gibt durchaus ein paar einleuchtende und vielleicht sogar aufrüttelnde Parallelen.

Bei einer Metapher wird ein Wort nicht in seiner wörtlichen Bedeutung, sondern in einem übertragenen Sinn gebraucht. Im NLP spielen Metaphern eine wichtige Rolle. In Geschichten, Bildern oder Anekdoten können dem Unterbewusstsein Lösungen angeboten werden, die dadurch auf weniger Widerstand stoßen.

Was ein Computer tun kann, hängt zwar zum einen Teil von seiner Bauart ab (der Hardware), doch zum weitaus größeren Teil sind seine Fähigkeiten von den Programmen (der Software) abhängig. Ohne Programm kann selbst der modernste Computer überhaupt nichts!

Und wie ist das mit Ihrem Gehirn? Ihr Gehirn allein ist erst einmal zu gar nichts fähig – erst durch Ihre Erfahrungen, Ihre Erziehung, Ihre Selbsterziehung und Ihre Lerngeschichte können Sie so erstaunliche Dinge tun, wie eine Sprache verstehen und sprechen, Liebe und Glück empfinden oder sich Gedanken über sich selbst machen.

In der Computer-Metapher sind Ihr Körper, Ihre Organe (einschließlich Ihres Gehirns) die »Hardware«, die gewisse Grenzen vorgibt. Aber diese Grenzen haben Sie noch lange nicht ausgelotet. Kein Mensch hat das. Die Grenzen sind so weit gesteckt, dass sie keine große Rolle spielen. Viel wichtiger sind Ihre Gedanken, Ihre Gefühle, Ihre Einstellungen – sie bilden die »Software«, die »Programme«, die Ihnen erst all Ihre Fähigkeiten verleihen.

Die Sprache ist in dieser Metapher die Sammlung der »Programmierbefehle«, mit denen die Software geschrieben wird. »Sprache« ist dabei natürlich nicht nur das gesprochene Wort, sondern ebenso die Körpersprache, die Mimik, Gestik – ja selbst die Ausschüttung von Hormonen kann eine Art Sprache sein. Vielleicht haben Sie schon einmal davon gehört, dass Schmetterlinge die Duftstoffe möglicher Sexualpartner kilometerweit riechen können. Diese Duftstoffe schreien: »Komm! Lass uns kleine Raupen machen!« Sie sind also Sprache. Sprache verwenden wir auch, wenn wir uns selbst betrachten und mit uns selbst Zwiesprache halten. Wenn wir uns Gedanken machen, sprechen wir mit uns selbst und entwickeln dadurch weitere Gedanken, vielleicht auch unsere Gefühle und unser Verhalten. Auf der neurologischen Ebene verändert sich dabei das Gehirn: Es entstehen neue Verbindungen zwischen den Gehirnzellen (Synapsen).

Die Programme verbessern

NLP, das Neurolinguistische Programmieren, beschäftigt sich also damit, wie die Vorgänge in unserem Gehirn über Sprache (im weitesten Sinn) beeinflusst werden können – also wie Sie Ihr Gehirn »programmieren« können. Sie können neue Programme installieren und damit Ihre Fähigkeiten erweitern. Sie können aber auch alte Programme verbessern, erweitern und neue Unterprogramme hinzufügen. Und nicht zuletzt – und das ist eine ganz wichtige Anwendung des NLP – können Sie lernen, die bereits vorhandenen Programme optimal zu nutzen.

Die »Programme«, die in unserem Gehirn ablaufen, sind dabei natürlich unermesslich vielfältiger, komplexer, leistungsfähiger und erstaunlicher als alle Computerprogramme der Welt zusammen. Und auch die »Programmiersprache«, in der die Programme in unserem Gehirn geschrieben sind, ist weitaus vielfältiger als die

Symbole, mit denen ein Computer operiert. Die Symbole, mit denen unser Gehirn arbeitet, sind »Wahrnehmungseinheiten«.

Überlegen Sie einmal, was folgende Dinge in der Metapher wären. Was entspricht beim Menschen:

- Bildschirm
- Tastatur
- Speicher
- Festplatte
- Grafikkarte
- Internet
- …?

Sie werden feststellen, dass das Nachdenken über die Metapher ein sehr sinnvolles Spiel ist, das Ihnen nicht nur die Gemeinsamkeiten, sondern vor allem auch die Unterschiede zwischen Mensch und Computer deutlich macht. Und als Nebenwirkung ist Ihr Denken bei diesem Spiel bereits ein Stückchen flexibler geworden!

EXP

Die Struktur der Erfahrung

Bandler und Grinder nannten NLP »das Erforschen der Struktur subjektiver Erfahrung«. Das ist auf den ersten Blick auch nicht viel klarer als »Neuro-Linguistisches Programmieren«. Auf den zweiten Blick aber schon.

Es geht um Erforschung: Das heißt, es geht darum, etwas herauszufinden. Also um etwas Aktives, nicht um eine Theorie.

Es geht um die subjektive Erfahrung: Das heißt, es geht um den Menschen. Wie Menschen subjektiv empfinden, lernen und wachsen – das ist das Anliegen.

Es geht um die Struktur der subjektiven Erfahrung: Das heißt, dass die Art und Weise, wie Erfahrungen im menschlichen Geist orga-

nisiert sind und wirken, wie sie erinnert, vergessen und verändert werden können, ein System hat. Erfahrungen sind also nicht wie Wasser, das Sie in einen Eimer gießen, sondern eher wie die Farbenpalette, mit der Sie ein Bild malen.
Okay, also darum geht es. Aber was ist nun diese Struktur? Und woraus setzt sie sich zusammen? Ein Bild besteht aus Farben. Aber eine Erfahrung?

EXP

Denken Sie einmal kurz an etwas, das Sie erlebt haben. Am besten an etwas Schönes. Erleben Sie es innerlich noch einmal. Achten Sie ganz genau darauf, was alles Teil Ihres Wiedererlebens ist. Nachdem Sie das ein bis zwei Minuten lang gemacht haben, überlegen Sie einmal, ob etwas dabei war, das keine Sinneswahrnehmung war.

Zunächst möchte man glauben, dass eine Erfahrung etwas so Vielschichtiges ist, dass man keine »Bausteine«, keine Struktur, feststellen kann. Wenn Sie das Experiment gemacht haben, wissen Sie es vielleicht schon besser. Die Erfahrung hat durchaus Bausteine: und zwar die Sinneswahrnehmungen. Oder haben Sie etwas gefunden, das sich nicht aus sinnlichen Wahrnehmungen zusammensetzt?
Tatsächlich gibt es etwas, das nicht aus sinnlichen Wahrnehmungen besteht: die »Gestalt«, der Gesamteindruck, das Gefühl der Erfahrung. Es ist wie bei einem Gemälde: Es besteht nur aus Farben – doch das Bild ist mehr als die Farben. Die Art und Weise, wie die Farben zusammenwirken, macht das Bild aus. Unsere Erfahrung besteht »nur« aus Sinneswahrnehmungen – doch eine Erfahrung ist mehr als ihre Sinneswahrnehmungen. Die Struktur, die Art, wie die Wahrnehmungen zusammenwirken, ergibt den Gesamteindruck einer Erfahrung.

DEF

»Gestalt« bedeutet etwa das, was Aristoteles mit seinem berühmten Satz »Das Ganze ist mehr als die Summe seiner Teile« zum Ausdruck bringen wollte. Die Gestaltpsychologie beschreibt die menschliche Wahrnehmung als »Fähigkeit, Strukturen und Ordnungsprinzipien in Sinneseindrücken zu finden«. Das können Sie schnell selbst feststellen. Auf dem Bild sehen Sie drei Rechtecke. Doch auf dem Bild ist kein einziges Rechteck zu sehen! Ihr Gehirn ergänzt die fehlenden Teile nach dem Gestalt-Gesetz der »guten Fortsetzung«.

»Gestalt« ist übrigens eines der wenigen deutschen Wörter, die ins Englische übernommen wurden.

Abbildung zur Gestaltwahrnehmung

Was geschieht nun, wenn man nur einen kleinen Teil einer Struktur verändert?

Angenommen, Sie würden in einem Bild nur eine einzige Farbe verändern – was würde dann passieren? Unter Umständen gar nichts, denn es kommt natürlich ganz auf das Bild und die Farbe an. Manchmal wird sich das Bild jedoch allein dadurch so stark verändern, dass es nicht mehr wiederzuerkennen ist. Wenn Sie aus einem Bauklötzchen-Turm ein Klötzchen herausnehmen, dann passiert entweder gar nichts, oder der Turm wackelt, oder er stürzt sogar völlig ein.

Ebenso kann sich eine Erfahrung drastisch verändern, wenn Sie auch nur ein einziges Wahrnehmungselement verändern.

Und genau diese Möglichkeit nutzt NLP, um angenehme Erinnerungen zu intensivieren, neue Erfahrungen angenehm zu machen, unangenehme Erinnerungen zu neutralisieren und um innere Kräfte zu wecken.

Die Erfahrung verändern

Sie denken möglicherweise immer noch, das sei graue Theorie? Natürlich, denn Sie haben ja noch nicht die Erfahrung gemacht, was es praktisch bedeutet, die Struktur einer Erfahrung durch die Veränderung eines einzelnen Elements zu verändern. Mit der folgenden kurzen Übung, die der NLP-Mitbegründer Richard Bandler entworfen hat, können Sie einen ersten Eindruck davon bekommen.

TEC

Die Musik zum Film

- Stellen Sie sich eine (mäßig) unangenehme Situation vor, die Sie einmal erlebt haben. Drehen Sie einen inneren Film von dieser Situation. Stellen Sie sich die Situation so detailgetreu wie möglich vor: Was sehen, hören, spüren Sie? Sehen Sie sich dann Ihren inneren Film genau an und achten Sie dabei auf Ihre Gefühle.
- Suchen Sie sich eine Musik aus, die den negativen Gefühlen der unangenehmen Situation völlig widerspricht: beispielsweise Trickfilmmusik, Zirkusmusik oder Tanzmusik. Sehen Sie sich Ihren inneren Film mit der unangenehmen Situation noch einmal von vorne an, während Sie die gewählte Musik dazu erklingen lassen. Wiederholen Sie das ein paarmal.
- Erleben Sie Ihren Film nun noch einmal ohne Musik. Eigentlich ist jetzt alles wie zu Beginn der Übung. Aber achten Sie auf Ihre Gefühle! Bei 99 Prozent aller Menschen sind die negativen Gefühle verschwunden oder deutlich verringert – weil durch die veränderte Musik die Struktur der Erfahrung verändert wurde!

Bei den allermeisten NLP-Techniken geht es darum, die Struktur von Erfahrungen so zu verändern, dass es Ihnen guttut, Ihnen förderlich ist und Sie Ihren Zielen näherbringt.

Indem Sie die Struktur Ihrer positiven Erfahrungen untersuchen, erkennen Sie, was die entscheidenden Bestandteile Ihres Wohlbefindens sind. Dadurch können Sie Ihre Erfahrungen mit diesen Bestandteilen »aufladen« und so dafür sorgen, dass Sie mehr positive Erfahrungen machen.
Indem Sie die Struktur negativer Erfahrungen untersuchen, können Sie die entscheidenden Bestandteile dessen herausfinden, was die Erfahrung belastend macht und diese dann so verändern, dass die Erfahrungen positiv werden.

Die Sprache des Gehirns

Computer funktionieren mit einer Sprache, die nur zwei »Wörter« hat: 1 und 0. Da ein moderner Computer aber Millionen Informationen in einer Sekunde auswerten kann, ist er doch zu ganz erstaunlichen Dingen in der Lage. Die Sprache des Gehirns kennt wesentlich mehr Wörter. Und deshalb ist der Mensch auch zu wesentlich erstaunlicheren Dingen in der Lage als eine Maschine. Die Sprache des Gehirns besteht aus Sinneseindrücken. Wenn Sie sich mit NLP beschäftigen, werden Sie früher oder später und immer wieder auf den Begriff VAKOG stoßen. Dieses Kürzel steht für die fünf Sinne:

- V wie *visuell*: Sehen
- A wie *auditiv*: Hören
- K wie *kinästhetisch*: Fühlen
- O wie *olfaktorisch*: Riechen
- G wie *gustatorisch*: Schmecken

Es gibt allerdings mehr als fünf Sinne. Die kennen Sie nicht? Tatsächlich hört man nicht so oft von diesen Sinnen, obwohl sie genauso wichtig sind wie die fünf bekannteren. Ein paar dieser Sinne sind:

- Temperatursinn: Das sind eigentlich sogar zwei Sinne. Kälte- und Hitzewahrnehmung werden durch unterschiedliche Rezeptoren vermittelt.
- Schmerzempfindung: Es gibt Rezeptoren, die dem Gehirn Verletzungen melden. Doch das Schmerzgeschehen ist sehr vielschichtig, kein anderer Sinn ist so sehr von der Verarbeitung abhängig. Schmerzen können auftreten, obwohl keine Verletzung vorliegt, aber andererseits kann es auch geschehen, dass kein Schmerz auftritt, obwohl das Gewebe verletzt wurde – beim Sport kommt das häufig vor.
- Gleichgewichtssinn: Dieser Sinn sagt uns, wie die Lage unseres Körpers im Verhältnis zum Schwerkraftfeld ist.
- Propriozeption: Die »Eigenwahrnehmung«, die uns Auskunft über Körperhaltung und die Spannung unserer Muskeln gibt.
- Tiefensensibilität: Die Wahrnehmung innerer Organe, zum Beispiel die Bewegung des Darms oder des Herzens. Bewegungssinn: Der Bewegungssinn heißt auch »kinästhetische Wahrnehmung«. Im NLP wird »kinästhetisch« aber viel weiter gefasst: Es bezeichnet »fühlen« im weitesten Sinn und fasst Tastsinn, Tiefensensibilität, Temperatursinn, Schmerzempfindung, Tiefensensibilität und Gleichgewichtssinn zusammen.

NLP

VAKOG: Manchmal sehen Sie in Büchern zu NLP vielleicht auch nur »VAK«, das die drei Hauptsinne »Sehen«, »Hören« und »Fühlen« bezeichnet. Das ist schon sinnvoll, denn Sehen und Hören sind unsere »Fernsinne«, mit denen wir uns hauptsächlich in der

Außenwelt orientieren, und das Fühlen umfasst die Selbstwahrnehmung. Aber gleich, ob VAK oder VAKOG – im Grunde bedeutet beides im NLP einfach »mit allen Sinnen«.

Repräsentationssysteme und Submodalitäten

Es gibt nicht nur einige Sinne mehr, als man für gewöhnlich annimmt. Jeder Sinn hat auch wieder verschiedene Qualitäten.

Repräsentationssysteme: So werden im NLP die Sinne genannt. Das ist nicht willkürlich, sondern zeigt, dass ein bestimmter Aspekt der Sinne gemeint ist: Es geht nur um die Sinneskanäle, die die Information repräsentieren, nicht um das jeweilige Sinnes-Organ.
Submodalitäten: Damit sind die verschiedenen Qualitäten gemeint, die zu einem Sinneskanal gehören, also beispielsweise Farbe und Helligkeit beim visuellen Sinneskanal.

Sehen wir uns einmal die wichtigsten **Submodalitäten** der drei wichtigsten **Repräsentationssysteme** an:

Sehen (visuelles Repräsentationssystem): Farbe, Helligkeit, Entfernung, Größe, Transparenz, Bewegung, Struktur, Position, Form

Hören (auditives Repräsentationssystem): Tonhöhe, Qualität (dumpf, hell, schrill …), Lautstärke, Melodie, Rhythmus, Tempo, Position

Fühlen (»kinästhetisches« Repräsentationssystem): Qualität (entspannt, rau, glatt, nass, hart …), Intensität, Temperatur, Position, Bewegung

Und wozu das alles? Nein, Sie müssen natürlich keine **Submodalitäten** auswendig lernen. Es geht nicht um abstraktes Wissen. Doch nun haben Sie vielleicht einen ersten Eindruck von der

Vielschichtigkeit der »Sprache des Gehirns« bekommen – und das wird Ihnen helfen, vorgestellte Erfahrungen genauer wahrzunehmen und subtil zu verändern. Bei der Übung **Die Musik zum Film** haben Sie schon ausprobieren können, wie eine Veränderung im auditiven Repräsentationssystem Ihre Gefühle positiv verändern kann.

In irgendeiner Form geht es bei allen NLP-Techniken darum, durch kleine Veränderungen der Wahrnehmung große Wirkungen auf unser Denken, Fühlen und Handeln zu erzielen.

Wahrnehmungsatome austauschen

Ob es nun Ängste, Unsicherheiten, Blockaden, Schmerzen oder belastende Ereignisse sind: Sie alle bestehen letztlich aus »Wahrnehmungsatomen« und haben eine Struktur, die sich verändern lässt.

Diese theoretischen Überlegungen führen direkt zu den unterschiedlichen NLP-Techniken. Dort wird konkret, was hier noch abstrakt klingt. Damit Sie den Grundsatz »Jede Erfahrung hat eine Struktur« wirklich verstehen, ist das Konkrete jedoch unverzichtbar. Deshalb wollen wir Ihnen jetzt auch gleich ein kleines Experiment vorschlagen.

EXP

Es gibt bestimmt irgendeine Kleinigkeit, die Sie ungern machen und immer wieder aufschieben oder eben mit Unwillen daran gehen. Beispielsweise das Bad putzen, die Unterlagen für die Steuererklärung in Ordnung bringen oder ein paar Fitnessübungen machen. Denken Sie nun daran, diese Sache jetzt gleich zu tun. Natürlich taucht der übliche Widerstand auf. Gut. Denn den wollen wir uns jetzt ansehen. Stellen Sie sich vor, wie Sie diese Sache tun. Vielleicht fällt es Ihnen nicht so leicht, sich etwas deutlich vorzustel-

len, aber das macht nichts – tun Sie es so gut es eben geht, das reicht. Wenn Sie sich beispielsweise vorstellen, dass Sie jetzt 20 Sit-ups machen sollen, spüren Sie vielleicht die Spannung in Ihrem Bauch, den Boden unter sich, hören Sie sich schnaufen, sehen sich die Übung ausführen. Und der Gesamteindruck ist eben so, dass er Widerstand bei Ihnen erzeugt. »Nicht jetzt!«, denken Sie.
Und nun verändern Sie die **Submodalitäten** (vgl. Seite 31). Aber ändern Sie immer nur eine Kleinigkeit. Verändern Sie die Farben, die Klänge und das, was Sie spüren. Versuchen Sie beispielsweise zu sehen, wie Ihre Bauchmuskulatur kräftiger wird. Oder Sie fügen eine motivierende kraftvolle Musik hinzu. Oder Sie spüren, wie Ihr Körper leichter wird und die Übung fast von selbst geht. Experimentieren Sie ein wenig mit Ihrer Vorstellungskraft herum. Immer wenn Sie das Gefühl haben, dass es vielleicht tatsächlich nicht so schlimm wäre, die Sit-ups zu machen, haben Sie einen Teil entfernt, der die Vorstellung unangenehm werden ließ. Probieren Sie weiter herum. So lange, bis die Vorstellung, jetzt sofort ein paar Sit-ups zu machen, so angenehm erscheint, dass Sie gleich loslegen.
Wenn Sie die richtigen **Submodalitäten** verändert haben, wird das klappen – und bevor Sie weiterlesen, machen Sie erst einmal Sit-ups, putzen Sie oder ordnen Sie Ihre Unterlagen …

Sind Sie nun etwas außer Atem, weil Sie tatsächlich Sit-ups gemacht haben? Mir geht es gerade so. Wenn Sie die Übung übersprungen haben, überlegen Sie mal, ob Sie es nicht doch probieren möchten. NLP ist keine Theorie, sondern Praxis!
Die Erfahrung hat eine Struktur, und Sie können diese Struktur mit Vorstellungen, Worten, Bildern, Gerüchen, Bewegungen verändern. Und zwar jede Erfahrung! Das ist ein ganz wesentliches Prinzip des NLP.

PRA

Wir empfehlen Ihnen, das Buch an dieser Stelle beiseitezulegen und das, was Sie gerade gelesen haben, in Ihrem täglichen Leben auszuprobieren. Im ersten Teil des Buchs werden Sie noch einige Male auf diesen Hinweis stoßen. Dabei geht es immer um ganz zentrale Konzepte im NLP. Wenn Sie nur darüber lesen, werden Sie verstehen, worum es im NLP geht. Wenn Sie hingegen drei Tage lang jeden dieser Punkte in Ihrem täglichen Leben umsetzen, wird NLP wirklich für Sie zu leben beginnen!

Wo auch immer Sie gerade sind, können Sie ausprobieren, wie Ihre Wahrnehmung intensiver wird, wenn Sie einmal ganz bewusst die verschiedenen **Submodalitäten** Ihrer momentanen Erfahrung wahrnehmen. Sehen Sie genau hin, sehen Sie die Farben, Formen, Strukturen …, hören Sie genau hin, hören Sie die Lautstärke, die Position der Klänge um Sie herum, die Qualität der Geräusche …, spüren Sie Ihren Körper, spüren Sie die Temperatur, Ihre Position im Raum, die Stellung Ihrer Gliedmaßen … Schnuppern Sie die Luft, die Sie umgibt … Probieren Sie aus, was geschieht, wenn Sie sich immer wieder einmal kurz die Vielfalt der Sinneswahrnehmungen (in der NLP-Sprache: der Repräsentationssysteme und **Submodalitäten**) vergegenwärtigen.

Sie können das sowohl nach außen als auch nach innen gerichtet tun. Sie können also überprüfen, was Sie von der Welt wahrnehmen, aber auch, aus welchen Sinneswahrnehmungen Ihre Erinnerungen, Vorstellungen und Pläne zusammengesetzt sind. Beides ist spannend und wird Ihre Welt bereichern! Je detaillierter Sie wahrnehmen, desto bunter wird Ihre innere und damit die äußere Welt!

Die Grundannahmen des NLP

NLP ist keine wissenschaftliche Theorie. Aber den NLP-Methoden liegen viele verschiedene wissenschaftlich gut belegbare Theorien zugrunde: Gestaltpsychologie, klientenzentrierte Therapie, kognitive Verhaltenstherapie, Psycholinguistik, Kognitionswissenschaften, Hypnotherapie und andere. Außerdem besitzt NLP hat mit dem Konstruktivismus auch ein philosophisches Fundament. Der Konstruktivismus besagt, eine »objektive Realität« könne nicht erkannt werden; das heißt, jeder Mensch konstruiert seine Welt erst in seinem Kopf. Doch Theorien spielen im NLP keine besondere Rolle. Hier geht es nur um eins: Funktioniert es?
In diesem Sinn sind auch die Axiome oder Grundsätze des NLP zu verstehen. Diese Grundsätze nehmen nicht für sich in Anspruch, die Wahrheit über die Welt im Allgemeinen und den Menschen im Besonderen zu verkünden. Sie sollen dabei helfen, auf eine Art und Weise an Schwierigkeiten und Probleme heranzugehen, die Lösungen erleichtert.

Ein Axiom ist ein grundlegender Satz einer Theorie, Weltanschauung oder Methode, der innerhalb dieser Theorie nicht begründet werden kann. »Jeder Mensch ist vor dem Gesetz gleich« ist beispielsweise ein Axiom oder Grundsatz der humanistischen, aufgeklärten Weltsicht.

DEF

In vielerlei Hinsicht sind die Grundsätze die Essenz des NLP, das, was NLP ausmacht: Wenn Sie die folgenden Grundsätze verinnerlicht haben, wird es Ihnen nicht nur leichter fallen, die NLP-Methoden zu verstehen – Ihr Leben wird allein dadurch schon einfacher und stärker erfolgsorientiert. Das Lesen und Darüber-Nachdenken ist ein erster Schritt.

Grundsätze des NLP

1. Menschen handeln aufgrund ihrer Erfahrung, nicht aufgrund der Wirklichkeit.
2. Jedem Verhalten liegt eine positive Absicht zugrunde.
3. Niemand hat nur ein Motiv.
4. Die Vorstellungskraft ist immer stärker als die Willenskraft.
5. Für jedes Problem gibt es eine Lösung.
6. Man kann nicht nicht kommunizieren.
7. Die Bedeutung der Kommunikation liegt in ihrem Ergebnis.
8. Körper und Geist sind Teile eines Systems.
9. Es gibt kein Scheitern, nur Feedback.
10. Wenn etwas nicht funktioniert, probiere etwas anderes.

Das Lesen allein bringt Sie noch nicht voran. Beziehen Sie jeden Grundsatz einen Tag (oder noch besser mehrere Tage) lang ganz in Ihr Leben ein. Wie Sie das tun können, dafür werden wir Ihnen natürlich bei jedem Grundsatz Tipps geben. Also lesen Sie am besten immer nur einen Grundsatz, und dann – bevor Sie weiterlesen – finden Sie heraus, was er für Ihr Leben bedeutet.

1. Grundsatz: Menschen handeln aufgrund ihrer Erfahrung, nicht aufgrund der Wirklichkeit

Wir gehen normalerweise davon aus, dass die Welt da ist und wir sie so sehen, wie sie ist. Um zu überleben, reicht das meistens. So wie ein Stadtplan, der die wichtigsten Straßen enthält, ausreicht, um irgendwie durch eine Stadt zu kommen. In einer Stadt kann man sich am Stadtplan orientieren. Trotzdem würden Sie niemals den Fehler machen, den Stadtplan mit der Stadt zu verwechseln. Selbst wenn Sie einen Super-Stadtplan hätten, in dem alle Sehenswürdigkeiten verzeichnet sind, wüssten Sie ganz genau, dass es noch viel, viel mehr gibt. Sie kämen wohl auch nie auf die Idee,

eine Städtereise nach Paris abzusagen, weil Sie ja schon einen Stadtplan von Paris haben.
Nun ist das bei gedruckten Stadtplänen natürlich banal. Viel interessanter hingegen ist die Erkenntnis, dass wir die Welt an sich gar nicht wahrnehmen. Wir nehmen Sinneseindrücke wahr – und aus diesen konstruiert sich unser Gehirn eine »Karte« von der Welt. Aber natürlich kann diese innere Darstellung der Welt niemals die ganze Welt abbilden! Das heißt, wir haben nur mehr oder weniger detaillierte innere Landkarten von der Welt und können nur das erkennen, was in unserer mentalen Landkarte eingezeichnet ist. Doch es gibt natürlich viel, viel mehr, als selbst in der besten Karte steht. Der polnische Linguist und Philosoph Alfred Korzybski (1879-1950) hat diese Erkenntnis in dem im NLP oft zitierten Satz »Die Landkarte ist nicht das Gebiet« prägnant formuliert.

Wie mentale Karten entstehen

Ihre mentale Karte von der Welt ist im Lauf Ihres Lebens durch die Erfahrungen, die Sie gemacht haben, entstanden. Hätten Sie andere Erfahrungen gemacht, sähe die Welt für Sie anders aus, da Ihre mentale Karte eine andere wäre. Es ist natürlich sehr schwer, sich das wirklich vorzustellen – die Welt sieht ja aus, wie sie nun einmal aussieht, oder?
Carl sieht einen See und denkt dabei an Nässe, Kälte, Ertrinken und die Gefahr der Tiefe. Tina sieht denselben See und denkt an Spaß, Schwimmen, Sommer und Leichtigkeit. Sehen beide wirklich denselben See?

EXP

Halten Sie kurz inne und versuchen Sie, sich zu erinnern, wie Sie als Kind die Welt wahrgenommen haben. Vielleicht können Sie sich erinnern an die Zeit, als ein Kinderkarussell ein wunderbares Abenteuer war, oder als ein einfacher Füller, ein Federmäppchen oder ein Schraubenzieher ein unfassbar begehrenswertes Objekt darstellte, oder als Sie ein Plüschtier über alles liebten. Oder Sie merken, wie riesig Ihnen alles erschien. Als Kind sah die Welt anders aus, und in vielerlei Hinsicht war sie das auch.

Wir orientieren uns in der Welt nach unserer individuellen inneren mentalen »Landkarte« von der Welt. Das wäre nun nicht viel mehr als ein interessantes Gedankenspiel, wenn wir unsere mentalen Karten von der Welt schon bei der Geburt mitbekommen hätten und nichts daran ändern könnten. Doch wir können unsere mentalen Karten nicht nur ändern – wir tun es andauernd, solange wir leben. Wir können sie verbessern, verfeinern und auf den neuesten Stand bringen. NLP dient dazu, unsere mentalen Karten flexibel zu machen, alte, unbrauchbare Wege zu markieren und neue Wege einzuzeichnen. Und wenn wir verstanden haben, dass sich jeder von uns in seinem Leben an seiner mentalen Karte der Welt orientiert, wird es uns auch leichter fallen, andere Menschen zu verstehen. Wir kennen ihre Karten nicht, aber immerhin wissen wir, dass ihre mentalen Karten andere sind als unsere. Manchmal macht allein das schon einen gewaltigen Unterschied. Wenn wir begreifen, dass »Wirklichkeit« relativ ist, werden wir versuchen, tatsächlich zu kommunizieren, anstatt mit anderen Menschen darüber zu streiten, was »wirklich« ist. Die Wirklichkeit des Chefs ist eine andere als die des Angestellten. Die Wirklichkeit eines Kindes ist anders als die eines Erwachsenen. Die Wirklichkeit einer Frau ist eine andere als die eines Mannes.

Wie wir unsere mentalen Karten verändern

Vom Zeitpunkt unserer Geburt an verändern wir unsere mentalen Landkarten. Zuerst sind nur sehr wenige Wege und Gebiete auf der Karte eingezeichnet. Aber indem wir uns Wege durch unser

Leben bahnen, verfeinern wir unsere Weltkarte. Anfangs probieren wir noch viele neue Wege aus, doch irgendwann finden wir einen besonders guten Weg und gehen diesen immer öfter. Es wird uns zur Gewohnheit, diesen Weg einzuschlagen – auch wenn sich das Gebiet verändert hat und neue Möglichkeiten hinzugekommen und alte Wege unpraktisch geworden sind!
Vielleicht hat ein Kind gelernt, dass es sich durchsetzen kann, wenn es nur heftig genug auf seinem Willen besteht, wenn es schreit und aggressiv ist. Auf seiner mentalen Karte der Welt ist das aggressive Schreien als schneller Weg zum Ziel markiert. Diese Strategie wird später in der Regel nicht mehr erfolgreich sein – zumindest gibt es effektivere Wege. Doch das ineffektive Verhalten wird sich nicht ändern, solange die mentale Welt-Karte des betreffenden Menschen dieses Verhalten als gut und effektiv darstellt. Vielleicht keimt dann verschwommen der Wunsch auf, es sollte etwas anders werden. Doch eine Veränderung wird erst dann eintreten, wenn ein neuer Weg erkundet und auf der mentalen Karte verzeichnet wurde. NLP erleichtert es, neue Weg zu erkunden und alte Wege als Sackgassen zu markieren. Es ist also wichtig, unsere mentale Karte von der Welt immer auf dem neuesten Stand zu halten, um uns optimal auf unserem Lebensweg orientieren und fortbewegen zu können.

Die beste Karte ist diejenige, die am meisten Wege zeigt.

Eine Karte, die nur einen Weg zeigt, ist ziemlich überflüssig. Es besteht keine Wahlmöglichkeit. Je genauer die Karte ist und um so mehr Wege sie zeigt, desto mehr Möglichkeiten gibt es, ans Ziel zu kommen. Flexibilität ist der Schlüssel zum Erfolg. Wenn wir nur eine Möglichkeit haben, auf ein Ereignis zu reagieren, sind wir sehr eingeschränkt in unserem Handeln. Bei starken Ängsten beispielsweise haben die Betroffenen in der angstauslösenden Situation nur eine Möglichkeit: Panik. Jemand mit etwas weniger Angst hat schon zwei Möglichkeiten: Flucht oder Aushalten. Ohne Angst sind die Möglichkeiten vielfältig: Unter anderem kann man die Situation auch genießen!

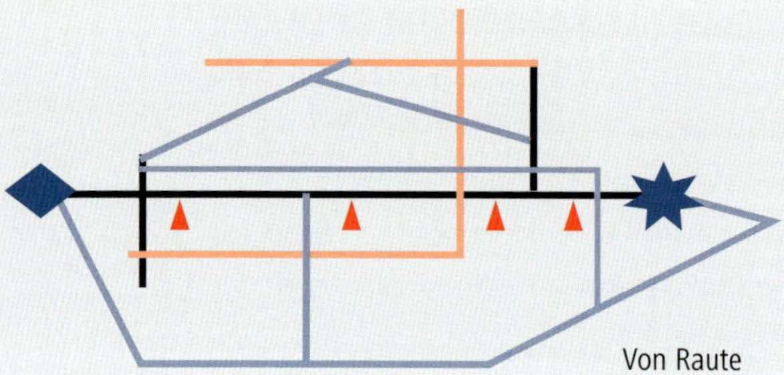

Von Raute nach Stern

Von Raute nach Stern führt ein gerader Weg. Doch sobald Hindernisse auftauchen, zeigt sich, wie wertvoll es ist, mehr als nur den einen Weg zu kennen. Je mehr Wege zur Verfügung stehen, desto sicherer wird das Ziel erreicht.

Die Möglichkeiten sind ja aber alle schon in der Welt vorhanden! Nur: Die mentalen Karten von der Welt zeigen diese Möglichkeiten, oder sie zeigen sie nicht. Und da wir uns an unseren mentalen Karten orientieren, können wir nur diejenigen Wege erkennen, die dort eingetragen sind! Um unsere Wahlmöglichkeiten und unsere Erfolgschancen zu verbessern, müssen wir also unsere mentalen Karten auf den neuesten Stand bringen, indem wir immer wieder neue Wege erkunden und beschwerlich gewordene Wege als solche markieren.

NLP hilft Ihnen dabei, neue Wege gefahrlos zu erkunden und Ihre mentale Karte aktuell zu halten.

Wir empfehlen Ihnen, das Buch an dieser Stelle für einen Tag wegzulegen. Versuchen Sie, mindestens einen Tag lang, die Idee des ersten Grundsatzes in Ihrem täglichen Leben auszuprobieren. Probieren Sie aus, was geschieht, wenn Sie immer wieder einmal kurz innehalten und überlegen, wie Sie Menschen, Ereignisse und

Dinge auf eine ganz neue Art und Weise betrachten können. Es geht dabei erst einmal nicht um »besser« oder »schlechter«, sondern nur darum, dass Sie Ihr Repertoire an Sichtweisen erweitern – das verhilft Ihnen nicht nur zu einem besseren Verständnis für Menschen und ihre Handlungsweisen, sondern ermöglicht Ihnen auch, flexibler zu handeln.

2. Grundsatz: Jedem Verhalten liegt eine positive Absicht zugrunde

Dieser Grundsatz heißt auch: Menschen treffen immer die beste Wahl, die ihnen nach ihrem Modell der Welt möglich ist. Man könnte auch sagen: Jede Handlung dient einem Zweck. Das heißt nicht, dass jedes Verhalten gut wäre. Es gibt selbstverständlich völlig inakzeptable Verhaltensweisen.

Das Entscheidende an diesem Grundsatz ist »nach ihrem Modell der Welt«. Wenn wir eine subjektiv positive Absicht akzeptieren, bedeutet das nicht, die Handlung selbst oder die möglichen Auswirkungen einer Handlung zu akzeptieren.

Ist das nicht Wortklauberei? Was soll das bringen?

Was andere Menschen tun, wird Ihnen manchmal seltsam, abwegig oder geradezu böse erscheinen. Damit können Sie auch völlig recht haben. Doch wenn Ihnen klar ist, dass immer eine positive Absicht dahintersteht, haben Sie eine Chance zu verstehen. Und nur wenn Sie verstehen, haben Sie eine Chance, etwas zu verändern! Wenn Sie als Coach, Lehrer, Berater oder Trainer tätig sind, ist es für Sie sogar unverzichtbar, Ihre Klienten zu verstehen, wenn Sie Ihnen helfen wollen.

Und wenn Sie an sich selbst arbeiten, ist es ebenso wichtig, dass Sie verstehen, dass Ihre Handlungen einen Sinn haben. Wenn Sie wissen, warum Sie etwas tun, das Sie im Grund für falsch halten, werden Sie leichter mit sich ins Reine kommen. Wenn Sie die positive Absicht kennen, die hinter einem unerwünschten Verhalten steht, werden Sie auch Wege finden, die positive Absicht durch ein sinnvolleres Verhalten zu verwirklichen.

EXP

Halten Sie einmal kurz inne und denken Sie an eine Person, deren Verhalten Sie unmöglich finden. Es sollte kein schreckliches Verbrechen sein und niemand, den Sie persönlich kennen.
Wenn Sie nun an diese Person denken, spüren Sie Ärger oder Wut. Natürlich! Das Verhalten dieses Menschen war ja wirklich nicht »in Ordnung«.
Überlegen Sie sich nun irgendwelche Umstände, die sein Verhalten in einem ganz anderen Licht erscheinen lassen. Es geht nicht darum, dass diese Umstände zutreffen oder auch nur wahrscheinlich sind. Aber was auch immer es ist – es gibt Umstände, die das Verhalten der/s Betreffenden verständlich erscheinen lassen.

Ein Beispiel, das vor kurzem in der Zeitung stand, zeigt, wie sich die Bewertung eines Verhaltens völlig verändern, ja sogar ins Gegenteil verkehren kann, wenn man die positive Absicht dahinter kennt.
Eine ältere Dame beobachtete einen Jugendlichen, der sich an einem Auto zu schaffen machte. Er blickte um sich; niemand war zu sehen. Dann hob er einen Stein auf und schlug eine Scheibe des Autos ein. Die alte Dame rief sofort die Polizei. Nach wenigen Minuten war die Polizei vor Ort – und stellte fest, dass der junge Mann ein Baby, das zu ersticken drohte, aus dem verschlossenen Auto geholt und dadurch in letzter Minute das Leben des Kindes gerettet hatte.
In dem Beispiel ist die positive Absicht unmittelbar klar. Aber was wäre wohl, wenn die alte Dame einfach den Kopf geschüttelt und sich lediglich über den Verfall der Sitten aufgeregt hätte? Sie

hätte die positive Absicht des jungen Mannes nie erfahren und ihr Weltbild verfestigt, wonach die Jugend immer schlimmer wird.

Positive Absichten müssen nicht bewusst sein

Oft ist die positive Absicht nun leider äußerlich gar nicht sichtbar. Oder sie ist so tief im Unterbewussten verborgen, dass der Betroffene selbst seine positive Absicht gar nicht kennt. Das ist fast immer der Fall, wenn jemand eine schlechte Gewohnheit verändern will. Kaum jemand ist sich darüber klar, dass hinter einer schlechten Gewohnheit, die ihm zu schaffen macht, immer eine positive Absicht steht. Deshalb ist es doppelt schwer, schlechte Gewohnheiten zu verändern. Ohne Verständnis keine Veränderung!

Nehmen wir an, Sie rauchen und wollen mit dem Rauchen aufhören. Eine sehr gute Idee! Aber ist es da nicht unsinnig anzunehmen, Ihr Rauchen hätte eine positive Absicht? Schauen wir uns das Ganze doch einmal genauer an. In der Situation, in der sich ein Verhalten entwickelte, hatte es positive Auswirkungen. Sonst wäre es ja nicht auf der mentalen Landkarte als ein vorteilhafter Weg eingetragen worden – und Sie hätten dieses Verhalten nicht. Sie haben beispielsweise irgendwann einmal die Erfahrung gemacht, dass sich eine Zigarette entspannend und konzentrationssteigernd auf Sie auswirkt. Ihre positive Absicht besteht also darin, Entspannung und Konzentration zu fördern. Oder Sie haben in Ihrer Jugend mit dem Rauchen angefangen, weil es in Ihrer Clique einfach dazugehörte und als cool galt. Die positive Absicht besteht also darin, eine gute Zeit mit Freunden zu verbringen und Anerkennung zu erhalten.

Wenn Sie nun mit dem Rauchen aufhören wollen, tun Sie gut daran, diese positive Absicht zu berücksichtigen. Das Aufhören wird erst möglich, wenn Sie einen Weg finden, der genau diese positive Absicht verfolgt – aber nicht wie bisher über das Rauchen führt. Es ist von größter Wichtigkeit, die ursprüngliche positive Absicht hinter einem negativ bewerteten Verhalten zu erkennen, um ein neues Verhalten entwickeln zu können! Lässt man die positive Absicht außer Acht, wird immer ein innerer Widerstand bleiben, der den Versuch, den neuen Weg zu beschreiten, behindert. Im NLP werden wir daher immer zuerst die positiven Absichten eines »Problems« ergründen. Dann können wir viel leichter neue Wege finden, die die positive Absicht mit effektiverem Verhalten verwirklichen.

Wir empfehlen Ihnen, das Buch an dieser Stelle für einen Tag wegzulegen. Versuchen Sie, mindestens einen Tag lang, die Idee des zweiten Grundsatzes in Ihrem täglichen Leben auszuprobieren.
Wenn Sie sich über jemanden ärgern, machen Sie sich erst einmal klar, dass Sie sich nicht wirklich über den Menschen, sondern über sein Verhalten ärgern. Oder sogar über ganz etwas anderes! Und dann versuchen Sie, sich eine positive Absicht hinter diesem Verhalten vorzustellen, mit der sinnvoll erscheint. Das muss nicht die »wahre« Absicht sein. Es sollte nur eine sein, für die Sie Verständnis aufbringen. Sie werden staunen, wieviel Gelassenheit Sie dadurch gewinnen!
Wenn Sie sich über sich selbst ärgern – auch bei Kleinigkeiten –, machen Sie dasselbe. Aber in diesem Fall müssen Sie sich keine positive Absicht zusammenreimen. Die positive Absicht ist ja in Ihnen – versuchen Sie, sie zu entdecken. Wenn Sie sich selbst verstehen, werden Sie auch sich selbst gegenüber gelassener sein!

3. Grundsatz: Niemand hat nur ein Motiv

Vielleicht haben Sie ja schon einige Motivations-Ratgeber gelesen, fühlten sich zunächst auch sehr motiviert und dachten, Sie könnten alles schaffen, wenn Sie nur wollten. Und dann kam es doch anders, und Sie konnten doch nicht allzuviel verändern. Der »innere Schweinehund« hat Sie daran gehindert.

DEF

Motiv kommt vom lateinischen movere »bewegen«. Ein Motiv ist also ein »Beweg-Grund«, etwas, das uns dazu antreibt, uns in eine bestimmte Richtung zu bewegen.

Das Problem ist, dass oft so getan wird, als hätten Menschen nur ein Motiv – und wenn sie nur mit der richtigen Einstellung und einem starken Willen loslegten, ginge alles. Menschen sind aber nicht so einfach gestrickt. Ein bestimmtes Motiv kann so weit im Vordergrund stehen, dass wir glauben, es wäre das einzige. Doch es gibt immer eine ganze Reihe von Motiven, die uns bewegen – und manche davon sind uns gar nicht bewusst.

EXP

Wahrscheinlich hätten Sie gerne ein paar Millionen Euro auf der hohen Kante. Finanzielle Unabhängigkeit ist meist ein starkes Motiv. Dafür würden Sie wohl einiges tun. Wenn Ihnen jemand in Aussicht stellt, Sie könnten mit wenig Anstrengung zu einer Million kommen, wären Sie wohl ziemlich motiviert. Doch wenn das Angebot nun daran hängt, dass Sie bei einem Bankraub mitmachen oder Ihre große Liebe verlassen – dann würden Sie (hoffentlich!) ablehnen. Ja, Sie sind motiviert, viel Geld zu bekommen. Doch andere Motive, die gleichzeitig wirken, sind stärker!

Im NLP geht es auch darum, zu motivieren – aber unter Berücksichtigung all Ihrer Motive. All Ihre Motive haben positive Absichten (vgl. **Grundsätze des NLP** Nr. 2). Deshalb hat es auch wenig Sinn, sie zu unterdrücken. Es gibt keinen »inneren Schweinehund«! Es gibt nur Motive, die Ihrem aktuellen bewussten Hauptmotiv entgegenstehen. Wir werden Ihnen Wege zeigen, wie Sie Ihre Motive effektiv zusammenarbeiten lassen: Dann wird es Ihnen viel leichter fallen, Ihre Ziele zu erreichen.

PRA

Wir empfehlen Ihnen, das Buch an dieser Stelle für einen Tag wegzulegen. Versuchen Sie, mindestens einen Tag lang, die Idee des dritten Grundsatzes in Ihrem täglichen Leben zu ergründen. Sehen Sie sich Ihre Motive genauer an – und zwar unter dem Aspekt, dass Sie nie nur eines haben. Hören Sie in sich hinein und nehmen Sie Ihre inneren Stimmen ernst. Sie haben Ihnen etwas Wichtiges zu sagen.

4. Grundsatz: Die Vorstellungskraft ist immer stärker als die Willenskraft

Wenn Menschen etwas überschätzen, dann ist es die Kraft des Willens. Sicher, es gibt Menschen, die einen starken Willen haben und sich weder durch äußere noch durch innere Widerstände von ihrem Weg abbringen lassen. Solche Menschen können bewundernswerte Leistungen vollbringen. Da liegt es natürlich nahe zu glauben, der Weg zum Erfolg liege in einer starken Willenskraft. Also muss man seinen Willen trainieren, sich einfach sagen »Ich will!«, oder sich damit abfinden, dass man ein Mensch mit schwacher Willenskraft ist.

Aber stimmt das überhaupt? Ist der Wille wirklich das, was Menschen dazu antreibt, auch bei Widerständen durchzuhalten oder überhaupt etwas auf den Weg zu bringen?

EXP

Nehmen Sie sich eine Minute Zeit für das Experiment – es dauert wirklich nur kurz, bringt Ihnen aber vielleicht eine sehr interessante Erkenntnis.

Stehen Sie auf, heben Sie Ihre Arme seitlich und dann drehen Sie Ihren Oberkörper langsam so weit es geht nach links. Achten Sie darauf, wie weit Sie sich drehen können; merken Sie sich den Punkt an der Wand, auf den Ihr linker Zeigefinger zeigt. Setzen Sie Ihre ganze Willenskraft ein, um sich so weit zu drehen wie möglich – natürlich sollten Sie aber auf Ihre Grenzen achten!

Entspannen Sie sich kurz. Jetzt drehen Sie sich nochmals langsam nach links. Aber diesmal stellen Sie sich vor, ein starkes Gummiband hielte Ihre Bewegung zurück. Drehen Sie sich gegen den Zug dieses vorgestellten Gummibands so weit es geht. Und dann stellen Sie sich vor, das Gummiband würde plötzlich durchgeschnitten – so können Sie sich noch weiter drehen.

Und nun vergleichen Sie: Wir sind uns sicher, dass Sie sich bei Ihrem zweiten Versuch weiter drehen konnten, vielleicht sogar deutlich weiter. Ihre Vorstellung hat mehr bewirkt als Ihre reine Willenskraft!

Es gibt eine Kraft in Ihnen, die wesentlich stärker ist als Ihre Willenskraft – und zwar ganz unabhängig davon, wie stark Ihr Wille ist: Ihre Vorstellungskraft! Das hat Émile Coué, der »Vater der Autosuggestion«, schon vor über 100 Jahren herausgefunden und als »Lehrsatz« formuliert: »Wenn Wille und Vorstellungskraft streiten, gewinnt immer die Vorstellungskraft – ohne jegliche Ausnahme!«

Nun ist es ja nicht so, dass der Wille überhaupt keine Rolle spielte. Um noch einmal Coué zu zitieren: »Wenn Wille und Vorstellungskraft übereinstimmen, addieren sie sich nicht nur, sondern multiplizieren sich miteinander.« Und, ganz wichtig: »Die Vorstellungskraft ist lenkbar.«

NLP hilft Ihnen, Ihre Vorstellungskraft effektiv zu lenken – und Ihren Willen zu entwickeln. Und wenn sich die beiden dann multiplizieren, werden sich Ihre Möglichkeiten vervielfachen!

PRA

Legen Sie das Buch nun wieder für einen Tag zur Seite. Versuchen Sie, mindestens einen Tag lang die Idee des vierten Grundsatzes in Ihrem täglichen Leben auszuprobieren.
Sie müssen viel weniger in den Lauf der Dinge eingreifen, als Sie glauben. Beobachten Sie einfach erst einmal: Wo setzen Sie Ihre Willenskraft ein? Wo setzen Sie Ihre Vorstellungskraft ein? Wann fühlen Sie sich besser? Wann sind Sie erfolgreich bei dem, was Sie tun?

5. Grundsatz: Für jedes Problem gibt es eine Lösung

Im NLP gehen wir davon aus, dass es zu jedem, wirklich jedem, Problem eine Lösung gibt. Ein wenig naiv? Keineswegs! Natürlich ist nicht jede Lösung, die wir uns für ein Problem vorstellen, auch realisierbar. Doch die scheinbare Unlösbarkeit eines Problems liegt nicht in dem Problem begründet, sondern in den Lösungswegen zur Lösung, die wir sehen können.
Eine solche Behauptung wird bei Ihnen verständlicherweise große Widerstände auslösen, wenn Sie in einer schwierigen Lage stecken. Natürlich gibt es Probleme, die so gewaltig sind, dass sie ausweglos erscheinen. Wenn Sie gerade arbeitslos geworden sind und ein Alter haben, in dem man nur schwer einen neuen Job findet; wenn ein geliebter Mensch gestorben ist; wenn Sie Ihre große Liebe verlassen hat; wenn Sie in der Gewalt von Verbrechern sind; wenn Sie eine Krankheit haben, an der Sie sterben werden – da kann es geradezu zynisch klingen, wenn man behauptet, es gäbe für jedes Problem eine Lösung.

EXP

Stellen Sie sich ein Problem vor, das Sie für unlösbar halten. Für dieses Experiment nehmen Sie besser eines, von dem Sie nicht selbst betroffen sind.

Und nun überlegen Sie erst einmal: Welche Vorteile bringt es, das Problem als unlösbar zu betrachten? Hören Sie in sich hinein, welche Gefühle in Ihnen auftauchen, wenn Sie daran denken, dass es keine Lösung gibt.
Und dann überlegen Sie: Welche – und seien es auch völlig abwegige – Lösungen könnte es vielleicht doch geben? Lassen Sie Ihrer Fantasie freien Lauf. Und achten Sie darauf, welche Gefühle nun in Ihnen auftauchen.

Ebenso wie Erfahrungen haben auch Probleme stets eine Struktur. Ein Problem steht wie eine Mauer vor uns auf unserem Weg; solange wir die Mauer als massives Hindernis betrachten, können wir keine Lösung erkennen. Wenn wir uns diese Mauer aber genau ansehen, können wir ihre Höhe, ihre Breite, ihr Material, ihren Aufbau erkennen – und es ergeben sich Wege, das Hindernis zu überwinden. Ist die Mauer wirklich so hoch, dass wir nicht darüberklettern können? Ist es vielleicht ganz einfach: Könnten wir um die Mauer herumgehen, einen Tunnel drunterdurch graben, sie mit einem Fußtritt umstoßen oder ein Loch hineinhauen? Oder ist vielleicht sogar eine Tür in der Mauer, die wir nur öffnen müssen, um unseren Weg fortzusetzen? Oder ist es vielleicht möglich, dass das Problem einfach verschwindet, wenn man es gar nicht als Problem definiert? Müssen wir denn überhaupt in die Richtung, in der die Mauer uns den Weg versperrt?

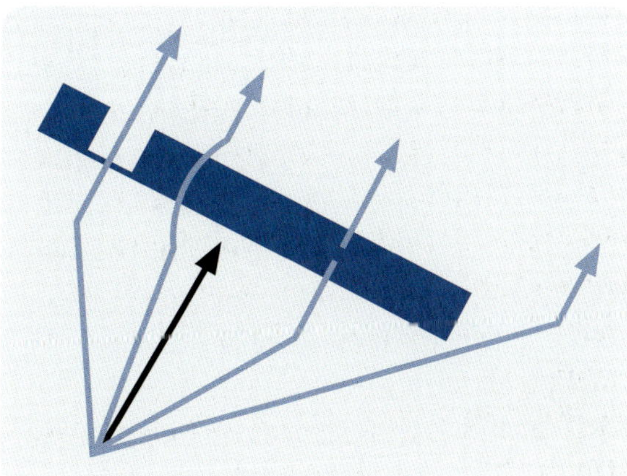

Ein Problem mit vielen Lösungen

Die Probleme sind nicht das Problem

Ein Problem ist erst einmal ein Ereignis in der Welt. Für sich selbst ist nichts, was geschieht, ein Problem. Das Problem entsteht erst durch die Interpretation gemäß unserem Modell von der Welt, unserer mentalen Weltkarte. Das heißt selbstverständlich nicht, dass wir »schuld« wären an unseren Problemen oder dass wir jedes Problem im Handumdrehen aus der Welt schaffen könnten. Doch wenn wir voraussetzen, dass es für jedes Problem irgendeine Lösung gibt, werden wir Probleme nicht mehr als unlösbar betrachten und verzweifeln, sondern ausprobieren, wie wir vorgehen könnten, damit sich das Problem auflöst.

Das Gefühl der Hilflosigkeit führt zu Depressionen. Das Gefühl, eine Aufgabe zu haben, gibt Kraft.

Lassen Sie uns noch einmal erwähnen, dass es im NLP nur darum geht, was funktioniert und nützt. Stellen Sie sich unter diesem Gesichtspunkt noch einmal die Frage: Was bringt es mir zu glauben, ein Problem wäre unlösbar? Was bringt es mir anzunehmen, dass jedes Problem eine Lösung hat?

NLP besteht zu einem großen Teil darin, den Wechsel von der Problemorientierung hin zur Zielorientierung zu vollziehen. Viele Menschen sind der Problemorientierung so sehr verhaftet, dass ihnen schon die Vorstellung, jedes Problem könnte eine Lösung haben, Unbehagen verursacht – ohne »Problem als Leitfaden« verlieren sie die Orientierung. Eine Problemorientierung führt zur aktiven Suche nach Problemen; die Zielorientierung führt zur Suche nach Zielen und Problemlösungen.

PRA

Legen Sie das Buch wieder einmal für einen Tag beiseite. Versuchen Sie, mindestens einen Tag lang, die Idee des fünften Grundsatzes in Ihrem täglichen Leben auszuprobieren. Hoffentlich leiden Sie nicht ständig unter Problemen, die Sie als unlösbar

betrachten! Doch sicher sehen Sie in den Nachrichten, in der Zeitung oder in Ihrer Verwandtschaft Probleme. Und bestimmt gibt es auch kleinere Probleme in Ihrem Privat- oder Berufsleben.
Versuchen Sie, an jedes Problem mit dem Grundsatz »Für jedes Problem gibt es eine Lösung« heranzugehen. Sie werden dadurch nicht alle Probleme der Welt lösen – aber Sie erweitern Ihre gedanklichen Spielräume und Ihre geistige Flexibilität. Und das löst kleinere Probleme schnell – bei größeren dauert es eben etwas länger.

6. Grundsatz: Man kann nicht nicht kommunizieren

Der Satz »Man kann nicht nicht kommunizieren« ist eine der bekanntesten Aussagen des Philosophen, Psychotherapeuten und Kommunikationswissenschaftlers Paul Watzlawick (1921-2007). Falls noch nicht ganz klar ist, was das bedeutet, hier noch einmal mit anderen Worten: Sie kommunizieren immer – es ist nicht möglich, das nicht zu tun. Sobald Sie mit anderen Menschen zu tun haben, kommunizieren Sie mit ihnen.
Natürlich können Sie schweigen und ganz still in einer Ecke sitzen – doch auch das »sagt« etwas. Auch damit würden Sie etwas kommunizieren. Manchmal ist Schweigen ausdrucksstärker als tausend Worte.

EXP

Halten Sie einmal kurz inne und stellen Sie sich vor, Sie hätten einen Streit mit einem Freund – so etwas kommt ja vor. Ihr Freund will weder klein beigeben noch den Streit weiterführen. Also sagt er kein Wort mehr.
Wäre für Sie damit alles in Ordnung? Oder werden Sie durch das beharrliche Schweigen eher noch ärgerlicher? Vor allem, wenn Sie Ihren Freund auffordern, doch endlich Position zu beziehen und er einfach das Zimmer verlässt?

Da es aber ganz unmöglich ist, nicht zu kommunizieren, wird klar, wie wichtig es ist, richtig zu kommunizieren. Kommunikation und der Aufbau eines Rapports (eines »guten Drahts«) ist daher auch eine der Säulen von NLP. Jede menschliche Beziehung ist von einer guten Kommunikation abhängig – jede Beziehung, ob zu Freunden, zum Partner, zu Ihren Kindern, zu Mitarbeitern und Kollegen oder als Therapeut zu Klienten. Die Alternative »nicht kommunizieren« existiert nicht. Es gibt ebenso wenig ein Gegenteil von Kommunikation wie ein Gegenteil von Verhalten. Zu Erfolg, Lebenszufriedenheit und seelischer Gesundheit gehört eine funktionierende Kommunikation. In diesem Buch werden Sie noch viel über Kommunikation lesen – und wie Sie sie mit NLP gut, effektiv und befriedigend gestalten können.

PRA

Es wird Zeit, das Buch wieder erst einmal wegzulegen und mindestens einen Tag lang die Idee des sechsten Grundsatzes in Ihrem täglichen Leben auszuprobieren.
Dazu achten Sie einfach vermehrt auf Kommunikation und in welchen Formen sie stattfindet. Sensibilisieren Sie sich dafür, wie Menschen miteinander sprechen. Wenn Sie in der U-Bahn sitzen, können Sie das zu einer spannenden Studie machen: Auch bei den Menschen, die allein und schweigend dasitzen, können Sie feststellen, dass sie auf subtile Weise kommunizieren. Vielleicht sagen sie damit: »Ich möchte in Ruhe gelassen werden« oder: »Ich freue mich auf mein Date« oder: »Ich fühle mich unwohl in der U-Bahn« oder: »Ich bin nervös, weil es so langweilig ist, herumzusitzen«. Das sind natürlich alles Interpretationen, über deren Zutreffen Sie nichts wissen. Doch indem Sie genauer hinsehen, erweitern Sie Ihre Wahrnehmungsfähigkeit.

7. Grundsatz: Die Bedeutung jeder Kommunikation liegt in ihrem Ergebnis

Dieser Grundsatz sagt, dass es weniger wichtig ist, was Sie tun und sagen, als vielmehr wie Ihre Umgebung auf Sie reagiert. Nicht was Sie sagen zählt, sondern ob und wie Sie verstanden werden. Um Paul Watzlawick zu zitieren: »Wahr ist nicht, was A gesagt hat; wahr ist, was B verstanden hat.«

Das widerspricht den herkömmlichen Vorstellungen von Kommunikation – und von Wahrheit – natürlich sehr deutlich.

Möglicherweise stellen Sie sich, wie die meisten Menschen, den Prozess der Kommunikation etwa so vor:

- Person A sendet eine Information.
- Person B empfängt diese Information.

Im NLP sieht man das etwas anders. Überlegen wir uns einmal, was bei einer (verbalen) Kommunikation wirklich geschieht:

- Person A hat die Absicht, eine Botschaft an Person B zu übermitteln.
- Dazu gebraucht Person A Worte.
- Die Schallwellen treffen auf das Ohr von Person B.
- Die Schallwellen werden in elektrische Impulse umgewandelt und diese an das Gehirn von Person B geschickt.
- Das Gehirn von Person B interpretiert die eintreffenden Impulse gemäß seiner mentalen Karte von der Welt und ihren Erfahrungen.
- Person B reagiert.

Das Wesentliche ist die Reaktion von B. Sinnvoll ist die Kommunikation (für Person A) dann, wenn A etwas so »rüberbringt«, dass B in (für Person A) wünschenswerter Weise reagiert.

Ist Ihnen aufgefallen, dass »Information« dabei überhaupt nicht vorkommt? Kein Wunder, denn Kommunikation beruht nicht auf der Übertragung von Information! Das ist zumindest die Sichtweise des Konstruktivismus und von NLP, das sich auf den Konstruktivismus bezieht.

Auch dieses Buch kommuniziert

Vielleicht klingt das kompliziert. Und indem wir dieses Buch schreiben, stehen wir natürlich auch vor der Herausforderung, unsere Kommunikation mit Ihnen, unseren Lesern so zu gestalten, dass Sie verstehen, was wir meinen. Dabei können wir nicht behaupten, wir hätten alles richtig gesagt und wenn Sie es nicht verstünden, sei das Ihr Problem. Es ist einfach so: Wenn Sie nicht verstehen, was wir schreiben, war unsere Kommunikation nicht erfolgreich. Wir haben zusätzlich das Problem, dass das Gedruckte nun einmal feststeht. Wir bekommen nur verzögerte und eingeschränkte Rückmeldungen darüber, ob wir erfolgreich kommuniziert haben oder nicht. Daher möchten wir Sie hier um eines bitten: Wenn Sie etwas nicht verstanden haben, wenn Sie Kritik haben – bitte teilen Sie es uns mit! Das hilft uns, es besser zu machen.

EXP

Halten Sie einmal kurz inne und überlegen Sie, ob Sie wirklich verstanden haben, was wir geschrieben haben. Wenn nicht, versuchen Sie herauszufinden, wo das Problem liegt. Wenden Sie dabei den Grundsatz: »Jedes Verhalten hat eine positive Absicht« an. Gehen Sie davon aus, dass wir versucht haben, etwas für Sie Interessantes zu sagen und Ihnen zu helfen, NLP so zu verstehen, dass es Sie weiterbringt.

Wir sind natürlich nicht allein mit unserem Problem. In der Kommunikation zwischen Menschen kommt es bekanntermaßen sehr häufig zu Missverständnissen. Während der eine glaubt, er habe etwas eindeutig klargemacht (»eine Information übertragen«), reagiert der andere, als hätte er die Botschaft nicht empfangen (hat er auch nicht!). Und schon nimmt das Unglück seinen Lauf. Wichtig ist nicht, was man selbst zu sagen glaubt, sondern was der andere verstehen soll!

Ein ganz einfaches Beispiel: Jemand tritt auf Sie zu und sagt: »Ni hao!« Wahrscheinlich werden Sie etwas verblüfft sein und keine angemessene Reaktion zeigen können. Der Chinese, der Sie mit »Ni hao!« ansprach, wollte Sie begrüßen. Aber für Sie ist es nur Gebrabbel – es sei denn, Sie selbst können Chinesisch. Er hätte auch in einer Fantasiesprache sprechen oder etwas völlig anderes sagen können – das Ergebnis wäre dasselbe gewesen: Sie hätten ihn verständnislos angesehen. Was er sagte, war also nicht sinnvoll, um das von ihm angestrebte Ergebnis zu erreichen. Das wäre ihm viel besser gelungen, wenn er »Gu-Ten Tak!« gesagt hätte, obwohl diese Laute für ihn gar keinen Sinn ergeben.

In diesem Beispiel ist die Schwierigkeit der Kommunikation leicht zu verstehen. Doch wenn Sie in Ihrem Alltag mit Menschen reden, die dieselbe Sprache sprechen, scheint das alles keine große Rolle zu spielen. Und doch ist es im Alltag ganz genauso: Die Bedeutung jeder Kommunikation liegt in ihrem Ergebnis!

Machen Sie nun wieder eine Lesepause und integrieren Sie den siebten Grundsatz in Ihr tägliches Leben. Mindestens einen Tag lang. Sie können sich vieles erleichtern, wenn Sie diesen Grundsatz umsetzen.

PRA

Erstens, wenn Sie selbst sprechen: Wenn Sie etwas sagen wollen – vor allem, wenn Emotionen hochkochen –, denken Sie kurz darüber nach, ob Sie mit dem, was Sie sagen, wirklich erreichen, was Sie erreichen wollen.

Zweitens, wenn jemand anders unverständliches Zeug redet: Gehen Sie davon aus, dass er etwas Sinnvolles sagen wollte.
Allein schon mit diesem Grundsatz werden Sie mehr Gelassenheit und Erfolg in Ihrer Kommunikation erleben!

8. Grundsatz: Körper und Geist sind Teile eines Systems

Oft hört man, der Mensch habe Körper und Geist. Aber ist es nicht vielmehr so, dass der Mensch Körper und Geist ist? Dass Körper und Geist voneinander getrennt sein sollen, ist nicht selbstverständlich. Philosophisch wird das äußerst schwierig – in der Medizin und in der Psychologie ist diese Sichtweise mitunter vielleicht sogar schädlich.

Der Gedanke, dass Körper und Geist eng zusammenhängen, ist wahrlich nicht neu. Doch erst seit einigen Jahrzehnten werden diese Zusammenhänge auch systematisch erforscht. Die Psychosomatik, die sich mit den Zusammenhängen zwischen Seele (Psyche) und Körper (Soma) beschäftigt, hat deutlich gemacht, dass viele Krankheiten nicht verstanden werden können, wenn man sie als rein körperlich betrachtet. Ganz sicher ist das bei Krankheiten wie Asthma, Bluthochdruck, chronischen Magen-Darm-Erkrankungen oder rheumatischer Arthritis. Eine noch neuere Forschungsrichtung, die Psychoneuroimmunologie, befasst sich mit den Zusammenhängen zwischen Gedanken, Gefühlen und körperlichen Prozessen. Es zeigt sich immer klarer, dass Körper und Geist ausnahmslos zusammenwirken. Heute wissen wir, dass jeder Gedanke und jedes Gefühl körperliche Veränderungen zur Folge hat. Aber auch das Umgekehrte gilt: Jede körperliche Veränderung macht sich auch in einer Veränderung geistig-seelischer Vorgänge bemerkbar.

Probieren Sie nun ein kleines Experiment aus, bei dem Sie den Zusammenhang zwischen Körper und Seele direkt erfahren können. Die Übung heißt **»Sonnenhaltung und Mondhaltung«**.

- Lassen Sie Ihren Kopf sinken, lassen Sie Ihre Schultern nach vorne fallen, machen Sie den Rücken rund, spannen Sie die Bauchmuskulatur leicht an, kneifen Sie die Augen etwas zusammen (so als wäre Ihnen etwas ins Auge gekommen) und ziehen Sie Ihre Unterlippe nach unten. Atmen Sie dabei ganz flach. Das ist die **»Mondhaltung«**.
- Testen Sie nun Ihren Gefühlszustand. Versuchen Sie, an etwas Schönes, Lustiges, Angenehmes, Freudvolles zu denken – und Sie werden erstaunt feststellen, dass Sie dabei auf einen inneren Widerstand stoßen und es Ihnen nicht recht gelingen will! Diese Haltung ist mit negativen Gefühlsmustern assoziiert; der körperliche Zustand hemmt positive Gedanken und Gefühle!
- Nun probieren wir das Gegenteil: Die **»Sonnenhaltung«**. Entspannen Sie Ihren Bauch, die Augen, die Stirn, heben Sie den Kopf, den Blick, die Augenbrauen und Ihre Mundwinkel, halten Sie den Rücken gerade, nehmen Sie die Schultern zurück und atmen Sie einige Male ein und aus. Wahrscheinlich werden Sie sofort spüren können, wie diese Haltung positive Gefühle hervorruft. Tatsächlich werden Sie in dieser Haltung nur mit großer Anstrengung in der Lage sein, sich in negative Gedanken und Gefühle zu vertiefen!

EXP

Im NLP spielt die Erkenntnis, dass Körper und Seele nicht getrennt sind, eine wichtige Rolle. NLP nutzt diese Einsicht, um durch die Veränderung von Denkmustern körperliche Probleme zu verändern. Beispielsweise ist es möglich, durch mentale Techniken Schmerzen zu lindern, normalerweise nicht willentlich steuerbare Muskeln zu beeinflussen oder sogar das Immunsystem zu stärken. Andererseits können Sie aber auch durch die Kontrolle körperlicher Parameter, wie etwa der Muskelspannung, Gefühlen und Gedanken eine positive Richtung geben. Das konnten Sie bei obigem Experiment gerade selbst erfahren.

Wir raten Ihnen nun wieder, das Buch für mindestens einen Tag wegzulegen. Versuchen Sie, wenigstens einen Tag lang, die Idee des achten Grundsatzes in Ihrem täglichen Leben auszuprobieren. Das können Sie jederzeit tun, wo auch immer Sie sich gerade befinden. Und zwar immer dann, wenn Sie unangenehme Gefühle verspüren. Achten Sie dann bewusst auf Ihre Körperhaltung. Richten Sie den Rücken auf, heben Sie den Kopf ein wenig, öffnen Sie die Augen etwas weiter und versuchen Sie, ein Lächeln auf Ihr Gesicht zu bringen.
Das löst zwar keine großen Probleme, ist jedoch erstaunlich effektiv, wenn es gilt, Ihre Gefühle in eine produktivere, positivere Richtung zu lenken. Und Sie werden mit Sicherheit von anderen Menschen auch positiver wahrgenommen.

9. Grundsatz: Es gibt kein Scheitern, nur Feedback

Einer der wichtigsten Grundsätze des NLP lautet, dass es im Grund niemals Versagen oder Scheitern gibt. Natürlich macht man Fehler! Doch die Fehler selbst sind kein Versagen. Sie sind nur Feedback. Angst vor Fehlern zu haben, ist ein sicheres Mittel, um Erfolg zu verhindern. Wenn Sie ein Ergebnis erreichen wollen, beginnen Sie zu handeln. Nur wenn Ihr Ziel sehr, sehr klein ist, werden Sie direkt dorthin gelangen. Aber normalerweise werden Sie auf dem Weg immer wieder kleineren und größeren Hindernissen begegnen. Einen Weg durch unbekanntes Gelände können Sie nur finden, wenn Sie immer wieder Rückmeldungen darüber erhalten, ob Ihre Zielrichtung noch stimmt. Nur auf der Basis solcher Rückmeldungen können Sie Korrekturen vornehmen. Und Fehler, Hindernisse und Probleme sind nichts anderes als solche Rückmeldungen!

Stellen Sie sich vor, Sie spielten ein Ratespiel. Ihr Freund soll sich eine Zahl zwischen 1 und 1000 denken, und Sie sollen die Zahl erraten. Er sagt nur größer oder kleiner. Es wird nicht lange dauern, bis Sie die richtige Zahl haben – nach etwa 10 Versuchen werden Sie die Zahl finden. Aber was, wenn Ihr Freund nichts sagt? Welche Chance haben Sie dann, die richtige Zahl zu ermitteln? Genau 1:1000. Und was hielten Sie von folgender Situation: Ihr Freund soll eine Zahl raten, gibt aber schon nach dem ersten Versuch auf und sagt: »Ich kann das nicht. Ich habe versagt!« Fänden Sie das nicht sehr albern?

EXP

Alles, was Sie möglicherweise als »Problem«, »Hindernis« oder »Scheitern« ansehen, können Sie viel sinnvoller als Rückmeldung betrachten – also als Hinweis darauf, wie Sie effektiver vorgehen können, um Ihr Ziel zu erreichen.
Menschen, die sich davor fürchten zu scheitern, erleben innerlich ständig innerliche Misserfolge. Daher tun sie nicht die Dinge, die sie zum Erfolg führen könnten. Die Angst zu versagen, ist eines der größten Hindernisse auf dem Weg zum Erfolg. Schwierigkeiten als Scheitern anzusehen, bedeutet Stillstand. Schwierigkeiten als Rückmeldung zu betrachten, eröffnet dagegen neue Wege zum Ziel!

Sie haben bereits Enormes geleistet!

Versuchen Sie doch einmal, das anhand eigener Erlebnisse nachzuvollziehen. Jeder Mensch kennt Umstände, in denen er Schwierigkeiten als wertvolle Rückmeldungen angenommen hat. Denken Sie nur daran, wie Sie Lesen und Schreiben gelernt haben. Stellen Sie sich vor, Sie hätten schon beim ersten Buch aufgegeben, weil Sie mit den seltsamen Zeichen, die Erwachsene »Buchstaben« nennen, nichts anfangen konnten. Was wäre wohl geschehen, wenn Sie das als Scheitern betrachtet und aufgegeben hätten? Nur durch ständige Rückmeldungen haben Sie schließlich das Lesen gelernt – nicht durch ein Scheitern an der Aufgabe.

Thomas Alva Edison (1847-1931) sagte einmal etwas, das den neunten Grundsatz sehr gut beschreibt: »Ich habe nie versagt. Ich habe mit Erfolg zehntausend Wege entdeckt, wie es nicht funktioniert.«

PRA

Es wird wieder Zeit für eine Lesepause. Versuchen Sie, mindestens einen Tag lang, die Idee des neunten Grundsatzes in Ihrem täglichen Leben umzusetzen.

Auch bei Kleinigkeiten: Wann immer der Gedanke auftaucht, Sie hätten versagt, machen Sie innerlich eine Kehrtwendung. Heißen Sie den »Fehler« willkommen! Sie haben nicht versagt. Sie haben eine Botschaft bekommen, die Ihnen zeigt, dass Sie etwas korrigieren sollten.

Manchmal sind es nur kleine Veränderungen, manchmal größere. Doch eins ist klar: Sie können etwas verändern – und zwar gerade deshalb, weil Sie eine Rückmeldung erhalten haben!

10. Grundsatz: Wenn etwas nicht funktioniert, probiere etwas anderes

Dieser Grundsatz des NLP scheint Ihnen vielleicht unnötig. Es ist doch selbstverständlich, dass man etwas anderes versucht, wenn etwas nicht funktioniert! Theoretisch mag das selbstverständlich sein, doch praktisch sieht es meist anders aus. Gewohnheiten haben eine größere Macht, als wir es wahrhaben wollen. Erstaunlicherweise sind Menschen äußerst beharrlich in dem, was sie tun – auch wenn es absolut und ganz offensichtlich nicht funktioniert. Sie tun selbst Dinge, die ihnen unangenehm sind, immer wieder auf dieselbe Art und Weise.

Es ist normal, ineffektiv zu sein

Dafür gibt es natürlich gute Gründe:

- Jedes Verhalten hat eine positive Absicht – das wissen Sie ja schon. Und diese positive Absicht ist manchmal so fest mit einem Verhalten verbunden, dass es nicht so einfach ist, einfach anders zu handeln.
- Manche Handlungsabläufe sind so automatisiert, dass wir gar nicht mehr darüber nachdenken, ob sie effektiv sind oder nicht.
- Manchmal wissen wir zwar, dass etwas nicht funktioniert, kennen aber keine Alternative, von der wir sicher wissen, dass sie besser ist.
- Mitunter macht es Angst, ein gewohntes Verhalten aufzugeben – und um die Angst in den Griff zu bekommen, tun wir weiter das Gewohnte, das zumindest keine Angst macht.

Kennen Sie ein solches Verhalten nicht auch von sich selbst? Beispielsweise beim Streit mit Ihrem Partner, beim Aufstehen, beim Autofahren? Oder in der Erziehung? Vielleicht haben Sie Ihren Kindern ja auch schon einmal vorgehalten: »Das habe ich dir doch schon 1000 Mal gesagt!« Sollten Sie das tatsächlich getan haben, wäre das natürlich schon ein Extremfall. Aber selbst nach zwanzig Wiederholungen hätten Sie eigentlich merken können, dass es auf diese Art und Weise nicht geht. Der Grundsatz »Wenn etwas nicht funktioniert, probiere etwas anderes« ist in solchen Fällen Gold wert.

Die meisten Menschen haben ihre Handlungen so automatisiert, dass sie nicht einmal dann auf die Idee kommen, ihre Vorgehensweise zu verändern, wenn sie ihnen Nachteile bringt. Solange die Nachteile nicht direkt spürbar sind, neigen wir erst recht dazu, gewohntes Verhalten so lange wie nur möglich beizubehalten.

EXP

Falten Sie Ihre Hände, sodass sich die Finger verschränken. Welcher Daumen liegt oben? Verschränken Sie sie nun so, dass der andere Daumen oben liegt. Das wird Ihnen wahrscheinlich nicht schwerfallen – aber es fühlt sich komisch an. Und das ist kein Zufall: Immer wenn Sie die Hände verschränken, werden Sie es auf dieselbe Art und Weise tun, solange Sie es nicht absichtlich anders machen. Beim Fingerverschränken ist das natürlich überhaupt kein Problem: Aber Sie sehen, dass Sie ganz unbewusst manche Dinge immer gleich tun, obwohl es keinen Vorteil für Sie hat, es auf diese Art und Weise zu machen.

NLP unterstützt Sie dabei, alte, ineffektive Verhaltens- und Denkmuster zu erkennen und zu verändern. Indem Sie angefangen haben, dieses Buch zu lesen und mit den von uns vorgeschlagenen Übungen zu experimentieren, haben Sie bereits einen wichtigen Schritt getan, etwas Neues auszuprobieren.

Der Grundsatz bedeutet uns, offen zu sein für alles, was funktioniert und ein Bewusstsein dafür zu schaffen, wenn etwas nicht oder ineffektiv funktioniert. Das erhöht die Bereitschaft zur Suche nach Lösungsalternativen.

Wenn Sie als Berater, Therapeut, Lehrer oder Erzieher tätig sind, ist dieser Grundsatz ganz besonders wichtig: Widerstand beim

Klienten, beim Schüler oder bei Ihrem Kind weist Sie daraufhin, dass es Ihnen noch ein wenig an Flexibilität fehlt. Das ist eine wichtige Rückmeldung. Und es gilt natürlich genauso, wenn Sie Ihr eigener Berater oder Therapeut sind!

NLP ist nicht in Steintafeln gemeißelt!

Der letzte Grundsatz des NLP bezieht sich auch auf NLP selbst – ja sogar auf die Grundsätze! Wenn sich bestimmte Techniken oder Übungen als ineffektiv herausstellen – probieren Sie andere! Sollte sich eine Grundannahme als unpraktisch erweisen – verändern Sie sie! Erinnern Sie sich noch an das Neun-Punkte-Problem (Seite 22)? Zur Lösung haben Sie gefunden, wenn Sie den 10. Grundsatz des NLP angewandt haben.
Wenn etwas nicht funktioniert – versuchen Sie etwas anderes!

PRA

Gehen Sie nun wieder einen Tag lang in die Praxis. Versuchen Sie, mindestens einen Tag lang die Idee des 10. Grundsatzes in Ihrem täglichen Leben zu verwirklichen.
Fragen Sie sich: Machen Sie etwas immer auf die gleiche Art und Weise, auch wenn das für Sie nicht besonders gut funktioniert? Ein oder zwei Dinge, die Sie verändern, könnten Ihr ganzes Leben verändern. Vielleicht sind es nur Kleinigkeiten – doch jede Kleinigkeit, die nicht funktioniert und die Sie nun anders machen, verbessert Ihre Lebensqualität ein kleines bisschen!

Selbstbetrachtung – drinnen und draußen

Wenn Sie an Situationen denken, die Sie erlebt haben oder die Sie sich erträumen, tun Sie das natürlich aus der Ich-Perspektive.

Sie sehen mit Ihren eigenen Augen. Mit welchen auch sonst? Sie erleben die Situation von Ihrem Standpunkt aus, so, wie Sie auch wirkliche Situationen erleben. Im NLP nennt man das »assoziiertes Erleben«.

Das ist die »natürliche« Sichtweise. So sehen Sie die Welt nun einmal. Es ist aber nicht die einzige. Sie können sich in der Vorstellung auch von außen betrachten. Das heißt im NLP »dissoziiertes Erleben«.

NLP

Assoziiert bedeutet ganz allgemein »verbunden«. Im NLP bedeutet es, dass Sie eine Vorstellung von Ihrem Standpunkt aus erleben. Sie sind mit Ihren Gefühlen dabei.

Dissoziiert bedeutet allgemein »getrennt«. Im NLP heißt es, dass Sie eine Vorstellung so erleben, als wären Sie ein äußerer Zuschauer. Sie betrachten Ihre Gefühle von außen, als Beobachter.

Manchmal kann es sehr sinnvoll sein, die dissoziierte Sichtweise einzunehmen. Wenn Sie sich von außen sehen, sehen Sie sich von einem anderen Standpunkt aus. Und nicht nur sich. Auch das, was Ihnen in einer Situation geschieht, erscheint oft in einem grundsätzlich anderen Licht, wenn Sie es von außen beobachten. Das ist schon eine faszinierende Möglichkeit des Menschen, dass er sich die Welt vorstellen und sogar sich selbst darin sehen kann. Es ist ein bisschen so, als hätten Sie eine innere Videokamera: Sie können die Kamera halten und etwas durch das Objektiv sehen. Aber Sie können die Kamera auch auf ein Stativ stellen, sich selbst aufnehmen und dann auf einem großen HD-Bildschirm von außen betrachten.

Vielleicht haben Sie sich ja schon einmal auf einem Film gesehen. Bestimmt waren Sie ein wenig erstaunt darüber, wie Sie aus dieser äußeren Perspektive wirken.

Probieren Sie doch einfach einmal kurz aus, wie unterschiedlich sich assoziiertes und dissoziiertes Erleben anfühlen.
Haben Sie schon einmal einen Bungee-Sprung gemacht? Es ist ganz schön gruselig, an einem Gummiseil hängend 50 Meter in die Tiefe zu springen. Vielleicht halten Sie soetwas für völlig verrückt und würden es in der Wirklichkeit nie tun. Aber probieren Sie es in Ihrer Vorstellung einmal aus.

- Erst einmal assoziiert: Schließen Sie die Augen, stellen Sie sich vor, Sie stehen auf einem 50 Meter hohen Kran, zurren einen Gurt mit dem daran befestigten Gummiseil um Ihren Körper fest und blicken in die Tiefe … Was spüren Sie dabei? Wahrscheinlich ist es ein komisches Gefühl im Bauch. Vielleicht sogar richtige Angst.
- Und jetzt sehen Sie sich das einmal dissoziiert an. Stellen Sie sich vor, Sie sitzen in einem Café. Im Hintergrund steht der Kran, von dem Bungee-Springer hüpfen. Sie haben die magische Fähigkeit, sich zu verdoppeln. Das tun Sie und sitzen nun mit Ihrer »Kopie« am Cafétisch. Ihr zweites Ich zwinkert Ihnen zu, steht auf, läuft hinüber zum Kran, steigt hinauf, legt das Bungee-Geschirr an und springt … Sie nippen an Ihrem Espresso und sehen ihm dabei zu. Was spüren Sie nun? Wahrscheinlich gar nichts Besonderes. Vielleicht machen Sie sich ein bisschen Sorgen um Ihr zweites Ich – aber es kribbelt nicht im Bauch …

EXP

Es ist in vielen Situationen hilfreich, wenn man innerlich einen Schritt zurücktreten und die Situation aus einer anderen Perspektive betrachten kann. Im NLP werden Sie das immer wieder einmal tun. Es wird Ihnen enorm dabei helfen, Ihren Verhaltensspielraum zu erweitern!

Experimentieren Sie immer wieder einmal mit assoziiertem und dissoziiertem Erleben. Da die Fähigkeit, zwischen diesen beiden Zuständen zu unterscheiden, bei vielen NLP-Übungen wichtig ist, wäre es gut für Sie, diesen Wechsel ein bisschen zu üben. Das können Sie ganz nebenher, in Ihrem Alltag, machen. Und manchmal werden Sie dabei deutlich merken, wie hilfreich das sein kann!

Wenn Sie sich über etwas aufregen: Treten Sie innerlich einen Schritt zurück und sehen Sie sich beim Aufregen zu – bestimmt werden Sie gelassener.

Wenn Sie jemand nervt: Sehen Sie sich das einmal »von außen« an – dann wird es erträglicher.

Wenn Ihnen etwas unangenehm ist oder Sie sogar etwas ängstlich dabei sind, beispielsweise beim U-Bahnfahren: Beobachten Sie sich von einem anderen, von einem dissoziierten Standpunkt aus – und es wird einfacher.

Ankern – Wie Sie Gefühle befestigen

Eine der grundlegenden Techniken des NLP ist das Ankern. »Ankern« ist eine Metapher: Wie ein Schiff einen **Anker** auswirft, um seine Position zu befestigen, so werden im NLP mentale **Anker** gesetzt, um Gefühlszustände zu »befestigen«. Die Metapher ist aber ein wenig schief – denn es geht nicht darum, das Gefühl dauerhaft zu befestigen, sondern darum, es schnell aufrufen zu können. Ein mentaler **Anker** hat eher dieselbe Funktion wie eine Kurzwahltaste am Telefon: Durch etwas Einfaches ruft man schnell etwas Kompliziertes auf.

Im NLP ist es manchmal wichtig, bestimmte komplexe Gefühlszustände schnell abzurufen. Und das ist ja keine einfache Sache, vor allem dann, wenn das Gefühl, das abgerufen werden soll, dem aktuellen Gefühl völlig entgegengesetzt ist. Wenn Sie gerade deprimiert sind, heißt das ja gerade, dass ein fröhlicher Gemütszustand nicht ohne weiteres greifbar ist.

Mit der **Anker**-Technik geht das viel leichter. Das **Ankern** beruht darauf, dass wir ständig Verbindungen zwischen Ereignissen schaffen – auch zwischen Ereignissen, die erst einmal gar nichts miteinander zu tun haben.

Ankern bedeutet im NLP: durch eine einfache Handlung, beispielsweise eine Handbewegung, reflexartig einen bestimmten komplexen Gefühlszustand ins Bewusstsein zu rufen oder eine Handlung auszulösen.

NLP

Der Auslöser muss nichts mit dem Ausgelösten zu tun haben

Etwas sehr Ähnliches wie beim Ankern kann selbst auf körperlicher Ebene geschehen: Sogar natürliche körperliche Reaktionen – wie Reflexe, die willentlich nicht beeinflussbar sind – können »umgelenkt« werden.

Ein Reflex ist eine unwillkürliche, besonders schnelle und gleichartige Reaktion eines Organismus auf einen bestimmten Reiz.

DEF

Stellen Sie sich folgenden Versuch vor: Der Versuchsleiter steht vor Ihnen und pustet in unregelmäßigen Abständen mit einer Luftpumpe etwas Luft auf eines Ihrer Augen. Die natürliche Reaktion darauf ist ein Reflex, der Lidschlussreflex, der dazu dient, das Auge zu schützen. Selbst wenn Sie wollen, können Sie das Auge nicht offen halten – Sie werden immer zwinkern. So ein

Reflex heißt »unbedingter Reflex«. Im zweiten Teil des Versuchs nimmt der Versuchsleiter ein Glöckchen, das er immer läutet, kurz bevor er Ihren Lidschlussreflex auslöst. Ein Glockenton hat natürlich überhaupt nichts mit den Augen zu tun – und trotzdem: Wenn der Versuchsleiter ein paarmal das Glöckchen geläutet und den Lidschlussreflex ausgelöst hat, ist in Ihrem Gehirn eine neue Verknüpfung entstanden. Läutet der Versuchsleiter nun das Glöckchen, ohne auf Ihr Auge zu blasen, wird der Lidschlussreflex trotzdem ausgelöst. Selbst dann, wenn er Ihnen vorher sagt, dass er nun bloß das Glöckchen läuten wird! Aus dem unbedingten Reflex ist nun ein »bedingter« oder »konditionierter« Reflex geworden.

Wenn Sie's nicht glauben, können Sie dieses Experiment jederzeit mit einem Freund durchführen. Aber keine Sorge: Dieser konditionierte Reflex bleibt einem nicht, sondern verschwindet nach kurzer Zeit von selbst. Nach ein paarmal Glöckchenläuten ohne Luftstoß tritt kein Zwinkern mehr auf.

DEF

Konditionieren: Beim »klassischen Konditionieren« wird mithilfe eines angeborenen Reflexes ein neues Verhalten gelernt. In unserem Beispiel wurde ein automatisches Augenzwinkern auf einen Glockenton hin gelernt. Im Grund kann aber jedes Verhalten gelernt werden, indem natürliches Verhalten mit besonderen Auslösern verknüpft wird. Dieses Prinzip wird »operantes Konditionieren« genannt.

Anker entstehen ganz natürlich

Ein **Anker** im NLP ist nun etwas sehr Ähnliches. Das Prinzip, das Sie bei dem Experiment mit dem Lidschlussreflex gesehen haben, funktioniert nicht nur mit einfachen Reflexen, sondern ebenso

mit Gefühlszuständen. Sie haben übrigens bereits einen solchen **Anker** kennengelernt. Können Sie sich noch an die Übung **»Sonnenhaltung und Mondhaltung«** (Seite 57) erinnern? Dabei haben Sie zwei **Anker** verwendet: Die gebeugte Haltung für die traurigen Gefühle und die aufgerichtete Haltung für angenehme Gefühle.
Diese **Anker** haben Sie aber nicht künstlich erzeugt, wie den Lidschlussreflex beim Glöckchenton in dem oben beschriebenen Versuch. Die körperlichen **Anker** für positive und negative Gefühle sind ganz natürlich entstanden.

Überlegen Sie kurz, bevor Sie weiterlesen: Wie sehen Sie es Menschen an, wenn sie traurig sind? Woran erkennen Sie, dass Menschen glücklich und energiegeladen sind?

EXP

Traurigkeit und Niedergeschlagenheit traten in Ihrem Leben häufig zusammen mit der **Mondhaltung** auf. Wenn wir traurig und deprimiert sind, ziehen wir uns in uns zurück, auch körperlich. Menschen, die sehr verzweifelt sind, machen sich meist ganz klein und rollen sich in einer Embryohaltung zusammen – eine Art Schutzreaktion. Dieses Sich-Kleinmachen wurde dann im Lauf der Zeit immer mehr zu einem kraftvollen **Anker** für das Gefühl der Traurigkeit. Bei den positiven Gefühlen war es ganz ähnlich: Sie traten in der Vergangenheit meist gleichzeitig mit der Sonnenhaltung auf. Bei intensiven Glücksgefühlen sind wir entspannter und atmen tiefer – die **Sonnenhaltung** ist aufrecht und entspannt und erleichtert die tiefe Atmung. Deshalb wird die Sonnenhaltung bei Glücksgefühlen bis zu einem gewissen Grad automatisch eingenommen. Andererseits sind bei dieser Haltung die Durchblutung, die Funktion der inneren Organe und die Atmung besser – und dies wiederum führt zu positiven körperlichen

Wahrnehmungen. Sonnenhaltung und Glücksgefühle verstärken sich also gegenseitig. Jedes Mal, wenn positive Gefühle und die Sonnenhaltung zusammen auftraten, wurde die Verbindung zwischen ihnen stärker – die Sonnenhaltung wurde immer mehr zu einem kraftvollen **Anker**.

Bewusst kraftvolle Anker setzen

Anker sind also ein ganz natürlicher Mechanismus, den Sie zu Ihrem Vorteil nutzen können. NLP macht sehr häufig von Ankern Gebrauch. Sie werden im Rahmen dieses Buchs noch viel über die Möglichkeiten von Ankern und ihre Anwendung erfahren. Aber warum warten? Lassen Sie uns gleich einmal eine Übung machen, die Ihnen die Möglichkeit gibt, in Sekundenschnelle positive Gefühle hervorzurufen.

Ihr Persönlicher Kraft-Anker – PKA

Diese Übung baut auf der **Sonnenhaltung** (Seite 57) auf. Die fühlte sich wahrscheinlich schon recht gut an – aber Sie können das noch deutlich verstärken. Und vor allem können Sie diesen Energiezustand dann auch schnell wieder aufrufen, wenn Sie ihn richtig **ankern**.

TEC

1. Denken Sie an einen Zeitpunkt in Ihrem Leben, wo Sie sich fühlten, als könnten Sie Bäume ausreißen.
2. Begeben Sie sich in Ihrer Vorstellung so weit es Ihnen möglich ist, in diesen Zustand hinein. Versuchen Sie, die damaligen kraftvollen positiven Gefühle wachzurufen.
3. Probieren Sie, ob Sie durch kleine Veränderungen an den **Submodalitäten** (Seite 31) den kraftvollen Gefühlszustand noch ein wenig verstärken können. Machen Sie beispielsweise das Bild ein wenig heller, die Farben intensiver oder stellen Sie sich eine Musik dazu vor, die Sie noch weiter beflügelt.

4. Gehen Sie in die **Sonnenhaltung**.
5. Jetzt setzen Sie einen **Anker**: Dazu machen Sie eine charakteristische Bewegung. Beispielsweise ballen Sie eine Hand zur Faust, reißen sie nach oben und rufen »Ja!«. Es muss aber nicht etwas so Offensichtliches sein – Sie können auch nur Daumen und Ringfinger gegeneinander drücken. Hauptsache, die Bewegung ist nicht alltäglich. Und vergessen Sie nicht, zu lächeln!
6. Klatschen Sie ein Mal in die Hände und kehren Sie in einen neutralen Gefühlszustand **(Separator State)** zurück. Wiederholen Sie dann den gesamten Ablauf ein paarmal.
7. Testen Sie: Denken Sie an eine Situation, in der Sie sich nicht so toll fühlten, wo Sie sich vielleicht langweilten oder ein bisschen traurig waren. Rufen Sie nun den **Anker** ab, indem Sie jetzt nur die vorher eingeübte **Anker**-Bewegung machen. Wenn das **Anker**-Setzen geklappt hat, sollte nun »reflexartig« der positive kraftvolle Gefühlszustand auftreten.

Diese Übung ist sehr hilfreich, wenn Sie einen plötzlichen Energieschub brauchen oder sich aus einer negativen Gefühlslage lösen möchten. Doch machen Sie sich klar, dass das kein Allheilmittel ist! Es gibt leider unseriöse NLP-Vertreter, die behaupten, in kürzester Zeit im Handumdrehen alles heilen zu können. Echte seelische Schwierigkeiten sind jedoch durch viele Faktoren bedingt und können nicht einfach durch einen positiven **Anker** aus Ihrem Unterbewusstsein verdrängt werden. Sie können auch schwere seelische Schwierigkeiten, wie starke Ängste, mit NLP angehen. Wir werden Ihnen auch zeigen wie das geht. Aber allein mit dem PKA, Ihrem **Persönlichen Kraft-Anker** geht es eben nicht.
Trotzdem ist der PKA natürlich sehr wertvoll. Immer dann, wenn Sie sich zu etwas motivieren möchten, aber einfach nicht in die Gänge kommen: Geben Sie sich einen Schub mit Ihrem PKA!

Wenn Sie merken, dass Sie in sinnloses Grübeln verfallen – holen Sie sich mit Ihrem PKA heraus! Der PKA ist etwa so wie ein Guss kaltes Wasser und ein doppelter Espresso, wenn Sie müde sind: Ideal, um kurzfristig wach zu werden. Man darf das/ihn nur nicht mit einem Heilmittel gegen Erschöpfung verwechseln.

PRA

Sie kennen jetzt mit dem PKA eine Methode, um sich schnell Energie zu geben – und das kann oft nötig sein. Wenn Sie vor einer schwierigen Besprechung stehen, wenn Sie etwas Neues anfangen wollen, aber sich nicht aufraffen können, oder wenn Sie mal in sinnloses Grübeln verfallen: PKA!

Um das Prinzip des Ankerns im NLP wirklich zu verstehen, empfehlen wir Ihnen, das Buch nun erst einmal für ein paar Tage zur Seite zu legen und darauf zu achten, wo überall im Alltag Sie Anker erkennen. Bei Ihnen selbst und bei anderen. Achten Sie darauf, wie Sie selbst oder andere Menschen in Ihrem Umfeld auf bestimmte Auslöser reflexartig reagieren.

Wenn Sie Anker erkennen können, die negative Emotionen auslösen, wird es Ihnen schon ein ganzes Stück leichter fallen, Schwierigkeiten zu überwinden. Denken Sie daran, dass es Anker in jedem Repräsentationssystem gibt – Worte können Anker sein, nonverbale Signale, Bilder oder Gerüche!

Das Geheimnis der Achtsamkeit

Was hat das Thema »Achtsamkeit« in einem Buch über NLP zu suchen? Tatsächlich findet sich in keinem uns bekannten NLP-Buch auch nur ein Wort zur Achtsamkeit. Wir halten sie jedoch für überaus wichtig.

Achtsamkeit

Achtsamkeit heißt, bewusst in der Gegenwart zu bleiben und ohne zu bewerten nur wahrzunehmen. Achtsamkeit ist gekennzeichnet durch:

- Bewusstseinsklarheit: Nur wenn Sie wach und zentriert sind, können Sie achtsam sein.
- Flexibilität: Nur wenn Ihr Bewusstsein flexibel dem folgt, was Sie wahrnehmen, bleiben Sie achtsam.
- Nicht-Werten: Nur wenn Sie dem Nachdenken, den Erwartungen und Beurteilungen eine Pause gönnen, können Sie achtsam wahrnehmen.
- Empirische Haltung: Achtsam sein heißt, nicht darauf zu achten, was sein soll, sondern darauf, was tatsächlich ist.

Der US-amerikanische Medizinprofessor Jon Kabat-Zinn hat Achtsamkeit als Mittel, Stress zu lösen unter dem Namen »MBSR« *(Mindfulness Based Stress Reduction)* bekannt gemacht. Die Ursprünge aller Achtsamkeitsübungen liegen in Formen der buddhistischen Meditation.

DEF

Im NLP ist es von großem Vorteil, wenn Sie in den Phasen, wo Sie Ihre innerlichen Zustände wahrnehmen sollen, achtsam sind. Natürlich bewerten Sie Dinge – das ist ja auch wichtig. Um Ziele zu finden, die für Sie wichtig sind, müssen Sie sie bewerten. Wenn Sie etwas verändern sollen, ist es natürlich nötig, dass Sie sich klarmachen, wie es denn sein soll. Und manchmal wollen Sie sich einfach entspannen und träumen, anstatt achtsam zu sein – und auch das ist wichtig. Achtsamkeit ist jedoch eine sehr wertvolle Bewusstseinshaltung, die im NLP immer dann nötig ist, wenn Sie nachspüren, was im Augenblick geschieht.

EXP

Beobachten Sie den Fluss Ihrer Gedanken.
Achten Sie darauf, wie die Gedanken kommen und wieder gehen. Wo entstehen sie, wo enden sie? Sehen Sie Ihren Gedanken zu wie einem Film. Wann immer Sie bemerken, dass Sie den Inhalt Ihrer Gedanken festhalten oder bewerten, kehren Sie wieder zur reinen Beobachtung zurück. Indem Sie achtsam beobachten, werden unruhige Geisteszustände ein wenig zur Ruhe kommen. Ihr Geist wird klarer.

Achtsamkeit und NLP sind nicht miteinander »verwandt«. Zum Teil sind sie sogar beinahe gegensätzlich. Doch sie ergänzen sich hervorragend. Wenn Sie sich auf den Weg machen, etwas in Ihrem Leben zu verändern, hilft Ihnen NLP, das zu erreichen, was sein soll. Und Achtsamkeit hilft Ihnen, zu sehen, was momentan ist. Zu Beginn jeder NLP-Intervention sollte also eine Achtsamkeitsphase stehen, in der Sie den Ist-Zustand zunächst einmal achtsam wahrnehmen. Und dann können Sie sich mit NLP an die Veränderung machen.

PRA

Wenn Sie Achtsamkeit üben, lernen Sie, Situationen wirklich in einer gewissen Tiefe zu erfassen. Normalerweise fehlt in unserer Wahrnehmung ziemlich viel, da alles durch die Filter unserer Erwartungen, Wünsche, Erfahrungen und Bewertungen läuft. Indem Sie üben, diese Filter für kurze Zeit auszuschalten, wird Ihre Wahrnehmung intensiver und vielfältiger.
Dazu müssen Sie sich nicht extra hinsetzen und eine Übung machen. Sie können immer achtsam sein: beim Zähneputzen, in der Arbeit, beim Essen, beim U-Bahnfahren … Es reicht, das »Umschalten« auf Achtsamkeit zu üben. Sehen, hören, spüren Sie einfach ein paar Sekunden genau, was gerade geschieht.

Zusammenfassung des Kapitels

In diesem Kapitel haben Sie die Grundlagen des NLP kennengelernt:

- Sie haben etwas über die »Programmiersprache des Gehirns« erfahren, in der alle unsere Gefühls-, Denk- und Verhaltensweisen »programmiert« sind.
- Sie kennen die Repräsentationssysteme (VAKOG) und können für jeden Wahrnehmungskanal verschiedene Submodalitäten unterscheiden.
- Sie haben 10 Grundsätze des NLP kennengelernt, auf denen die Arbeit mit NLP basiert.
- Sie kennen die Bedeutung »assoziierter« und »dissoziierter« Zustände.
- Sie haben erfahren, was man im NLP unter Ankern versteht.
- Sie haben Ihren PKA (Persönlichen Kraftanker) eingerichtet.
- Sie wissen nun, welche Rolle Achtsamkeit im NLP spielt.

Lösung für das Experiment auf Seite 22

Indem Sie die Grenzen des Gewohnten überschreiten, finden Sie neue Lösungen. Die Grenze, die sich bei diesem Rätsel zeigt, ist die Begrenzung des Quadrats, das die Punkte bilden, und – wie bei vielen Grenzen und Einschränkungen – stellt sich auch hier heraus, dass diese Grenze nicht real ist.

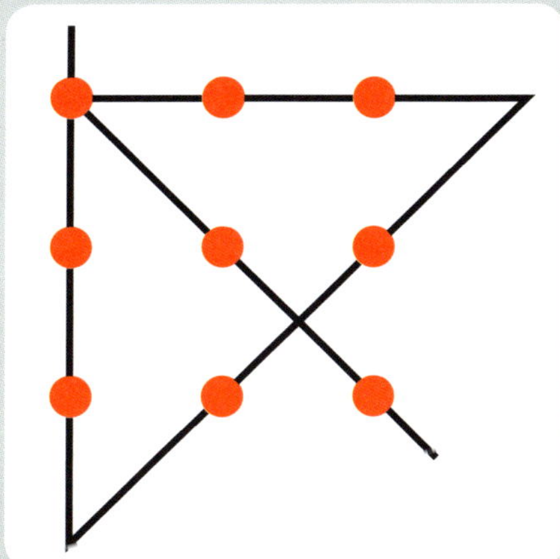

Auflösung des Neun-Punkte-Rätsels

Kapitel 3

Ziele – Wie Sie klären, wohin Sie wirklich wollen

Wohin soll die Reise gehen?

Wenn man sein Ziel nicht kennt, wird es ziemlich schwierig, sich in die richtige Richtung zu bewegen. Je besser Sie Ihre Ziele kennen und je besser Ihre Ziele in Ihrem Bewusstsein und Unterbewusstsein verankert sind, desto leichter werden Sie sie erreichen. Um ein Ziel effektiv zu erreichen, müssen Sie es also erst einmal möglichst genau kennen. Das klingt so selbstverständlich – und doch können viele Menschen nicht ohne Weiteres ein klares Ziel benennen, das sie augenblicklich verfolgen.

Bevor Sie weiterlesen, überlegen Sie einmal kurz, was im Augenblick Ihr wichtigstes Ziel ist. Wenn Ihnen nicht sofort etwas einfällt, ist das nicht schlimm – aber lesen Sie dann nicht einfach weiter, sondern überlegen Sie, was es sein könnte. Das ist ein wichtiger Schritt. Wenn Sie sich jetzt, wo es um Ihre Ziele geht, keine Gedanken darüber machen, wann dann? Sie werden im Folgenden viel über Ziele erfahren – aber was Ihr Ziel ist, können wir Ihnen nicht sagen!

EXP

Die Klarheit eines Ziels ist von größter Wichtigkeit – denn wenn Ziele wirklich klar sind, wird auch deutlich, ob es befriedigende, erfüllende Ziele sind, ob es Ziele sind, die es wert sind, erreicht zu werden. In diesem Kapitel wird es daher zunächst darum gehen, Ihnen zu zeigen, wie Sie Ihre Ziele überprüfen und wie Sie Ziele erkennen, die für Sie wirklich wertvoll sind. Solche Ziele gründen auf Ihren eigenen inneren Werten. Und danach wird es darum gehen, wie Sie Ihre Ziele klar formulieren, sodass sie rational und emotional stimmig sind.

Nun, nehmen wir an, Sie haben ein wertvolles Ziel für sich gefunden. Damit ist es aber leider ja noch nicht erreicht. Das wissen Sie

sicherlich aus eigener Erfahrung. Sie müssen sich in Bewegung versetzen und handeln. Die Kraft, die Sie in Bewegung versetzt, ist Motivation. Ein wirklich wertvolles Ziel kann schon für sich allein eine Motivation sein – aber oft reicht diese Motivation eben noch nicht aus.
Deshalb besteht der zweite Schritt darin, die Zielmotivation zu verstärken. Darüber werden wir im nächsten Kapitel sprechen, dort geht es um Erfolg bei allem, was Sie tun. Dort werden wir Ihnen zeigen, wie Sie sich mit NLP so stark motivieren, dass Sie von Ihrer Motivation in Bewegung versetzt werden und gar nicht anders können, als aktiv auf Ihr Ziel loszugehen.
Dann fehlt nur noch der dritte Schritt: das konkrete Handeln. Sie bewegen sich auf Ihr Ziel zu – jetzt geht es um das »Wie«. Wie überwinden Sie Hindernisse, wie Ängste oder mangelndes Selbstvertrauen? Wie erwerben Sie sich neue Fähigkeiten und Kompetenzen? Wie sichern Sie sich die Unterstützung anderer Menschen bei Ihren Plänen? Das werden wir in den nächsten Kapiteln zeigen, wo Sie die NLP-»Werkzeuge« kennenlernen, die Sie auf Ihrem Weg einsetzen können, um alle Hindernisse zu überwinden.

PRA

Drei Schritte zum Erfolg
1. Ein Ziel bestimmen
2. Handeln wollen – Motivation
3. Handeln

Wünsche und Ziele

Nicht wenige Menschen verwechseln Träume und Wünsche mit Zielen. Träume und Wünsche haben natürlich eine große Kraft. Wenn man sich etwas sehr wünscht und fest an die Erfüllung dieses Wunsches glaubt, ist die Wahrscheinlichkeit, dass er in Erfüllung geht, schon mal ein Stück größer. Je mehr Sie zur Erfüllung beitragen können, desto größer wird die Wahrscheinlichkeit, dass Ihr Wunsch Wirklichkeit wird. Ein Wunsch ist ein Impuls, der Ihren Geist auf eine ganz bestimmte Sache ausrichtet. Ein Wunsch ist sozusagen der Keim eines Ziels. Wenn Sie wunschlos glücklich sind, brauchen Sie kein Ziel. Aber Wünsche sind eben noch keine Ziele. Die Ziele entstehen erst daraus.

Sie erfüllen sich Ihre Wünsche dadurch, dass Sie Ihre Aufmerksamkeit auf etwas richten. So entsteht in Ihrem Geist ein Ziel. Wenn Ihr ganzes Wesen mit einem Ziel in Einklang kommt, fällt Ihnen der nächste Schritt, mit dem Sie sich auf das Ziel zubewegen, schon viel leichter.

Wünsche können also etwas auslösen. Doch nur Wünsche, die Ausgangspunkte sind, sind kraftvoll. Wünsche, die selbst schon das Ziel sind, haben keine Kraft.

Das berühmte »Ich wünsche mir einen Sechser im Lotto« ist so ein Kandidat. Wenn Sie zu den Menschen gehören, die glauben, mit der Zauberformel »Ich wünsche mir …« die Lottozahlen beeinflussen zu können, wünschen wir Ihnen viel Glück. Meistens aber glauben diejenigen, die sich einen Millionengewinn wünschen, gar nicht wirklich daran, zu gewinnen – das ist sehr vernünftig und schadet auch nichts: Sich vorzustellen, wie es wäre, die Nachricht vom Supergewinn zu bekommen und mit dem Gedanken zu spielen, was man dann täte, macht einfach Spaß. Und im Gegensatz zum wirklichen Lottogewinn kann man diese Vorstellung beliebig oft wiederholen.

Die meisten übergroßen Wünsche sind einfach Spiele mit schönen Vorstellungen. Und daran ist überhaupt nichts verkehrt! Es ist eine Möglichkeit, angenehme Gefühle zu wecken. Aber es sind eben Wünsche und keine Ziele.

Wünsche, die in Erfüllung gehen sollen, laufen etwas anders ab. Auch sie beginnen mit angenehmen Vorstellungen. Doch sie bleiben nicht bei der Vorstellung stehen. Sie werden konkreter. Sie werden zu Zielen.

Das Wunder der Wunschvermehrung

Vielleicht haben Sie schon einmal bemerkt, dass es mit dem Wünschen nicht nur im Märchen wie verhext ist: Wenn ein Wunsch sofort erfüllt wird, ist das oft gar nicht so großartig, wie man sich das im ersten Moment vorgestellt hatte. Beispielsweise dann, wenn man die Folgen nicht bedacht hat. Das größte Problem ist jedoch, dass ein Wunsch, der sich auf einen Zielpunkt beschränkt, furchtbar unbefriedigend ist. Wird er erfüllt, tritt im Kopf eine große Leere ein, die sofort wieder gefüllt wird. Und zwar mit neuen Wünschen.

»Ach, jetzt hätte ich gerne einen Apfelkuchen. Ah, da habe ich ja einen – schade nur, dass keine Sahne dabei ist. Und zum Kuchen gehört ein Cappuccino. Aber ein richtiger italienischer. Am besten in einem schönen Café, am späten Vormittag, an so einem richtig schönen Sommertag. Natürlich würde ich da nicht alleine sitzen, sondern mit meinen Freunden. Und wir feiern gerade meinen Lottogewinn …«

Wünsche vermehren sich schneller als Kaninchen.

Aber selbst wenn Sie wirklich alles bekämen, was Sie sich wünschen, wäre das gar nicht so gut.

EXP

Stellen Sie sich einmal nur eine Minute lang vor, jeder Wunsch, der Ihnen in den Kopf kommt, würde sofort Realität. Die ersten paar Sekunden mag das ja ganz nett sein, doch dann wird es langweilig und später geradezu entsetzlich. Ihrem Leben würde jeder Sinn und jede Befriedigung genommen. Wünschten Sie sich dann aber Sinn und Befriedigung, würde die Fähigkeit der sofortigen Wunscherfüllungsfähigkeit sofort aufhören zu existieren. Beides zusammen geht ebenso wenig, als wünschten Sie sich, eine Schokoladentorte zu sein, die Sie gerade essen.

Um es effektiver zu machen, wünschen Sie sich also besser etwas, das Sie tun können, einen eigenen Weg. Dann entwickelt sich Ihr Wunsch zu einem Ziel, und die Wunscherfüllung wird zu einem Erfolg, der Sie befriedigt und Sie wirklich weiterbringt.

Gute Ziele beruhen auf Ihren Werten

Vielleicht haben Sie sich bereits ein Ziel gesetzt, das für Sie wichtig ist, vielleicht suchen Sie aber noch nach einem wirklich befriedigenden Ziel.
Bevor wir uns damit befassen, Ihr persönliches konkretes Ziel in Angriff zu nehmen, wollen wir uns einmal ansehen, was eigentlich hinter befriedigenden Zielen steht: Ihre persönlichen Werte.

DEF

Werte sind erstrebenswerte, in sich selbst wertvolle, als gut betrachtete Eigenschaften oder Qualitäten. Jeder Mensch hat persönliche Wertvorstellungen, aber auch Kulturen, Organisationen oder Religionen erheben oft den Anspruch, Werte vorzugeben.

Ein Ziel wird dann erfüllend und befriedigend für Sie sein, wenn es mit Ihren Werten übereinstimmt. Der charakteristische Unterschied zwischen Werten und Zielen besteht darin, dass Werte immer dynamisch sind – man kann einen Wert nicht erreichen, man lebt ihn. Ziele dagegen sind Stationen, an denen sich Werte besonders deutlich verwirklichen. Werte liegen unserem gesamten Handeln zugrunde; in allem, was wir tun, zeigen sich unsere

Werte. Schon bei so alltäglichen Dingen wie einem Einkauf im Supermarkt zeigt sich das: Jemand, für den der Wert »Sparsamkeit« eine wichtige Rolle spielt, wird anders einkaufen als jemand, dem Werte wie »Qualität« oder »Gesundheit« etwas Besonderes bedeuten.
Doch obwohl Werte eine so wichtige Rolle spielen, fällt es vielen Menschen nicht so leicht, ihre Werte spontan zu benennen.

EXP

Sind Ihnen Ihre Werte bewusst? Denken Sie mal ein paar Sekunden darüber nach, was Ihre Werte sein könnten, bevor Sie weiterlesen.

Es gibt zwei Grundsituationen, in denen Sie sich Ihrer Werte besonders deutlich bewusst werden können:
1. Wenn einer Ihrer Werte missachtet wird und
2. wenn einer Ihrer Werte verwirklicht wird.

Wenn beispielsweise »Mut« ein wichtiger Wert für Sie ist, werden Sie auf Feigheit wahrscheinlich ziemlich negativ reagieren. In einer Situation, in der Sie Mut beweisen konnten, werden Sie sich großartig fühlen.

EXP

Sehen Sie sich einmal die Werte in der folgenden Liste an. Überprüfen Sie sie ganz kurz auf ihre Bedeutung für Ihr Leben, indem Sie sich Situationen ins Gedächtnis rufen, wo der betreffende Wert missachtet bzw. verwirklicht wurde. Wenn Sie für einen Wert sowohl starke negative Reaktionen bei seiner Missachtung als auch starke positive Reaktionen bei seiner Verwirklichung finden, spielt dieser Wert eine zentrale Rolle in Ihrem Leben. Wenn Sie einen Stift zur Hand haben, unterstreichen Sie diesen Wert. Natürlich gibt es viel mehr Werte, als in unserer Liste stehen. Wenn Sie einen anderen persönlichen Wert finden, schreiben Sie ihn dick dazu ins Buch!

Werte

Abenteuer	Freiheit	Kreativität	Schönheit
Aktivität	Freude	Lehren	Selbstständigkeit
Ansehen	Freundschaft	Leistung	Sicherheit
Begeisterung	Frieden	Lernen	Spaß
Bewegung	Gemeinschaft	Liebe	Spiritualität
Dienen	Gerechtigkeit	Macht	Toleranz
Ehrlichkeit	Gesundheit	Menschlichkeit	Veränderung
Einfachheit	Glück	Mut	Verantwortung
Einzigartigkeit	Harmonie	Ordnung	Wahrheit
Erfüllung	Herausforderung	Offenheit	Weisheit
Erkenntnis	Humor	Religion	Weltverbesserung
Fähigkeit	Individualität	Ruhm	Würde

Vielleicht hat Ihnen das Werte-Erforschen schon eine Überraschung beschert? Das Verdeutlichen der eigenen Werte kann sehr interessante Einsichten bringen: Vielleicht erkennen Sie, dass Sie einige Ihrer zentralen Werte in Ihrem Leben bislang vernachlässigt oder überhaupt nicht berücksichtigt haben. Das könnte eine Quelle von Unzufriedenheit, Leere oder sogar Krankheiten sein!

Die folgende kleine Übung müssen Sie nicht sofort machen. Wir möchten Ihnen aber empfehlen, Sie in einer ruhigen Minute doch einmal nachzuholen, da sie Ihnen viel über Ihr augenblickliches Leben sagt.
Überlegen Sie, was Ihre wichtigsten Tätigkeiten und Rollen (Vater/Mutter, Chef/Chefin, Angestellte/Angestellter, Sportlerin/Sportler) sind, und denken Sie darüber nach, welche Ihrer Tätigkeiten welche Ihrer Werte verwirklichen.

EXP

Wenn Sie besonders methodisch vorgehen möchten:

- Schreiben Sie Ihre wichtigen Werte nebeneinander.
- Schreiben Sie Ihre verschiedenen Tätigkeiten oder Rollen, die Sie ausüben oder ausüben wollen, untereinander.
- Dann geben Sie jeder Tätigkeit für jeden Wert eine »Note« (1= sehr gut, 6= sehr schlecht), die ausdrückt, wie gut diese Tätigkeit den jeweiligen Wert verwirklicht.

Damit bekommen Sie ein direktes Maß dafür, was Ihre Werte am besten verwirklicht – und das ist ein guter Anhaltspunkt dafür, wo Sie Wert-volle Ziele finden!

Geld als Ziel

Wenn Sie eine Vorstellung von Ihren Werten haben, wird es Ihnen logischerweise leichter fallen, wertvolle Ziele aufzuspüren. Aber ganz unabhängig von Ihren Werten wird es häufig der Fall sein, dass Geld eine Rolle spielt. Vielleicht spielt Geld im Grund keine Rolle für Sie. Und in der Tat wird die Bedeutung von Geld meist extrem überschätzt. Es ist geradezu eine Binsenweisheit, dass Geld nicht glücklich macht. Die Glücksforschung hat das ziemlich klar gezeigt: Geld macht so lange zufriedener, bis die Grundbedürfnisse befriedigt sind. Alles, was darüber hinausgeht, trägt so unwesentlich zur Lebenszufriedenheit bei, dass das Streben nach mehr eine äußerst ineffektive Strategie beim Streben nach mehr Zufriedenheit ist.

Doch selbst wenn Ihnen das völlig klar und Geld für Sie kein wichtiges Ziel ist, kann Geld manchmal dennoch nötig sein, um ein bestimmtes Ziel zu verwirklichen. Ob es ein sinnvolles Ziel ist, können Sie mit einem kleinen Experiment herausfinden, das Ihnen mehr sagt, als Tagträumereien oder theoretische Diskussionen.

Der Lottogewinn

Stellen Sie sich vor, Sie hätten plötzlich 1 Million Euro zur Verfügung. Was in Ihrem Leben würde sich verändern? Denken Sie an die wichtigste Veränderung.

Frage A: Wie sicher ist es, das ich mein Ziel verfolgen werde, wenn ich das Geld zur Verfügung hätte?

- Sehr unwahrscheinlich
- Möglicherweise
- Wahrscheinlich
- Ganz sicher

Frage B: Wäre es möglich, dasselbe auch ohne den Lottogewinn zu machen?

- Ja, eigentlich schon
- Wenn ich mich ein wenig bemühe
- Kaum, nur unter größten Schwierigkeiten
- Nein, es wäre unmöglich.

Vergleichen Sie die beiden Antworten – das gibt Ihnen einen sehr konkreten Anhaltspunkt dafür, wie wichtig Geld für die Verwirklichung Ihres jeweiligen Ziels wirklich ist. Ein Ziel, bei dem es »sehr unwahrscheinlich« ist, dass Sie es anpacken würden, wenn Sie das Geld hätten und das Sie gleichzeitig »eigentlich schon« ohne Geld erreichen könnten, bedarf des Geldes offensichtlich nicht. Würden Sie Ihr Ziel dagegen »ganz sicher« anpacken, wenn Sie das Geld hätten, wäre es aber ohne Geld »unmöglich« – dann ist Geld ein echtes Ziel, das sich lohnt, da es weitere Ziele ermöglicht!

Das Ziel in Form bringen

Wir haben es schon einmal angesprochen, aber es kann gar nicht oft genug gesagt werden, weil es so wichtig ist: Je besser Sie Ihr Ziel kennen, desto leichter wird es Ihnen fallen, es zu erreichen. In der Regel denken Menschen natürlich, sie würden ihre Ziele durchaus gut kennen. In Wahrheit herrschen aber meist sehr ungenaue Vorstellungen über die Beschaffenheit eines Ziels.
Im NLP ist die genaue Zielbestimmung von größter Bedeutung. Da die Veränderungen, die durch NLP herbeigeführt werden können, oft sehr weitreichend sind, ist es wichtig, genau zu klären, ob das angestrebte Ziel wirklich das ist, was erreicht werden soll. Deshalb steht vor jeder NLP-Methode, die eine positive Veränderung auslösen soll, ein genaue Zielbestimmung. Dabei wird das Ziel so klar dargestellt, dass der Weg zum Ziel bereits deutlich wird und auch mögliche Hindernisse berücksichtigt werden.
Ein Ziel, das klar beschrieben wird, ist ein »wohlgeformtes Ziel«. Die Methode, ein Ziel klar zu definieren, heißt ebenso – nur, um international verständlich zu sein, auf Englisch »Wellformed Outcome« (WFO).

NLP

Im NLP ist ein »wohlgeformtes Ziel« oder »Wellformed Outcome« (WFO), ein Ziel, das klar strukturiert und daher durch zielgerichtetes Handeln erreichbar ist. Im NLP hat ein Ziel eine »Form«. Damit ist gemeint, dass es aus Sinneseindrücken, Gefühlen, Gedanken, Vorstellungen und Erwartungen aufgebaut ist. Ein »wohlgeformtes Ziel« hat eine Form, die besonders motivierend ist, die Kraft verleiht und zum Handeln anregt.

Die Bedeutung der WFO-Methode, d.h. der strukturierten Zielbestimmung, ist zentral im NLP. Denn wenn Sie etwas verändern wollen, wollen Sie ja irgendetwas erreichen. Das heißt, Sie haben ein Ziel. Da dieses Ziel der Ausgangspunkt ist, wird es bei den meisten NLP-Techniken am Anfang stehen. Bevor Sie eine NLP-Übung machen, ist es fast immer sehr sinnvoll, zunächst die Zielbestimmung nach dem WFO-Modell vorzunehmen. Das wird vorausgesetzt und nicht jedes Mal gesondert erwähnt.

Eigentlich ist es ganz klar: Wenn Sie etwas wollen, ist es gut, wenn Sie möglichst genau wissen, was Sie denn eigentlich wollen! Und um Ihnen dabei zu helfen, gibt es die Vorgehensweise Wellformed Outcome. Wir werden uns dieses strukturierte Vorgehen nun ganz genau, Schritt für Schritt, ansehen. In unserem Buch nimmt das einige Seiten in Anspruch. Die Schritte sind jedoch ganz logisch, und Sie werden sie schnell verinnerlicht haben. Sind Sie erst einmal mit WFO vertraut, werden Sie immer, wenn Sie etwas vorhaben, ganz natürlich die Schritte zu Ihrem Ziel durchgehen. Es ist einfach ein gutes Gefühl, nicht im Nebel herumzutappen, sondern seine Ziele klar und deutlich vor sich zu sehen!

Wellformed Outcome – WFO

TEC

Anwendung: Zielbestimmung

1. Was ist das Ziel?
2. Verwirklicht das Ziel wirklich meine Werte?
3. Woran erkenne ich, dass ich mein Ziel erreicht habe?
4. Was hat sich durch das Ziel in meinem Leben verändert?
5. Was brauche ich noch, um mein Ziel zu erreichen?
6. Hält mich noch etwas auf?

Nun werden wir uns die einzelnen Schritte genauer ansehen, damit Sie sich wirklich konkret vorstellen können, wie Sie beim WFO vorgehen. Als Beispiel haben wir das Ziel gewählt: »Ich will selbstsicherer werden.« Wir empfehlen Ihnen, bei jedem Schritt mitzumachen – und dabei natürlich alles auf Ihr eigenes Ziel anzuwenden.

1. Was ist das Ziel?

Die erste Zielsetzung ist in der Regel noch zu wenig konkret. Was bedeutet im Beispiel »selbstsicher werden«? Auf einem Marktplatz in Unterwäsche eine Rede halten oder einen Passanten nach der Uhrzeit fragen? Wenn Sie Ihr Ziel nicht konkret benennen, werden Sie niemals feststellen können, ob Sie es auch erreicht haben!

Positiv formulieren

Wichtig ist es auch, dass Sie Ihr Ziel positiv formulieren. Wenn Sie sagen »Ich will nicht mehr so unsicher auftreten« – damit machen Sie es sich selbst ziemlich schwer, weil Sie immer das im Kopf behalten müssen, was Sie dort eben nicht mehr haben wollen! Besser ist: »Ich will selbstsicher auftreten.«
Noch besser: »Ich werde selbstsicher auftreten.« Denn Sie wollen ja nicht nur den Wunsch haben, etwas zu erreichen, sondern es tatsächlich erreichen!

Keine Vergleiche

Ein weiterer Fehler, der beim Zielformulieren oft auftritt, ist das Anstellen von Vergleichen. Wenn Sie selbstsicher werden möchten, ist es nicht so sinnvoll, sich als Ziel zu setzen: »Ich will selbstsicherer werden.« Denn es stellt sich automatisch, wenn auch in der Regel unbewusst, die Frage: »Selbstsicherer als wer oder was?« Meist ist gemeint: »Selbstsicherer, als ich es jetzt bin« – womit wir beim selben Problem wie bei den negativen Formulierungen wären: Um feststellen zu können, ob Sie tatsächlich selbstsicherer werden, müssen Sie Ihr Bild von sich als wenig selbstsicher im

Kopf behalten. Lassen Sie das besser sein! Besser ist: »Ich werde selbstsicher auftreten.«

Der Zeitrahmen

Zu der Frage: »Was ist das Ziel?« gehört auch der Zeitrahmen! Wenn Sie Ihr Ziel ohne einen Zeitrahmen (d. h. wann Sie Ihr Ziel erreicht haben wollen) formulieren, sind Sie möglicherweise immer auf dem Weg zu Ihrem Ziel, kommen aber nie dort an! Wenn Sie heute sagen: »Ich will irgendwann einmal auf einer Feier eine Rede halten«, stimmt das auch noch in 50 Jahren. Sagen Sie: »Ich werde spätestens an Onkel Ronalds nächstem Geburtstag eine Rede halten«, können Sie an dem Tag, an dem Onkel Ronald Geburtstag hat, feststellen, ob Sie Ihr Ziel erreicht haben oder nicht. So bekommen Sie eine wertvolle Rückmeldung.

Eigene Kompetenz

Ganz wichtig ist schließlich, dass Sie Ihr Ziel durch eigene Kompetenz erreichen können; d. h. »Ich werde selbstsicher auftreten«, und nicht: »Ich will, dass meine Kollegen nicht lachen, wenn ich eine Rede halte«. Geben Sie die Kontrolle nicht aus der Hand! Sie können sich selbst verändern; Sie können sich auch als Ziel setzen, etwas zu tun, das die Wahrscheinlichkeit erhöht, dass Menschen anders reagieren – aber es ist kein selbstbestimmtes Ziel, sich zu wünschen, dass Menschen anders wären, als sie nun einmal sind!

NLP

Ein gutes Ziel muss folgende Grundeigenschaften haben:

- Es muss konkret sein.
- Es muss positiv formuliert sein und darf keine Vergleiche beinhalten.
- Es muss einen festen Zeitrahmen haben.
- Es muss durch eigene Kompetenz erreichbar sein.

In unserem Beispiel wäre also eine gute Antwort auf »Was ist das Ziel?«: »Ich werde auf Onkel Ronalds Geburtstag eine fünfminütige Rede ohne Manuskript halten. Ich werde so selbstsicher auftreten, dass ich mich wohlfühle.«
In unserem Beispiel ist das Ziel relativ nah – es liegt höchstens ein Jahr in der Zukunft. Manchmal taucht aber ein Problem auf: Der Zeitrahmen ist zu groß. Das macht für die Zielbestimmung erst einmal nicht so viel aus. Später jedoch muss das Ziel in kleinere Abschnitte aufgeteilt werden, um schneller Feedback über den Erfolg zu bekommen. Im NLP heißt das Chunking – »in Stücke aufteilen«.

Chunking heißt im NLP das Aufteilen in Unterziele. Das mag zwar banal klingen, aber viele Menschen denken einfach nicht daran und verlieren die Motivation, weil ihr Ziel zu weit entfernt ist. Wenn Sie ein Ziel in kleine Unterziele gliedern, sorgen Sie dafür, dass Sie mehr Erfolgserlebnisse und damit eine größere Motivation haben!

2. Verwirklicht das Ziel wirklich meine Werte?

Natürlich verwirklicht jedes Ziel, das Sie sich setzen, irgendeinen Ihrer Werte. Dennoch ist es wichtig, dass Sie sich bewusst machen, welche Werte ein bestimmtes Ziel verwirklicht. Denn wenn Ihnen das klar ist, wird Ihnen eventuell ebenfalls klar, dass das gesetzte Ziel Ihre Werte möglicherweise nicht besonders effektiv repräsentiert.
So legt die Werbung beispielsweise nahe, dass Sie durch den Kauf bestimmter Dinge – beispielsweise ein bestimmtes Deo oder einen Sportwagen – Attraktivität und Ansehen gewinnen. Das sind Werte, die für sehr viele Menschen eine wichtige Rolle spielen.

Die Werbung wirkt, weil sie die Verwirklichung eines Wertes verspricht. Das wird natürlich nicht ausdrücklich gesagt und nicht (oder kaum) vom Bewusstsein wahrgenommen. Wenn Sie nun ein Deo oder ein Auto kaufen wollen und sich bewusst sind, dass Sie dies tun, um Ansehen zu gewinnen, wird Ihnen möglicherweise klar, dass es zahlreiche andere, weitaus effektivere Wege gibt, diese Werte zu verwirklichen.

In unserem Beispiel: »Durch ein selbstsicheres Auftreten verwirkliche ich ein paar meiner zentralen Werte, nämlich Mut, Ansehen und Selbstständigkeit.«

3. Woran erkenne ich, dass ich mein Ziel erreicht habe?

Sie haben immerhin schon bestimmt, was genau Sie als Ziel betrachten, wann Sie es erreichen und welche Ihrer Werte es verwirklicht. Fühlt sich das nicht schon gut an?

Jetzt wollen wir klären, wie Sie feststellen können, ob Sie Ihr Ziel erreicht haben. Vielleicht lachen Sie über diese Frage. Sie scheint auf den ersten Blick zu leicht zu beantworten. Im NLP wollen wir es aber ganz genau wissen – das Ziel soll in absoluter Klarheit im Bewusstsein und im Unterbewusstsein verankert werden.

Machen Sie sich dazu erst einmal ganz klar,

- welche Aktivitäten genau Sie unternehmen, wenn Sie Ihr Ziel erreichen,
- was Sie in dem Moment tun, in dem Sie an Ihrem Ziel ankommen,
- welche Gefühle Sie in dem Augenblick bewegen, in dem Sie Ihr Ziel erreichen.

Stellen Sie sich den Zielzustand möglichst genau, in allen Einzelheiten, vor. Denken Sie dabei an »VAKOG« (Seite 29): Mit allen

Sinnen! Welche sinnesspezifischen Eindrücke sind mit dem Zielzustand verbunden?

In unserem Beispiel könnte die Antwort lauten: »Ich bin auf Onkel Ronalds Geburtstag. Ich klopfe ans Glas und bin freudig gespannt auf die Wirkung meiner gut vorbereiteten Rede. Es kribbelt angenehm spannungsvoll in meinem Bauch. Ich stehe auf und genieße die Aufmerksamkeit. Ich höre die Stimmen meiner Freunde, sehe meinen Zuhörern in die Augen und achte darauf, ihre Aufmerksamkeit wachzuhalten. Ich fühle mich großartig und freue mich, etwas Nettes zu diesem Fest beizutragen. Ich höre den Applaus und bin stolz auf mich. Ein warmes, wohliges Gefühl steigt in mir auf, und ich bin voller Zufriedenheit mit dem, was ich geschafft habe.«

4. Was hat sich durch das Ziel in meinem Leben verändert?

Ein Ziel, das überhaupt nichts Neues in Ihr Leben bringt, ist es wohl kaum wert, irgendwelche Mühen dafür aufzuwenden. Wenn Ihr Ziel rein gar nichts für Sie verändert, ist schon eine Fingerbewegung zu viel Aufwand dafür. Machen Sie sich deshalb ganz klar, was sich in Ihrem Leben verändert haben wird, wenn Sie Ihr Ziel erreicht haben.

Möglicherweise bemerken Sie erst, wenn Sie sich diese Frage stellen, dass sich eigentlich gar nichts verändert – gerade Konsumziele sind oft nur so lange interessant, bis sie erreicht sind. Ändert sich durch den Kauf eines neuen Autos, eines neuen Fernsehers oder Computers wirklich etwas in Ihrem Leben? Das könnte natürlich durchaus der Fall sein – ziemlich oft ist es aber eben gerade nicht so.

Und wenn sich nur sehr wenig verändert, können Sie überlegen, ob es sich dafür wirklich lohnt, oder ob Sie vielleicht lieber ein anderes Ziel angehen sollten.

In unserem Beispiel: »Ich habe erfahren, dass ich keine Scheu haben muss, vor Menschen zu sprechen. Manchmal muss ich auch in meinem Beruf sprechen – das wird mir viel leichter fallen. Nicht zuletzt genieße ich mein Selbstvertrauen und traue mir mehr zu. Auch, wenn ich mit meinem Chef spreche, werde ich freier sprechen können. Das lohnt sich!«

5. Was brauche ich noch, um mein Ziel zu erreichen?

Um effektiv an Ihr Ziel zu gelangen, ist es wichtig, dass Sie sich Gedanken darüber machen, welche **Ressourcen**, also welche Fähigkeiten und Kräfte, Sie dafür benötigen.

Ressource bedeutet »Mittel« oder »Quelle«. In der Wirtschaft versteht man darunter beispielsweise Rohstoffe oder Energien. In der Psychologie im Allgemeinen und im NLP im Besonderen bedeutet es »Fähigkeiten«, »Eigenschaften«, »Erfahrungen«, »Kenntnisse« – also alles, was Menschen einsetzen können, um ihre Ziele zu erreichen.

NLP

Für jede Ressource, die Sie brauchen, suchen Sie – am besten sofort – in Ihrer Vergangenheit nach entsprechenden positiven Erfahrungen, Kenntnissen und Fähigkeiten. Das heißt, Sie überlegen einfach, wo Sie das, was Sie benötigen, schon einmal erfolgreich verwendet haben.

Ein wichtiger Grundsatz im NLP lautet: »Jeder Mensch verfügt über alle **Ressourcen**, die er benötigt.« Das klingt zwar erst einmal ein wenig übertrieben – doch wenn Sie darüber nachdenken, können Sie feststellen, dass dieser Grundsatz fast immer zutrifft.

EXP

Vielleicht haben Sie den Eindruck, nicht über die **Ressourcen** zu verfügen, die Sie benötigen. Es gibt ein schnelles Mittel, um das zu überprüfen. Formulieren Sie die Ressource, die Sie suchen, als Eigenschaftswort. Beispielsweise wird »Geduld« zu »geduldig«, »Fleiß« zu »fleißig«, »Ausdauer« zu »ausdauernd« usw.
Stellen Sie sich die Frage: »War ich wirklich niemals .... [hier setzen Sie das Eigenschaftswort ein]?«
Es kommt tatsächlich nur äußerst selten vor, dass man diese Frage mit »Ja« beantwortet. In der Regel werden Sie die gesuchte Ressource also irgendwo in Ihrer Vergangenheit finden! Und das bedeutet: Diese Ressource ist in Ihnen!

In unserem Beispiel könnte die Antwort lauten: »Ich brauche: Zeit, um Übungen zu machen, um meine Selbstsicherheit zu erhöhen; Zeit und Kreativität, um eine gute Rede auszuarbeiten. Und ich brauche das Durchhaltevermögen, um nicht vorzeitig aufzugeben.«

6. Hält mich noch etwas auf?

Das ist die abschließende Frage, die Ihnen zeigt, ob Sie wirklich bereit sind für Ihr Ziel, oder ob es noch etwas zu klären gibt, bevor Sie sich auf den Weg machen. Beispielsweise könnte Ihnen im Verlauf der Wellformed-Outcome-Technik klar geworden sein, dass Sie erst einmal an den dafür wesentlichen **Ressourcen** arbeiten sollten, bevor Sie sich auf den Weg zu Ihrem Ziel machen. Aber natürlich kann Ihnen auch klar geworden sein, dass Ihnen tatsächlich nichts mehr im Weg steht und Sie nun beginnen sollten, zu handeln.
In unserem Beispiel wäre die Antwort dann: »Es gibt keinen Grund, nicht jetzt schon damit zu beginnen, meinem Ziel entgegenzugehen. Ich werde noch heute versuchen, allein im Zimmer

eine kurze Rede zu halten, um zu sehen, wie schwer es mir wirklich fällt. Dabei werde ich mich mit der Videokamera aufnehmen – dann sehe ich nicht nur, was ich jetzt noch besser machen kann, sondern kann später auch feststellen, wie deutlich ich mich verbessert habe.«

Ihr Ziel ist greifbar

Sie haben es geschafft! Zumindest den ersten wichtigen Schritt: Ihr Ziel steht Ihnen nun klar vor Augen. Sie sind mit dem Ziel vertraut, und es ist weit über das Stadium bloßen Wünschens hinausgewachsen. Wahrscheinlich wissen Sie nun auch viel mehr über Ihr Ziel als vorher. Und sicher sind Sie jetzt auch noch stärker motiviert, Ihr Ziel anzugehen!

Sie sehen also: Eine Zielbestimmung ist viel mehr als eine langweilige Definition und Formalität! Wenn Ihnen Ihr Ziel klar vor Augen steht und Sie sich darüber im Klaren sind, was sich in Ihrem Leben positiv verändern wird, wenn Sie Ihr Ziel erreicht haben – und wenn Sie auch noch wissen, dass Sie Ihr Ziel mit Ihren Ressourcen erreichen können: Dann sind Sie wirklich motiviert!

Und dann können Sie sich auf den Weg machen.

Das Ziel abklopfen

Hatten Sie Spaß dabei, sich Ihr Ziel genau anzusehen? Dann können Sie noch zwei weitere Schritte machen.

Ja, Sie kennen das Ziel gut. Aber Sie haben noch nicht untersucht, ob das Ziel für Ihr Leben wirklich funktioniert.

Im NLP wird empfohlen, das systematisch zu untersuchen. Dazu gibt es zwei Methoden. Die eine sucht nach Schwächen des Ziels, bei der zweiten geht es um die Überprüfung dessen, ob das erreichte Ziel das verändert, was es verändern soll.

Risiken und Nebenwirkungen

Was ginge Ihnen durch das Erreichen Ihres Ziels möglicherweise verloren?

Eine sinnvolle Zielbestimmung sollte sinnvollerweise auch klarstellen, welche negativen Konsequenzen es hat, wenn Sie Ihr Ziel anstreben. Machen Sie sich deshalb auch klar, was Sie entbehren oder verlieren, wenn Sie sich auf den Weg zu Ihrem Ziel begeben. Das ist nichts Negatives – Sie können dadurch wertvolles Feedback bekommen!

Ebenso wichtig ist es, dass Sie sich darüber klar werden, ob es Situationen gibt, worin Sie das neue Verhalten oder die neue Fähigkeit nicht gebrauchen können. Wenn Sie sich beispielsweise das Ziel setzen, energisch und standhaft zu sein, wird das in manchen Krisengesprächen mit Ihrem Chef möglicherweise Probleme verursachen. Fragen Sie sich auch, was Ihnen durch das Erreichen Ihres Ziels nicht mehr möglich wäre. Machen Sie sich diese Dinge ganz bewusst. Ihr Ziel wird dadurch noch wohlgeformter. Damit überprüfen Sie, die »Ökologie Ihres Ziels«, d. h. ob es wirklich für Ihr Leben passt.

NLP

Im NLP heißt diese Prüfung potenzieller negativer Konsequenzen »Ökologische Überprüfung«, oder kurz (und englisch) Eco-Check, denn er untersucht die Neben- und Wechselwirkungen einer beabsichtigten Veränderung.

DEF

Die Ökologie ist ursprünglich ein Teilgebiet der Biologie, in dem die Wechselbeziehungen der Lebewesen untereinander und mit ihrer unbelebten Umwelt erforscht werden. Im übertragenen Sinn bezeichnet Ökologie die Wechselbeziehungen zwischen den Teilen eines Ganzen und dem Ganzen selbst.

Schieben Sie die Fragen nach den Schattenseiten Ihres Ziels nicht beiseite! Es gibt kein Ziel, das nicht auch negative Konsequenzen hätte. Im günstigsten Fall bedeutet das nur, dass Sie für Ihr Ziel Zeit aufwenden müssen, die dann für andere Ziele nicht mehr zur Verfügung steht. Suchen Sie nach den negativen Konsequenzen, auch wenn es Ihnen zunächst schwerfällt. Überlegen Sie dann, wie Sie mit diesen negativen Konsequenzen umgehen wollen.

Eco-Check

1. Überlegen Sie sich negative Konsequenzen, die mit Ihrem Ziel verbunden sind.

In unserem Beispiel: »Ich muss meiner Familie erklären, warum ich mich manchmal zurückziehe und laut mit mir selber spreche. Vielleicht lacht mich meine Frau aus. Ich werde auch lernen müssen, mit Frustrationen fertig zu werden. Ich brauche eine Videokamera.«

2. Überlegen Sie dann, wie Sie mit diesen negativen Konsequenzen umgehen wollen.

TEC

In unserem Beispiel: »Meiner Familie zu erklären, was ich vorhabe, ist eine gute Sache – ich bin sicher, sie werden Verständnis haben. Wenn meine Frau lacht, lache ich einfach mit. Es ist ja auch komisch, wenn ich laut Reden halte. Ich bereite mich innerlich darauf vor, mit Frustrationen umzugehen – dabei hilft mir sicher auch dieses Buch. Ich muss keine Videokamera kaufen; mein Computer hat ja eine Webcam, mit der ich die Aufzeichnungen machen kann.«

Diese beiden Punkte können Sie bei der Zielsuche nach Schritt 4 einschieben.

In die Zukunft und zurück

Bei den meisten NLP-Techniken geht es darum, etwas zu verändern. Das Ziel ist also Veränderung. Deshalb ist es gut, wenn Sie überprüfen, ob die gewünschte Veränderung auch funktioniert. Wenn Sie Ihr Verhalten, Ihre Gewohnheiten oder Ihre Gefühle verändern wollen, ist so eine Überprüfung wichtig. Deshalb wollen wir dieses NLP-Standardverfahren auch gleich hier vorstellen.

NLP

Future Pace: Dieser NLP-Ausdruck bezeichnet ein NLP-Standardverfahren, das dazu dient, die Wirksamkeit einer Veränderung zu prüfen.

Solange wir noch keine Zeitmaschine haben, können wir uns zukünftige Auswirkungen von Veränderungen natürlich nicht wirklich ansehen. Aber wir haben ja eine Zeitmaschine in unserem Kopf: unsere Vorstellungskraft.

TEC

Beim Future Pace stellen Sie sich eine Situation vor, in der Ihr Mangel an Selbstvertrauen oder Ihre Unsicherheit besonders auffiel oder besonders unangenehm war. Nun projizieren Sie diese Situation (nicht Ihre Reaktion darauf!) in die Zukunft. Wenn Sie sich eine solche Situation nun vor Augen führen, sollten – wenn die Übung erfolgreich war – keine (oder zumindest wesentlich weniger) negative Gefühle auftauchen. Wenn Sie beim Future Pace feststellen, dass sich an Ihren Reaktionen nichts oder nur sehr wenig verändert hat, sollten Sie die Übung wiederholen (und versuchen, die einzelnen Stufen intensiver durchzuführen) oder noch genauer hinsehen, was der Veränderung entgegensteht.

Zusammenfassung des Kapitels

In diesem Kapitel haben Sie erfahren, was Sie mit NLP für Ihre Ziele tun können:

- Sie haben den Unterschied zwischen Wünschen und Zielen kennengelernt.
- Sie haben eine Methode kennengelernt, die Ihnen zeigt, ob Geld für Sie ein bedeutsames Ziel ist.
- Sie wissen, wie Sie sich ein Wohlgeformtes Ziel (WFO) setzen, das Ihren Werten entspricht und Sie anzieht.
- Sie kennen die Merkmale eines wohlgeformten Ziels: Es muss konkret und positiv formuliert sein, einen festen Zeitrahmen haben und durch eigene Kompetenz erreichbar sein.
- Sie kennen die sechs Fragen, die Ihnen Ihr Ziel deutlichmachen.
- Sie kennen die Bedeutung der »Ökologie« eines Ziels.
- Sie wissen, wie Sie mit den Techniken Eco-Check und Future Pace überprüfen können, ob die Veränderung erfolgreich war.

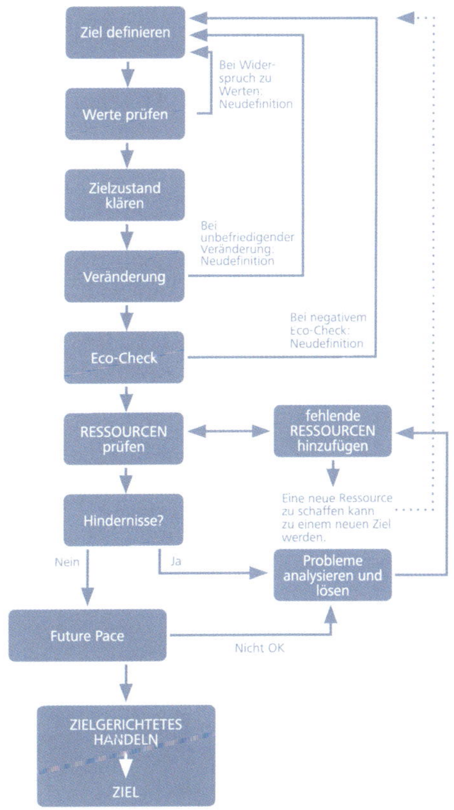

Das Wellformed Outcome-Schema

Kapitel 4

Erfolg – Wie Sie erreichen, was Sie wirklich wollen

Der Weg zum Gelingen

Was auch immer Sie vorhaben: Sie wollen das, was Sie tun, sicherlich erfolgreich tun. Es gibt natürlich so viele Vorstellungen davon, was Erfolg ist, wie es Menschen gibt. Jeder hat seine eigene Vorstellung von »Erfolg«.

Im NLP kann es daher nicht darum gehen, einen Weg zum Erfolg aufzuzeigen. Das geht nicht – denn was für den einen Erfolg bedeutet, bedeutet einem anderen gar nichts.

Ein paar Dinge haben jedoch alle Vorstellungen von Erfolg gemeinsam:

- Erfolg führt zu angenehmen Gefühlen. Tauchen keine oder negative Gefühle auf, ist es ein »Pyrrhussieg«, d. h. ein Sieg, der mehr Verlust als Gewinn bringt.
- Erfolg steht im Einklang mit der Persönlichkeit. Tut er das nicht, stellen sich die angenehmen Gefühle nicht ein.
- Erfolg braucht die Absicht zu handeln. Ein Lottogewinn ist natürlich erfreulich, aber kein Erfolg.

Bevor Sie weiterlesen, denken Sie bitte einmal kurz darüber nach, was Erfolg für Sie persönlich bedeutet.

EXP

Was uns bewegt

Das Wort »Motivation« oder »Motiv« spricht schon für sich – es kommt von dem lateinischen Wort *movere* für »bewegen«. Ohne Motivation bewegt sich nichts beziehungsweise niemand. Ja, nicht nur das: Ohne Motivation kann niemand etwas tun. Es ist geradezu unmöglich, sich vorzustellen etwas zu tun, ohne dafür

irgendeinen – und sei es einen noch so abwegigen oder unbewussten – Grund zu haben.
Je stärker dieser Beweggrund, dieses Motiv, desto energischer und kraftvoller wird die Handlung sein, die es auslöst. Je stärker die Motivation, desto mehr Energien werden mobilisiert. Und je mehr Energie zur Verfügung steht, desto leichter wird das Handeln fallen.
Ein sehr häufiges Motiv ist Geld. Wenn wir Sie jetzt bitten, zweimal möglichst schnell um Ihren Häuserblock zu rennen, werden Sie uns diesen Gefallen höchstwahrscheinlich nicht tun. Wenn wir Ihnen 1000 Euro dafür bieten, werden Sie sich schon eher aufraffen können. Und wenn wir Ihnen für jede Sekunde, die Sie weniger als 10 Minuten brauchen, um die zwei Runden zu schaffen, 10.000 Euro bieten, werden Sie aller Wahrscheinlichkeit nach Ihre persönliche Bestzeit laufen.
Leider bekommt man solche interessanten Angebote eher selten. Demgegenüber stehen allerlei lästige Dinge, die Sie mit wenig Motivation und daher großer Kraftanstrengung bewältigen »müssen«. Und es gibt vieles, das nicht unangenehm ist und das Sie gerne täten – aber es fehlt Ihnen an Motivation, sie reicht nicht aus, um Sie in Bewegung zu bringen. Beispielsweise wären Sie gern schlank oder fit oder würden gern eine neue Sprache können. Nichts davon ist unangenehm. Aber die Motivation, es anzupacken, müsste man eben haben!
Wäre es nicht wundervoll, wenn Sie selbst die Stärke Ihrer Motivation beeinflussen könnten? Dann wäre Ihnen praktisch alles möglich!
Und tatsächlich können Sie das. Sie können lernen, Ihre Motivation zu erhöhen, egal, um welches Ziel es sich handelt. Es kann ein wirklich großes Ziel sein oder ein nur ganz kleines, wie beispielsweise endlich den Abwasch zu erledigen. Wie das geht, erfahren

Sie in diesem Kapitel. Doch zuvor noch ein paar wichtige grundsätzliche Erklärungen zum Thema »Motivation«.

Schlechte Erfahrungen vermeiden

Es gibt zwei grundlegende Typen von Motivation, die Ihnen sicher vertraut sind.

Die häufigste Motivation ist Schmerz. Schmerz ist ein deutliches Signal für Veränderung. Diese Art von Motivation ist jedem Lebewesen »eingebaut« – selbst die primitivsten Lebensformen können durch Verletzungen zu schnellen Fluchtreaktionen »motiviert« werden.

Setzt man einen Regenwurm in eine Petrischale und tut einen Tropfen Salzsäure in die Schale (natürlich nicht auf den armen Wurm!), kann man etwas Erstaunliches sehen: Der Wurm bewegt sich mehr oder weniger zufällig – doch sobald er auf den Tropfen Säure stößt, springt er hoch!

Die Fluchtmotivation ist die häufigste Motivationsform – auch im psychologischen Bereich. Die meisten Menschen beginnen erst dann mit Veränderungen, wenn ihnen der augenblickliche Zustand zu unangenehm wird. Sie kennen das sicherlich: Wer beginnt schon mit einer Diät, solange er schlank ist? Je unangenehmer das Gewicht wird, desto stärker wird die Motivation zum Abnehmen.

Die Fluchtmotivation ist biologisch ungeheuer sinnvoll. Ohne Fluchtreaktion bei Schmerzen kann ein Organismus nicht überleben. Doch die Fluchtmotivation hat ein paar schwerwiegende Nachteile: Ihr wichtigster Nachteil besteht darin, dass sie ungerichtet wirkt.

Die Fluchtmotivation gibt einem die Kraft, sich von der Ausgangssituation fortzubewegen – aber wohin? Die Handlung, die durch eine Fluchtmotivation ausgelöst wird, führt oft in Situationen, die noch unangenehmer sind als die Ausgangssituation. Das Paradebeispiel ist die Flucht in Drogen: Damit ist die Flucht aus dem unerträglichen grauen Alltag zwar gelungen, doch von einer Verbesserung der Lebenslage kann wohl kaum die Rede sein.

Überlegen Sie kurz, in welchen Situationen Sie eine Fluchtmotivation zeigen/empfinden – und ob das zum erwünschten Ergebnis führt.

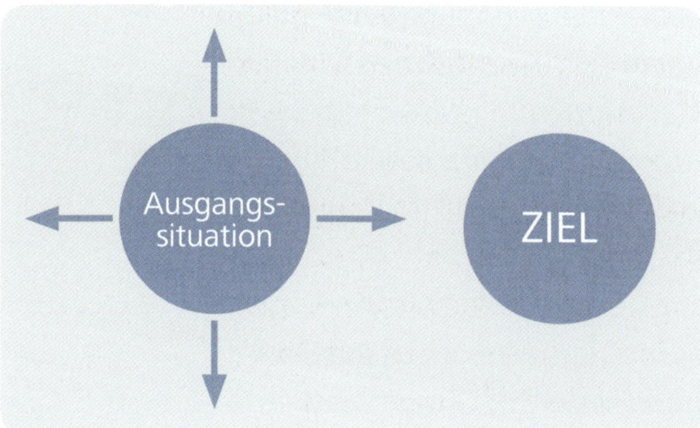

Fluchtmotivation

Ein weiteres Problem mit der Fluchtmotivation: Die Aufmerksamkeit wird auf das gelenkt, was unangenehm ist. Die Energie, die diese Aufmerksamkeit benötigt, fehlt dann für positive Ziele.

Also halten wir fest: Die Fluchtmotivation kann sehr sinnvoll sein, vor allem, wenn es darum geht, überhaupt erst einmal etwas in Bewegung zu setzen – aber sie bringt auch Probleme mit sich.

Angenehme Erfahrungen suchen

Der zweite Motivationstyp ist die Zielmotivation: Ein Ziel verspricht die Verwirklichung persönlicher Werte und wirkt wie ein Magnet. Ist der »Magnet« stark genug, zieht er einen unaufhaltsam an. Ist er nicht ganz so stark, erleichtert er immerhin die Bewegung und gibt Orientierung.

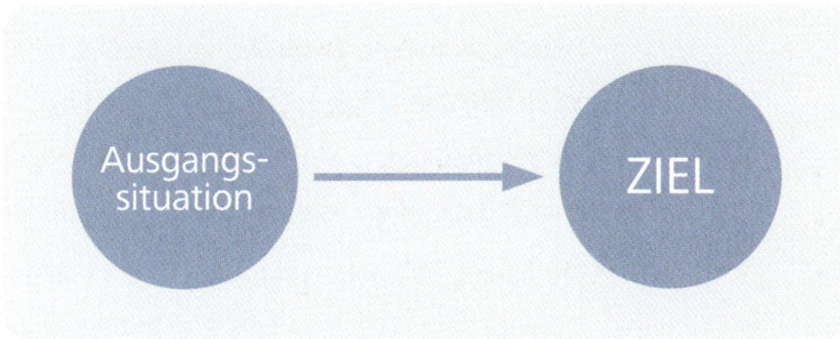

Die Zielmotivation setzt einen gewissen Grad an Bewusstsein und Voraussicht voraus – man muss ja eine Vorstellung von den Vorzügen eines Ziels haben, um es als Ziel anzusehen. Auf psychologischer Ebene ist eine Zielmotivation in der Regel weitaus erfolgreicher als eine Fluchtmotivation.

Zielmotivation

Erstaunlicherweise ist das vielen Menschen gar nicht bewusst – was zu großen Tragödien führt: geprügelte Kinder, kranke Arbeitnehmer, denen mit Kündigung gedroht wird, Bürgerkriege, die Diktatoren bekämpfen sollen … Interessant ist, dass dabei jemand (ein Kind, ein Angestellter, ein Diktator) zur Vernunft gebracht werden soll – mit ziemlich unvernünftigen Mitteln. In all diesen Beispielen motiviert die Strafe. Aber die Fluchtmotivation ist eben ungerichtet und daher ziellos. Das Kind wird aggressiv oder zieht sich zurück, der Arbeitnehmer bekommt eine Angststörung und wird weniger leistungsfähig, der Diktator beginnt, die Bevölkerung niederzumetzeln. Ein Ziel zu setzen, ist auf Dauer gesehen sinnvoller und effektiver, als von etwas abzuschrecken.

Ist die Zielmotivation denn immer effektiver als die Fluchtmotivation? Nein, denn die Fluchtmotivation ist ein grundlegender biologischer und häufig sehr kraftvoller Mechanismus – außerdem benötigt er weniger bewusste Tätigkeit und läuft daher weitaus schneller ab: Fassen Sie einmal eine heiße Herdplatte an, und Sie verstehen, was gemeint ist …

Ein Nachteil der Zielmotivation ist ihr gewisser Mangel an Flexibilität – ein Hindernis zwischen Ausgangssituation und Ziel führt häufig zum Zusammenbruch der Motivation; man »verliert das Ziel aus den Augen«.

Beide Formen von Motivation haben ihre Berechtigung; sie ergänzen sich gegenseitig. Deshalb ist es am sinnvollsten, wenn beide Motivationen gleichzeitig wirksam sind.

Schlechte Erfahrungen nutzen, um gute zu finden

Das heißt: Nutzen Sie die Energie, die Ihnen eine Fluchtmotivation gibt, immer zunächst dafür, ein Ziel zu suchen! Bevor Sie sich von etwas weg-bewegen, sollten Sie sich unbedingt klar machen, wohin Sie sich bewegen wollen!

Nehmen wir an, Sie wollen das Rauchen aufgeben – Sie wollen weg von Teer und Nikotin und Lungenkrebs. Das ist sicher eine gute Fluchtmotivation, doch solange Ihnen nicht klar ist, wohin Sie wollen (Nichtrauchen ist noch kein Ziel!), wird es Ihnen sehr schwerfallen, das Rauchen dauerhaft aufzugeben!

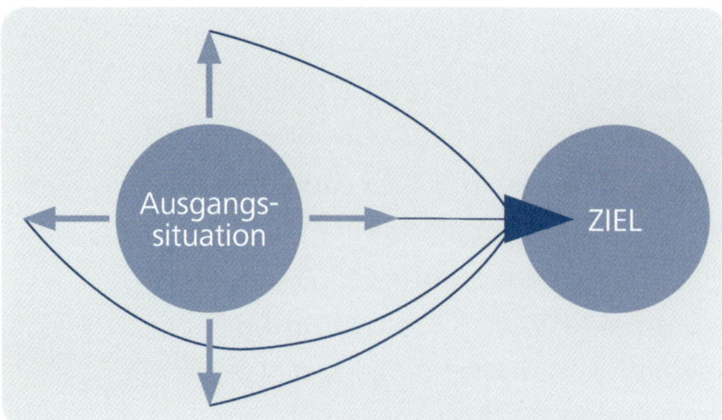

»Gummiband«-Motivation

Es ist also notwendig, eine Fluchtmotivation mit einer Zielmotivation zu verknüpfen, wenn Sie wirklich effektiv und erfolgreich sein wollen.

Eine solche Motivations-Verknüpfung können Sie für jede konkrete Situation vornehmen. Aber Sie können auch eine dauerhafte Verknüpfung herstellen – eine solche Motivation könnten wir »Gummiband-Motivation« nennen.

Am Ziel ist ein mentales »Gummiband« befestigt, dass Sie zu Ihrem Ziel hinzieht. Jede unangenehme Situation und jedes Hindernis ist der Auslöser für eine Fluchtmotivation – aber nicht für eine ungerichtete! Das »Gummiband« gibt sofort Orientierung und zielorientierte Energie – aber Sie bleiben flexibel! Das »Gummiband« in der Analogie entspricht der Redewendung »sein Ziel im Hinterkopf behalten«. In dem Beispiel »Rauchen« könnte das »Gummiband« am Ziel »Fitness« befestigt werden. Wenn Sie ans Rauchen denken, gibt Ihnen die intensive Vorstellung von Lungenkrebs einen ersten Impuls zur Flucht weg vom Rauchen – das »Gummiband« zieht Sie dann aber in eine ganz konkrete Richtung, nämlich zur »Fitness«. So wird der Gedanke ans Rauchen immer mehr zu einem Impuls dafür, eine Fitness- oder Atemübung zu machen.

Das beste »Ziel«, woran Sie Ihr mentales Gummiband befestigen können, ist eines, das Ihnen die Richtung für all Ihre unterschiedlichen Ziele weist: Ein **Lebensleitziel** – eine Mission! Darauf werden wir im Kapitel »Wachstum« (ab Seite 147ff.) zu sprechen kommen.

Doch nun wollen wir uns erst einmal ansehen, wie Sie Ihre Motivation steigern können.

Die Motivation steigern

Eine wichtige NLP-Grundannahme lautet: »Jede Erfahrung hat eine Struktur«. Das gilt auch für die Motivation!

Wenn Sie die Struktur Ihrer Motivation kennen, können Sie feststellen, was einem Ziel oder einer Tätigkeit, die Sie nicht motiviert, fehlt. Und dann können Sie das Fehlende möglicherweise hinzufügen!

Wir wollen Ihnen zunächst eine Übung vorstellen, mit der Sie herausfinden können, welche Eigenschaften eine Tätigkeit, eine Situation oder ein Ziel haben muss, um Sie zu motivieren. Diese Eigenschaften sind »Motivatoren«.

TEC

Motivatoren finden

1. Suchen Sie sich ein stark motivierendes **Referenzerlebnis**.
2. Sehen Sie sich die Struktur dieser Erfahrung assoziiert an.
3. Kehren Sie ins Hier und Jetzt zurück (Separator).
4. Suchen Sie sich ein neutrales **Referenzerlebnis**.
5. Sehen Sie sich die Struktur der Erfahrung assoziiert an.
6. Kehren Sie ins Hier und Jetzt zurück (Separator).
7. Vergleichen Sie die Struktur der beiden Referenzerfahrungen.
8. Testen Sie Ihre Motivatoren.

1. Suchen Sie sich ein stark motivierendes **Referenzerlebnis**.

Irgendwann in Ihrem Leben haben Sie sicherlich schon einmal etwas getan, das anstrengend oder unangenehm war, und Sie haben es trotzdem gerne getan, weil Sie sehr dazu motiviert waren, es zu tun. Vielleicht haben Sie einmal eine große Party veranstaltet, für einen sportlichen Wettkampf trainiert oder eine längere Wanderung unternommen. Der Gedanke an das Ziel war eine starke Motivation für Sie. Rufen Sie sich diesen motivierenden Gedanken in Erinnerung – diese Erinnerung ist ein **Referenzerlebnis** für Sie: So fühlt sich Motivation für Sie an.

NLP

Ein **Referenzerlebnis** ist eine Erfahrung, die Sie einmal gemacht haben – und die Ihnen zeigt, dass Sie die Möglichkeit zu einem bestimmten Gefühl oder einer Fähigkeit in sich tragen.

2. Sehen Sie sich die Struktur dieser Erfahrung an.

Führen Sie sich Ihre Erinnerung als Film vor Ihrem inneren Auge vor. Achten Sie genau auf die verschiedenen **Submodalitäten** (vgl. Seite 31): Welche Farben dominieren, wie hell ist das Bild, ist es statisch oder bewegt, welche Töne, Geräusche oder Stimmen sind damit verbunden usw. Dabei ist wichtig, dass Sie das positive

Gefühl der Motivation spüren. Sehen Sie sich den »Film« nicht von außen an, als wären Sie nur ein Zuschauer – erleben Sie ihn so, als würden Sie das Ereignis wieder erleben, von »innen«, also assoziiert. Wenn das positive Gefühl verloren geht, zeigt Ihnen das, dass Sie »ausgestiegen« sind und nur noch eine nachkonstruierte (dissoziierte) Erfahrung ansehen! Versuchen Sie dann, sich das Gefühl der Motivation wieder in Erinnerung zu bringen und sehen Sie, was sich dadurch in Ihrem inneren Film verändert.

3. Kehren Sie ins Hier und Jetzt zurück.

Öffnen Sie die Augen, sehen Sie sich um, atmen Sie ein paarmal tief durch. Dieses Unterbrechen einer Visualisierung oder Erinnerung wird bei den meisten NLP-Techniken eingesetzt, um von einem intensiven Gefühlszustand in einen neutralen zu gelangen.

Im NLP heißt der neutrale Gefühlszustand »Unterbrecherzustand« oder englisch **»Separator State«**, kurz **Separator**.

NLP

4. Suchen Sie sich ein neutrales Referenzerlebnis.

Denken Sie jetzt an eine Tätigkeit, eine Situation oder ein Ziel, das keine besonders positiven Gefühle bei Ihnen auslöst.

5. Sehen Sie sich die Struktur der Erfahrung an.

Führen Sie sich wieder einen inneren Film vor und achten Sie dabei genau auf die dazugehörigen **Submodalitäten**.

6. Kehren Sie ins Hier und Jetzt zurück.

Rufen Sie einen Separator auf, indem Sie die Augen öffnen und/oder in die Hände klatschen.

7. Vergleichen Sie die Struktur der beiden Referenzerfahrungen.

Dies ist der entscheidende Schritt: Durch den Vergleich der Submodalitäten machen Sie Ihre Motivatoren ausfindig. Welche der Referenzen war heller, welche war farbiger, wie unterschieden sie sich in den vorherrschenden Farben, welche war bewegter, welche war größer, wie unterschieden sich Klänge, Worte, Bewegungen, Temperatur, Gerüche? Merken Sie sich diese Unterschiede – wenn Sie wollen, können Sie sie aufschreiben.

8. Testen Sie Ihre Motivatoren.

Rufen Sie noch einmal das motivierende Referenzerlebnis auf. Versuchen Sie nun, jeweils einen der Motivatoren zu verändern. Wenn das Motivationsgefühl daraufhin zusammenbricht, ist der betreffende Motivator als solcher bestätigt. Ändert es nichts, handelt es sich nicht um einen echten Motivator.

Mithilfe Ihrer Motivatoren können Sie nun die Motivation für Ihre Ziele verbessern! Da Sie die Elemente Ihrer Motivation jetzt genau kennen, können Sie jedes innere Bild von einem Ziel mit diesen Elementen anreichern. Und da Sie in der vorangegangenen Übung festgestellt haben, dass es genau die Qualitäten sind, die die Struktur Ihrer Motivation sind, wird jedes Bild, das diese Struktur hat, auf Sie motivierend wirken. Mit dieser fantastischen Möglichkeit können Sie sich prinzipiell jede Tätigkeit erleichtern!
Übrigens können Sie diese Methode auch einsetzen, um eine Fluchtmotivation zu verstärken – einfach, indem Sie die Motivatoren eines inneren Bilds abziehen, also die motivierenden **Submodalitäten** verändern: Das könnte beispielsweise sinnvoll sein, um sich einen Verlust zu erleichtern oder eine schlechte Gewohnheit abzulegen.

Die Zielmotivation mit Submodalitäten verstärken

Einige Motivatoren sind anscheinend bei fast allen Menschen gleich: So sind motivierende innere Bilder in der Regel heller und farbiger als nicht motivierende. In der folgenden Übung wollen wir einmal mit Ihnen durchgehen, wie Sie es anstellen können, Ihre Motivation für ein Ziel zu erhöhen.

Mit Submodalitäten die Motivation für ein Ziel verstärken

- Suchen Sie sich ein Ziel. Das Ziel, das Sie für diese Übung wählen, sollte zeitlich naheliegend sein (damit Sie es heute oder morgen erreichen können). Für die Übung ist es auch sinnvoll, dass Sie bereits ein wenig für dieses Ziel motiviert sind – aber so, dass Ihre Energie noch nicht ganz ausreicht, um es mit Elan und Freude anzupacken. Diese »Bedingungen« sorgen dafür, dass Sie die Wirkung der Übung unmittelbar feststellen können.
- Machen Sie sich ein Bild von Ihrem Ziel und dem Weg dorthin. Wie in der vorigen Übung versuchen Sie, vor Ihrem inneren Auge einen Film ablaufen zu lassen, der Sie zeigt, wie Sie auf Ihr Ziel zugehen und es erreichen.
- Verändern Sie zentrale **Submodalitäten**. Einige Submodalitäten wirken fast immer motivationsverstärkend. Versuchen Sie, Ihren inneren Film etwas aufzuhellen und mehr Farbe in das Bild zu bringen. Vergrößern Sie das Bild, bis es Ihr Gesichtsfeld ausfüllt. Lassen Sie zu Ihrem inneren Film eine leise, harmonische Musik in einem mittleren Tempo erklingen. Verbinden Sie das Gefühl einer leichten Entspannung, einer freien Atmung und einer leichten körperlichen Bewegung mit dem Bild.

EXP

- Wiederholen Sie den inneren Film mehrfach. Lassen Sie den Film mehrmals ablaufen und fügen Sie Ihre persönlichen Motivatoren hinzu.
- Setzen Sie einen Separator State. Öffnen Sie Ihre Augen, blicken Sie um sich und atmen Sie tief durch. Wenn Sie wollen, klatschen Sie in die Hände.
- Testen Sie Ihre Motivation für das gewählte Ziel. Denken Sie an Ihr Ziel. Spüren Sie, dass Sie das Ziel jetzt stärker anzieht und aktiviert, sodass Sie den Drang zu handeln verspüren? Wenn das nicht der Fall ist, sollten Sie noch einmal zu den **Submodalitäten** zurückkehren und die Motivation weiter verstärken. Wenn Sie jetzt jedoch tatsächlich gern handeln würden – tun Sie's! Jetzt!

Mit dieser Art von Motivationsverstärkung können Sie bereits viel erreichen. Im Verlauf des Buchs werden Sie noch weitere Möglichkeiten kennenlernen.

Belohnungen verstärken die Motivation!

Eine gute Motivation bringt Sie in Gang, aber mitunter kommt es vor, dass die Motivation allmählich nachlässt. Das Ziel ist noch nicht erreicht und noch ein ganzes Stück weit entfernt. Der Tatendrang schläft ein. Psychologen nennen das »Frustration« – das Nicht-Erreichen eines gesetzten Ziels ist eine Enttäuschung. Wird man nun fortwährend enttäuscht, wird der Gedanke an das Ziel allmählich mit einem negativen Gefühl (der Enttäuschung) verbunden – das Ziel erscheint weniger attraktiv, die Motivation sinkt auf den Nullpunkt.

In dem Abschnitt über die **Grundsätze des NLP** (Seite 35f.) haben wir ja schon etwas dazu gesagt: Es ist wichtig für Sie, zu lernen, dass es kein Scheitern gibt, sondern nur Feedback. Das ist natürlich zu allgemein gesagt, um unmittelbar hilfreich zu sein. Praktisch angewandt kann das so aussehen: Sie erleichtern sich das Erreichen Ihres Ziels, indem Sie mögliche Frustrationen so klein halten, dass sie zwar als Wegweiser dienen, aber nicht demotivierend wirken!

Mit einem kleinen, beinahe selbstverständlichen »Trick« geht das ganz einfach: Teilen Sie Ihr Ziel in Teilziele auf! Im NLP heißt das Chunking – ein weiterer, eigentlich unnötiger Fachbegriff. Aber das Prinzip ist wirksam. Denn damit ein Ziel motivierend auf Sie wirkt, brauchen Sie Belohnungen. Nur bei ganz extrem motivierenden Zielen bleibt die Motivation auch nach Frustrationen so hoch, dass es Ihnen immer noch so lohnend erscheint, dass Sie Ihrem Weg weiterhin folgen. Natürlich können Sie Ihre Motivation immer wieder verstärken, indem Sie Ihre Tätigkeiten mit Ihren Motivatoren anreichern. Doch bei ständiger Frustration wird auch das auf die Dauer sehr unbefriedigend sein.

Wenn Sie dagegen ein Ziel in kleinere Teilziele aufteilen, haben Sie immer dann ein kleines Erfolgserlebnis, wenn Sie ein Teilziel erreichen. Mit der »Strategie der kleinen Schritte« erfahren Sie nach jedem kleinen Schritt eine Belohnung in Form von Befriedigung.

Wir sind beispielsweise für unser Ziel, dieses NLP-Buch zu schreiben, sehr motiviert: Es verwirklicht viele unserer Werte sehr stark, ist klar definiert und hat einen festgelegten Zeitrahmen. Doch über 300 Seiten sind eben doch eine ganze Menge! Am Anfang lag und auch jetzt noch liegt unser Ziel in einiger Ferne. Deshalb haben wir **Chunks** gebildet, uns also Teilziele gesetzt. Diese Teilziele sind in kurzer Zeit, nämlich an einem Tag, zu erreichen – jedes Teilziel besteht darin, mindestens vier Seiten pro Tag zu schreiben. Natürlich treten immer wieder kleine Frustrationen auf – aber das motivierende Ziel kann solche kleinen Frustrationen leicht überwinden. Wir bekommen jeden Tag eine Belohnung: das befriedigende Gefühl, wieder vier Seiten geschrieben zu haben und unserem Ziel einen messbaren Schritt näher gekommen zu sein. Dadurch gerät nicht nur unsere Motivation nicht ins Sinken, sondern wird sogar immer stärker!

Chunking können Sie bei jedem Ziel, das Sie sich setzen, anwenden. Die Teilziele müssen dabei – anders als in unserem Beispiel – nicht immer gleich sein. Sie müssen nicht einmal von Anfang an alle Teilziele kennen! Wichtig ist nur, dass Sie jedes Teilziel Ihrem Ziel ein Stückchen näherbringt. Mit vielen kleinen, einfachen Schritten können Sie auch die größte und schwierigste Strecke überwinden.

Die Sprache des Erfolgs

Wenn wir bewusst denken, denken wir in der Regel in Worten. Das ist auch wichtig – denn ohne Sprache sind Gedanken über Sinn, Glück, Erfolg oder Liebe fast unmöglich. Natürlich ist das Wort »Freude« nicht das Gefühl, aber es ist mit dem Gefühl »Freude« verbunden. Im NLP würden wir sagen: Das Wort »Freude« ist ein Anker für das Gefühl »Freude«. Solche sprachlichen Anker sind nicht überwältigend stark, aber sie zeigen durchaus ihre Wirkung.

EXP

Das können Sie leicht an sich selbst feststellen. Sagen Sie laut: »Ich bin traurig«, und versuchen Sie, gleichzeitig ein glückliches Gefühl in sich hervorzurufen. Probieren Sie dann dasselbe mit dem Satz: »Ich bin glücklich«. Sie werden sehen, dass es gar nicht so leicht ist, ein der Sprache entgegengesetztes Gefühl aufkommen zu lassen. Daran können Sie erkennen, wie wichtig es ist, wie wir die Sprache gebrauchen und welche Wörter wir verwenden.

Alles, wirklich alles, was Ihnen begegnet, kann positiv und zielorientiert formuliert werden. Ein Glas kann halbvoll oder halbleer sein. Sie können ein Problem an Ihrem Arbeitsplatz als Belastung oder Herausforderung betrachten. Sie können Ihr tägliches Fitnesstraining als Qual oder Spaß ansehen. Es geht nicht etwa um Wortspiele: Worte lösen Assoziationen aus – positive, die auf ein Ziel hin orientieren und eine Zielmotivation verstärken, und negative, die eine Fluchtmotivation verstärken.

Natürlich ist für Ziele eine Zielmotivation immer wichtig. Eine Möglichkeit, die Orientierung auf positive Ziele zu erleichtern, ist die Veränderung der Sprache, der wichtigsten Form des bewussten Denkens.

Den Wortschatz erweitern

Beginnen Sie noch heute damit, Ihren Wortschatz zu erweitern. Negative Formulierungen können Sie meist durch positive ersetzen. Und positive Formulierungen können Sie gegen noch stärker motivierende Worte austauschen.

In den folgenden beiden Listen sehen Sie ein paar Beispiele. Versuchen Sie, positive Varianten für Ihre persönlichen negativen Formulierungen zu finden.

Negativformeln >	**Positivformeln**
zurückgewiesen	missverstanden
überfordert	sehr beschäftigt
dumm	noch viel zu lernen
deprimiert	noch nicht völlig glücklich
besorgt	interessiert
…	…

Positivformeln >	**Powerformeln**
interessiert	begeistert
angenehm	umwerfend
ganz gut	bestens
aktiv	energiegeladen
motiviert	beflügelt
…	…

Indem Sie positive Worte verwenden, wird es Ihnen leichter fallen, gute Gefühle wachzurufen – das motiviert Sie und bringt Sie Ihren Zielen näher.

Die Fallstricke des Positiven Denkens

Die Methode, alles positiv zu sehen, ist als »Positives Denken« bekannt. Wenn Sie all Ihre negativen Worte durch positive Worte ersetzen, werden Sie sich tatsächlich zunächst motivierter und wohler fühlen.

Wenn Sie das durchziehen und schließlich alle negativen Worte aus Ihrem Denken verbannen, wird das Positive Denken zu einer Besessenheit, zu einer reinen Denkübung, von der am Ende nur noch ein leeres Gerüst bleibt. Wenn alles positiv ist, ist nichts positiv. Der Geist braucht Gegensätze, um zu leben. Eine herrlich gemalte rote Rose auf rotem Hintergrund ergibt eben doch nur eine einheitliche rote Fläche.

Wir können Ihnen wirklich empfehlen, immer das Gute in allen Dingen und vor allem in allen Menschen zu sehen – aber Sie sollten dabei das weniger Gute, die Tiefen, die Schlaglöcher, die Durststrecken nicht völlig aus den Augen verlieren. Ständig positiv zu denken, macht krank. Fanatisch positive Denker sind wie Kokainabhängige: Alles muss immer großartiger, immer fantastischer, immer lustiger, immer begeisternder sein. Bis schließlich die Spannung zwischen der vorgestellten und der wahrgenommenen Welt zu groß wird und alles zusammenbricht.

Etwas Schwieriges wird zur Herausforderung. Gut. Das ergibt eine Richtung, eine Motivation. Doch wenn nichts »schwierig« genannt wird, wenn das Wort »schwierig« aus dem Wortschatz gestrichen ist, dann nimmt eben ein anderer Begriff dessen Platz ein. Denn es ist ja nicht etwa so, dass nun nichts mehr schwierig wäre. Die Herausforderung bekommt die Bedeutung »Schwierigkeit«. Also muss es noch positiver werden: »eine begeisternde Herausforderung«. Bis auch diese Phrase völlig inhaltsleer geworden ist und eigentlich das ausdrückt, was man früher schlicht »Problem« nannte.

Es geht deshalb darum, dass Sie versuchen, Ihren Wortschatz zu erweitern. Erweitern Sie Ihre Möglichkeiten, die Dinge zu betrachten. Diese Erweiterung wird immer in Richtung des Positiven gehen. Sie und Ihre Motivation werden nicht darunter leiden, dass Sie zu viel Schönes und Begeisterndes in der Welt sehen – es sei denn, Sie sind ein professioneller »Positiver Denker«…

»Erweitern« heißt, Sie vergrößern die Bandbreite Ihrer Sprache. Es gibt weiterhin Schlechtes, Unangenehmes und Abstoßendes. Doch negative Begriffe sind jetzt für das wirklich Schlimme reserviert.

DEF

»Den Wortschatz erweitern«

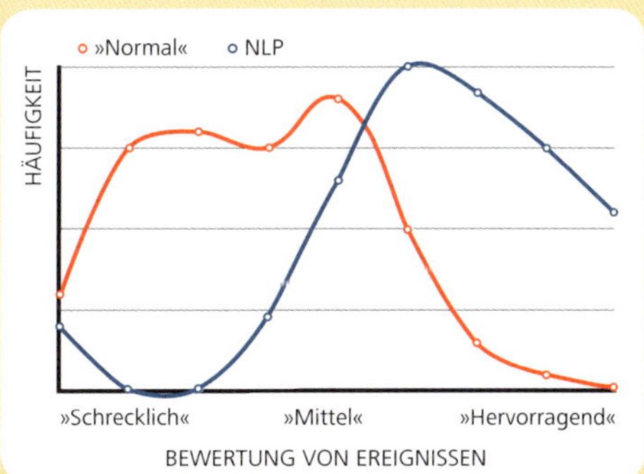

Selbstvertrauen gewinnen

Erfolg, wie auch immer man ihn für sich definiert, braucht Selbstvertrauen.

Wünschen Sie sich auch manchmal, etwas mehr Selbstvertrauen zu haben und selbstsicherer zu handeln? Zumindest geht es sehr vielen Menschen so.

Wenn wir mehr Selbstvertrauen gewinnen wollen, ist es eine gute Idee, zu überlegen, was für Menschen mit Selbstvertrauen charakteristisch ist:

- Sie erleben wenig innere Konflikte.
- Sie können sich schnell und klar entscheiden.
- Sie lassen sich durch Kritik nicht leicht aus dem Gleichgewicht bringen.

Das ist natürlich alles wünschenswert. Aber reicht das? Wenn Sie sich die drei Punkte genau ansehen, werden Sie leicht erkennen, dass diese Kriterien auch auf besonders beschränkte Menschen zutreffen. Auch der typische »Rechthaber« erfüllt diese Kriterien. Echtes Selbstvertrauen ist mehr.

Auch ein Kohlkopf hat wenig innere Konflikte. Auch ein völlig kritikloser Mensch zweifelt nicht an sich und seinen Vorstellungen und kann sich schnell entscheiden. Auch Fanatiker, die nicht zum Lernen bereit sind, wird man durch Kritik nicht aus dem Gleichgewicht bringen können.

Das kann es ja wohl nicht sein, was Sie wollen! Es muss also noch etwas hinzukommen, damit aus bloßer Selbstsicherheit (aber auch die fehlt vielen Menschen!) eine positive, wirklich erstrebenswerte **Ressource** – Selbstvertrauen – wird:

- Selbstachtung: Der Respekt vor der eigenen Person mit ihren Stärken, Schwächen und Möglichkeiten.

- Selbstwertgefühl: Das Gefühl, eine Bedeutung zu haben, wertvoll zu sein.

Wenn Selbstachtung und Selbstwertgefühl vorhanden sind, werden sich auch Selbstsicherheit und Selbstvertrauen verwirklichen lassen. Fehlen Selbstachtung und Selbstwertgefühl, wird Selbstvertrauen unmöglich sein. Die nach außen oder innen präsentierte Selbstsicherheit ist dann entweder sehr gering oder scheint aufgesetzt, unecht, arrogant und unsympathisch.
Selbstvertrauen ist wichtig. Wer sich selbst vertrauen kann, ruht in sich, ist zufriedener mit seinem Leben und glücklicher. Und ganz bestimmt fördert Selbstvertrauen den Erfolg – wie auch immer die persönlichen Ziele aussehen mögen und wie auch immer man Erfolg für sich selbst definiert. Wer kein Vertrauen zu sich selbst hat, kann sich seiner Entscheidungen und seines Weges nicht sicher sein. Er wird zögern und sich oft selbst »im Weg stehen«.
Die meisten Menschen, die über einen Mangel an Selbstvertrauen, Selbstachtung, Selbstwertgefühl und Selbstsicherheit klagen, sind davon überzeugt, dass sie sich realistisch betrachten. Das ist doch traurig! Und natürlich irren diese Menschen – sie haben ihr Bild von sich selbst auf ihrer mentalen Landkarte nur sehr klein eingezeichnet! Aber diese mentale Landkarte ist nicht die Realität. Lassen Sie uns zielorientiert vorgehen und untersuchen, welche Denkmuster und Verhaltensweisen zu einem »kleinen« Selbstbild führen.

1. Einschränkende Glaubenssätze **(Limiting Beliefs)**: »Ich bin ein Versager«, »Ich bin eigentlich unwichtig«, »Mir fehlt es an Durchsetzungskraft«, »Die meisten Menschen mögen mich nicht«, »Ich kann mich nicht verkaufen«. Das sind ein paar Beispiele für Sätze, die sich Menschen immer wieder selbst vorsagen und an die sie

glauben. Natürlich behindert sie dieser Glaube. Wer fest daran glaubt, ein Versager zu sein, wird sich kaum an anspruchsvolle Aufgaben heranwagen. Und selbstverständlich fördern solche Glaubenssätze nicht gerade die Selbstachtung und das Selbstwertgefühl. Im NLP gibt es einige Methoden, um an diesen **Limiting Beliefs** zu arbeiten.

NLP

Limiting Beliefs, einschränkende Glaubenssätze: Vorstellungen, die es erschweren, sich auf produktive Art und Weise zu verhalten. Diese Vorstellungen können sich auf die eigene Person, das Funktionieren der Welt oder andere Menschen beziehen. Sie sind meist unbewusst und werden nicht hinterfragt.

2. Unbewältigte innere Konflikte. Mitunter sind Krisen aus früheren Lebensabschnitten nicht wirklich überwunden und schwelen daher unterhalb des Bewusstseins weiter. Das Bewusstsein erkennt diese Konflikte nicht direkt; es erfährt sie in unbestimmten Gefühlen wie Scham, Schuld und Selbstzweifeln. Im Kapitel »Heilung« werden Sie erfahren, wie Sie unbewältigte innere Konflikte auflösen können.

3. Ineffektive Zusammenarbeit von verschiedenen Persönlichkeitsteilen. Es ist gar nicht so selten, dass Menschen nur deshalb wenig Selbstachtung und Selbstsicherheit haben, weil sie ihre bewusst nutzbaren **Ressourcen** nicht sinnvoll koordinieren. Das häufigste Beispiel ist die Aktivität des »inneren Kritikers« bei kreativen Aufgaben: Der »innere Kritiker« ist ein sehr wertvoller Bestandteil der Persönlichkeit, aber seine Aufgabe besteht eben im »Runtermachen«. Doch Sie haben es in der Hand, welche Ihrer Persönlichkeitsteile und welche **Ressourcen** Sie aktivieren. NLP hat Methoden entwickelt, die Ihnen zeigen, wie Sie mit gegensätz-

lichen Persönlichkeitsteilen am sinnvollsten umgehen. Im Kapitel »Wachstum« (ab Seite 144) werden Sie mehr darüber erfahren.

4. Mangel an positiven Erfahrungen. Menschen, die über wenig Selbstachtung, Selbstwertgefühl und Selbstsicherheit verfügen, fehlt es mitunter einfach an Erfahrung und Übung in der Kunst, sich selbst als wertvoll zu betrachten. NLP hilft Ihnen dabei, positive Erfahrungen zu sammeln, einen neuen Blickwinkel zu gewinnen und ein positives Selbstbild aufzubauen.

EXP

Überlegen Sie einmal, wie Sie sich selbst sehen. Sie müssen jetzt keine Rolle spielen und niemandem etwas beweisen. Machen Sie sich ein inneres Bild davon, wie Sie sich sehen und vergleichen Sie es mit dem Bild von Menschen, die Sie bewundern. Sehen Sie ein wenig kritischer hin, wenn Sie übergroß erscheinen – und lassen Sie sich nicht niederdrücken, wenn Sie sich klein vorkommen: Das wird sich ändern.

Der kleine Mann im Ohr

Wir haben nicht zufällig die einschränkenden Glaubenssätze, im NLP-Jargon **Limiting Beliefs**, in der obigen Aufzählung an erster Stelle genannt. Denn tatsächlich sind diese fatalen Glaubenssätze bei fast allen Menschen anzutreffen. Und immer sind sie auch eine Quelle der Unsicherheit und Unzufriedenheit.

Sie werden überrascht sein, wie einfach sich solche einschränkenden Glaubenssätze auflösen lassen!

Die nun folgende, ziemlich unterhaltsame NLP-Technik, die einschränkende Glaubenssätze zumindest kurzfristig auflösen kann, heißt **Auditive Belief Change**, also etwa »Glaubensveränderung über das Gehör«. Dabei wird durch eine gezielte Veränderung der auditiven **Submodalitäten** die Verbindung zwischen dem Glaubenssatz und der negativen Einstellung gelöscht.

Auditive Belief Change (ABC)
Anwendung: Löschen einschränkender Glaubenssätze **(Limiting Beliefs)**
1. Einschränkenden Glaubenssatz formulieren und prüfen: Welche Gefühle löst das laute Sprechen des einschränkenden Glaubenssatzes aus?
2. Einen starken **Ressourcezustand** ankern.
3.Sprechweise des **Limiting Belief** verändern und **Ressource-Anker** abrufen.
4. Prüfen: Welche Gefühle löst das (normale) Sprechen des **Limiting Belief** nun aus?

Probieren Sie es am besten sofort aus. Sie kennen keinen **Limiting Belief**? Dann machen Sie die Übung doch einfach mit dem Glaubenssatz: »Ich kenne keine einschränkenden Glaubenssätze«.

Zuvor aber möchten wir Ihnen nochmals eine wichtige allgemeine Tatsache zum Thema »Veränderungen durch NLP« ins Gedächtnis rufen: NLP-Techniken können manchmal sehr umfassende und intensive Auswirkungen haben. Daher ist es wichtig, dass Sie sich vor einer Veränderungsarbeit klarmachen, was genau Sie erreichen wollen. Dazu dient das **Wellformed Outcome-Modell** (Seite 86f.). Hierbei ist insbesondere der **Eco-Check** wichtig.
Fragen Sie sich also vor jeder Veränderungsarbeit mit NLP: »Wann will ich diese Veränderung? Immer? In welchen Situationen will ich das alte Verhalten, Denken, Fühlen beibehalten?«
Ein Beispiel: Jemand erkennt, dass er sich durch seinen Glaubenssatz: »Man kann niemandem trauen!« in vielerlei Hinsicht,

vor allem in seinen sozialen Beziehungen, einschränkt und oft unangemessene Gefühle und Reaktionen zeigt. Offensichtlich ist es sehr sinnvoll, an diesem Glaubenssatz zu arbeiten – doch es ist wichtig, sich dabei im Klaren zu sein, dass Misstrauen in gewissen Situation möglicherweise auch eine wichtige Schutzfunktion hat! Wenn Ihnen in einer dunklen Gasse jemand mit einem Messer in der einen und einer Schnapsflasche in der anderen Hand entgegentorkelt, ist Misstrauen durchaus angebracht.
Der **Auditive Belief Change** ist in dieser Hinsicht völlig unbedenklich. Sie werden mit dieser Technik Ihren **Limiting Belief** nicht in sein Gegenteil verwandeln, sondern lediglich die Verallgemeinerung einer Überzeugung aufheben.

Aber jetzt geht's wirklich los:

1. Nehmen Sie sich einen Ihrer persönlichen **Limiting Beliefs** vor und prüfen Sie, wie sich dieser Satz auf Ihre Gefühle auswirkt.

Wenn Sie einen solchen Satz identifiziert haben, geben Sie ihm eine charakteristische Formulierung. Meist wird das die Formulierung sein, die Sie sich selbst immer wieder sagen hören. Möglicherweise handelt es sich auch um einen Satz, den Sie immer wieder von Eltern, Lehrern oder Ihrem Partner gehört haben. Suchen Sie nach derjenigen Formulierung, die die deutlichsten negativen Gefühle in Ihnen auslöst. Beobachten Sie Ihre Gefühlsreaktionen: Welche Gefühlszustände löst das Sprechen des Satzes aus?

2. Machen Sie einen starken Ressource-Zustand ausfindig und ankern Sie ihn.

Am besten verwenden Sie dazu Ihren PKA (**Persönlichen Kraftanker**, Seite 70). Falls Ihnen der jetzt nicht mehr gegenwärtig ist: Suchen Sie nach einer Situation in Ihrem Leben, in der Sie sich wirklich gut gefühlt haben. Stellen Sie sich diese Situation so intensiv vor, wie Sie können. Achten Sie darauf, dass Sie die Situation assoziiert erleben. Sie selbst stehen im Zentrum der Situation und sind nicht nur Beobachter. Wenn Sie spüren, dass die positiven Gefühle in Ihnen aufsteigen, **ankern** Sie diesen **Ressourcezustand**. Am besten ist es, wenn Sie gleichzeitig auditiv und kinästhetisch ankern, d. h. eine charakteristische Bewegung machen und einen passenden Laut von sich geben. Beispielsweise ballen Sie die Faust, strecken sie hoch und rufen »Ja!«. Wiederholen Sie diesen Vorgang ein paarmal, bis der Anker »sitzt«.

3. Verändern Sie die Sprechweise Ihres Einschränkenden Glaubenssatzes.

Dabei gehen Sie in fünf Schritten vor. Bei jedem Schritt sprechen Sie den Glaubenssatz in einem bestimmten Tempo und einer bestimmten Tonlage, wiederholen ihn fünfmal und rufen dann Ihren **Ressource-Anker** ab. Dann gehen Sie weiter zum nächsten Schritt.

- Normales Tempo / Tonlage – dann **Ressource-Anker** abrufen
- Schnelles Tempo / tiefere Tonlage – dann **Ressource-Anker** abrufen
- Langsames Tempo / höhere Tonlage – dann **Ressource-Anker** abrufen
- Sehr langsames Tempo / sehr tiefe Tonlage – **Ressource-Anker** abrufen
- Sehr schnelles Tempo / Mickymaus-Stimme – **Ressource-Anker** abrufen

4. Prüfen Sie die Veränderung.

Sprechen Sie den Satz nun noch einmal ganz normal aus, so wie Sie es zu Beginn der Übung gemacht haben. Welche Gefühle löst das (normale) Sprechen des **Limiting Belief** nun aus? Wahrscheinlich kommt Ihnen der Satz nun ziemlich unsinnig vor, und Sie können keine Beziehung zwischen dem Satz und sich selbst herstellen – der Satz ist jetzt für Sie kein Glaubenssatz mehr und hat seine Macht über Sie verloren.

Wie funktioniert dieses »ABC« (Auditive Belief Change)?

Bei dieser Übung verändern Sie die **Submodalitäten** eines negativen Gefühlszustands – beim ABC sind es offensichtlich auditive **Submodalitäten**. Dabei wird die festgeschmiedete Verbindung zwischen dem auditiven Auslöser (dem **Limiting Belief**) und einem negativen Gefühl, das wiederum mit dem Selbstbild in Zusammenhang steht, aufgelöst.

Das Entscheidende beim ABC ist, dass nur die automatisch ablaufende Verbindung aufgelöst wurde, keineswegs aber die Möglichkeit des Gedankengangs. Es wird nichts unterdrückt – es kommen Möglichkeiten hinzu!

Der ABC ist unseres Erachtens eine sehr wichtige Übung. Nicht nur, weil die Technik so einfach ist und ein Erfolg schnell erfahren werden kann, sondern vor allem deshalb, weil auditive **Anker** (die als einschränkende Glaubenssätze auftreten) so häufig vorkommen. Bereits in unserer Kindheit bauen Eltern und Lehrer auditive **Anker** auf. Im Lauf der Zeit werden die **Anker** so stark, dass der Versuch, einen Glaubenssatz rational und kritisch zu hinterfragen, sofort scheitert. Typische Beispiele sind Vorurteile, abergläubische Vorstellungen, rigide Moralvorschriften usw.

Um keine Missverständnisse aufkommen zu lassen: Selbstverständlich kann ein Vorurteil auch einmal gerechtfertigt sein, ein Aberglaube einen wahren Kern haben oder eine strenge Moral höheren Zielen dienen – der **Auditive Belief Change** unterdrückt nicht etwa das Nachdenken darüber, sondern ermöglicht es erst!

Erfolg modellieren

»Wenn Sie so erfolgreich sein wollen, wie ein wirklich erfolgreicher Mensch, müssen Sie nur tun, was er tut.« Wie hört sich das für Sie an? Leuchtet Ihnen das ein, oder halten Sie den Satz für völligen Quatsch?

Warum ist jemand erfolgreich? Weil er die Dinge so tut, wie er es eben tut! Als geübter Kritiker wird man vielleicht einwenden, dass das äußere Handeln nur ein kleiner Teil des Menschen ist und wir ja überhaupt nicht wissen, was in dem betreffenden erfolgreichen Menschen vor sich geht. Stimmt, völlig richtig. Nur: Das weiß niemand und kann niemand wissen – niemand kann allein aufgrund seines Innenlebens bewundert, geschätzt oder als erfolgreich angesehen werden.In gewisser Weise zählt das Innere in dieser Hinsicht überhaupt nicht! Machen Sie eine kleine Pause, atmen Sie tief durch und versuchen Sie, diese Gedanken nachzuvollziehen.

Denken Sie ein wenig darüber nach: Könnten Sie beispielsweise von jemandem, der immer sehr ängstlich handelt, annehmen, er sei das nur äußerlich, aber »eigentlich« sei er sehr mutig? Oder jemand, der immer grausam und lieblos handelt, sei »in Wirklichkeit« ein sehr liebevoller Mensch? Das klappt nicht! Sie müssten irgendeinen Anhaltspunkt dafür haben – und den können Sie nicht in seinem Inneren finden, weil Sie dort niemals hinkommen.

Sich ein Modell zum Vorbild zu nehmen und sein Handeln nachzuahmen, ist die Grundlage des Lernens: Kleine Kinder lernen dadurch, dass sie versuchen, ihre Eltern zu imitieren. Später suchen sie sich andere Modelle. Noch später folgen sie auch Modellen, die sie sich selbst schaffen: Auch das zukünftige ideale Ich kann zum Modell werden.

Erfolg zu modellieren, ist also eine ganz vernünftige Sache!

Nun wissen Sie eventuell gar nicht, was genau denn am Verhalten eines Menschen, den Sie als erfolgreich bewerten, den Erfolg ausmacht. Es gibt ja so viele Verhaltensweisen! Ist es seine Art und Weise zu sprechen, seine körperliche Haltung, seine Art sich zu kleiden …? Vielleicht ja, vielleicht nein. Raten hilft hier nicht weiter. Sie müssen es ausprobieren – und dabei im Auge behalten, dass Sie vorerst gar nicht wissen, was das Erfolgreiche an diesem Menschen ausmacht.

Modelling – Erfolgreiches Verhalten modellieren

Anwendung: Verhaltensstrategien erfolgreicher Vorbilder nachahmen.

1. Klären Sie Ihr Ziel (Wellformed Outcome) und suchen Sie sich ein Modell, das Ihr Ziel bereits verwirklicht hat.
2. Sammeln Sie Informationen. Lesen Sie die Biografie Ihres Modells (wenn es sich um eine berühmte Persönlichkeit handelt), beobachten Sie sein Verhalten, seine Sprechweise, seine Bewegungen, seine Kleidung.
3. Ahmen Sie Ihr Modell nach. Man könnte es zunächst sogar »nachäffen« nennen – sprechen Sie wie diese Person, bewegen Sie sich wie sie, geben Sie sich wie sie. Tun sie so, als wären Sie Ihr Modell. Sie können diese ersten Schritte zunächst natürlich auch nur in Ihrer Vorstellung tun.
4. Achten Sie auf Ihre Gefühle. Sie werden feststellen, dass sich mit dem äußerlich übernommenen Verhalten auch Ihre Gefühle verändern. Sie werden spüren, dass Sie sich nun schon eher auf Ihr Ziel zubewegen.
5. Filtern Sie die unwichtigen Bestandteile des Verhaltens. Lassen Sie nach und nach Teile des nachgeahmten Verhaltens weg und überprüfen Sie, ob diese Teile unwichtig für Ihre Ziele sind. Was schließlich übrig bleibt, ist der Teil des Verhaltens, der zum Erfolg beiträgt.

TEC

Das Modelling ist nicht so simpel, wie es auf den ersten Blick erscheint. Aber es ist eine sehr kraftvolle Technik – probieren Sie es doch einmal aus!

NLP hat einen großen Teil seiner Entstehung dem Modelling zu verdanken: Richard Bandler, einer der Begründer des NLP, begann seine Arbeit damit, den enorm erfolgreichen Therapeuten Milton Erickson zu modellieren und zwar ganz extrem: Er begann mit dessen Akzent zu sprechen und dicke Zigarren zu rauchen. Diese Teile des Verhalten legte er später natürlich wieder ab – und nur das erfolgreiche therapeutische Verhalten blieb übrig.

Kreativität modellieren – die Walt-Disney-Technik

Wie schmieden Sie eigentlich Ihre Pläne? Wenn Sie dabei vorgehen wie die meisten Menschen, sieht das etwa so aus:

1. Sie überlegen, wie das Ziel erreicht werden könnte.
2. Einige Möglichkeiten verwerfen Sie sofort, weil sie unrealistisch sind.
3. Andere Möglichkeiten sind zu kompliziert und müssen deshalb ebenfalls verworfen werden.
4. Allmählich kristallisiert sich ein Plan heraus – oder das Ziel wird aufgegeben, weil es unerreichbar scheint.

Ist an dieser Vorgehensweise irgendetwas verkehrt? Nun, es gibt da tatsächlich ein Problem: Es besteht darin, dass zu viele Wege schnell ausscheiden, weil sie unrealistisch, irrelevant oder problematisch erscheinen.

Sehen Sie sich einmal das unten stehende Labyrinth an.

Decken Sie die obere Hälfte des Labyrinths mit einer Hand ab und verschieben Sie Ihre Hand erst, wenn Sie sich dem oberen Teil nähern. Erkennen Sie, dass es zunächst unmöglich ist, zu sehen, ob ein Weg vielversprechend ist oder nicht? So ist es auch mit Wegen zu Ihren Zielen.

Das Labyrinth

EXP

Bei einem Labyrinth auf einem Papier können Sie sich ja noch einen Überblick verschaffen – doch wenn Sie in einem richtigen Labyrinth stecken, brauchen Sie eine Strategie. Ein »vielversprechender Weg« sagt gar nichts darüber aus, ob er zum Erfolg führt. Sehen wir einmal, welche klar unterscheidbaren Fähigkeiten wir beim Planen einsetzen. Vor allem sind das:

Fantasie: Erst einmal müssen Sie Ideen haben, wie Sie vorgehen könnten. Die können auch völlig abwegig sein. Aber erst einmal müssen Sie Ideen produzieren.

Verwirklichung: Sie müssen dann überprüfen, wie Sie Ihre Ideen in die Realität umsetzen könnten. Dabei geht es nicht darum, die Ideen kritisch zu bewerten. Es geht nur um das »Wie«.

Fehlersuche: Sobald eine Idee gefunden ist und dazu eine Möglichkeit, diese Idee zu verwirklichen, kommt die kritische Überprüfung zum Zug. Ist es – für Sie – machbar? Was fehlt noch? Lohnt sich die Mühe?

Träumer, Realist und Kritiker

Wir können diese drei Teile personifizieren: Der erste Teil, der die Ideen entwickelt, ist der Träumer in uns. Der logische Teil, der überlegt, wie eine Idee realisiert werden könnte, ist der Realist.

Und der Fehlersucher in uns ist der Kritiker. Am Pläneschmieden sind alle drei beteiligt. Doch bei den meisten Menschen stehen sich die drei im Weg. Der Träumer in uns entwickelt eine Idee, sofort meldet sich der Realist zu Wort und ruft: »Halt! Mal sehen, wie man das machen könnte!« Und kaum hat der Realist den ersten Ansatz entwickelt, wie sich die Idee verwirklichen ließe, kommt der Kritiker daher und behauptet: »Quatsch. Das geht doch nicht!« Der Träumer ist inzwischen eingeschlafen oder beleidigt.

So gesehen ist es kein Wunder, dass realistische Pläne nicht immer besonders gute Pläne sind. Unrealistische Pläne natürlich auch nicht!

Es sieht so aus, als steckten wir fest: Planen wir kritisch und realistisch, reifen Pläne nur sehr langsam, und viele Wege bleiben unerforscht; wenn wir uns Pläne nur »erträumen«, besteht die Gefahr, dass wir unsere Energie in eine Käsemine auf dem Mond oder ähnlich sinnvolle Projekte investieren.

Der Weg aus diesem Dilemma ist eigentlich ganz einfach: Wir setzen unsere drei Fähigkeiten nicht gleichzeitig ein, sondern nacheinander! Tatsächlich ist genau das die Strategie, die viele sehr erfolgreiche und kreative Menschen bewusst oder unbewusst fahren.

Im NLP wird diese Strategie explizit angewendet. Die von Dilts und Epstein entwickelte NLP-Technik modelliert die Erfolgsstrategie eines extrem erfolgreichen und kreativen Menschen: Walt Disney.

TEC

Die Walt-Disney-Technik

Anwendung: Realistische Pläne zur Verwirklichung von Visionen entwerfen

1. Den »Träumer« aktivieren: Ideen entwickeln, ohne Umsetzungsmöglichkeiten zu bedenken oder zu kritisieren.

2. Den »Realisten« aktivieren: Überlegen, wie man die zuvor produzierten Ideen in Pläne umsetzen kann – und seien sie auch noch so fantastisch.
3. Den »Kritiker« aktivieren: Nach Schwachstellen, fehlenden Ressourcen und möglichen Schwierigkeiten bei der Umsetzung suchen und abwägen, ob Aufwand und Ergebnis in einem akzeptablen Verhältnis zueinander stehen.
4. Die Ergebnisse der Prüfung des Kritikers dem Träumer als neue Vorgaben setzen. Wiederholen, bis keine Kritik mehr laut wird.

Die drei Bewusstseinszustände identifizieren

Zunächst einmal sollten Sie die drei Bewusstseinszustände klar erkennen und voneinander unterscheiden können.

»Träumer«: Der Teil von Ihnen, der kreativ und fantasievoll ist, der nicht logisch sein muss, der viel in Bildern denkt, der kindlich-verspielt und sorglos ist. Der Teil, der Ihre Ideale und innersten Wünsche vertritt.

»Realist«: Der Teil von Ihnen, der ruhig und besonnen überlegt, wie die Dinge funktionieren, der über Wissen verfügt, der die sinnvolle Reihenfolge einer Handlung überwacht.

»Kritiker«: Der Teil von Ihnen, der scharfsinnig ist und Schwachpunkte an Menschen und Situationen erkennt, der sehr flexibel, mal sehr konservativ, dann wieder sehr unkonventionell ist – und auch gerne etwas spöttisch.

EXP

Machen Sie sich die Eigenschaften dieser drei »inneren Experten« bewusst. Denken Sie darüber nach, wann in Ihrem Leben Sie mehr Träumer, Realist oder Kritiker waren. Führen Sie sich deutlich vor Augen, dass keiner der drei »besser« ist als der andere; alle drei haben positive Qualitäten. Und da alle drei Teile Sie selbst sind, verfügen Sie selbst über diese positiven Qualitäten!

Die drei Bewusstseinszustände ankern

Mit der Methode des Ankerns (vgl. ab Seite 66) können Sie schneller von einem Bewusstseinszustand in den anderen wechseln – und die drei Zustände klarer voneinander unterscheiden. Damit aktivieren Sie jeweils ein bestimmtes Bündel Ihrer Fähigkeiten.

Es gibt eine ganz hervorragende Art von **Anker**, die ganz natürlich und beiläufig ist. Sie selbst haben die Wirkung dieser Art von **Anker** schon oft (wenn auch nicht bewusst) erlebt: Es ist der sogenannte Raum-Anker.

Nicht nur eine Bewegung oder Haltung kann ein **Anker** sein, sondern auch eine Räumlichkeit. Räume, in denen Sie immer wieder ähnliche Situationen erleben, werden zu einem **Anker** für diese Situationen. Wenn Sie in eine Turnhalle gehen, werden Sie sich automatisch anders verhalten als in einem Theater – selbst dann, wenn in der Turnhalle ein Theaterstück aufgeführt wird!

Diese Art von natürlichem **Anker** ist ideal für die Walt-Disney-Technik. Walt Disney hatte sich ganz bewusst ein Zimmer nur zum Träumen, eines für realistische Überlegungen und eines für kritische Betrachtungen eingerichtet. Vielleicht ist Ihnen das auch möglich; im Schlafzimmer oder in der Badewanne ankern Sie den Träumer, im Arbeitszimmer den Realisten und im Garten den Kritiker. Auch Teile von Räumen sind möglich: beispielsweise Couch (Träumer), Schreibtisch (Realist), Fernsehsessel (Kritiker).

Das **Ankern** geschieht im Fall eines Raum-Ankers ganz nebenbei – wenn Sie sich den betreffenden Raum für eine Tätigkeit reservieren: Wenn Sie also Ihr Arbeitszimmer als Raum-Anker für den »Realisten« einsetzen, sollten Sie dort nicht Träume entwickeln oder Ideen kritisieren. Je klarer Sie Ihre Tätigkeiten voneinander trennen, desto stärker werden die **Anker** im Lauf der Zeit; d.h. Sie werden feststellen, dass Ihnen die mit einem bestimmten Raum verankerte Tätigkeit dort immer leichter fällt.

Weil Raum-Anker bestimmte Gefühle ankern, ist es nicht gut, wenn Sie im Bett lesen oder vor dem Fernseher essen. Das führt nämlich dazu, dass Sie bestimmte Gewohnheiten an diesen Orten automatisch vollziehen. Das können Sie bewusst positiv nutzen, beispielsweise bei der **Walt-Disney-Technik**. Es kann sich aber auch negativ auswirken, beispielsweise wenn Sie schlecht einschlafen können, weil das Bett mit der Tätigkeit »Lesen« verbunden ist – oder Sie beim Lesen sofort einschlafen. Auch sehr häufig: Wenn Sie sich angewöhnt haben, beim Fernsehen zu essen, können Sie vielleicht ohne eine Packung Chips neben sich gar keinen Film mehr genießen – und andererseits werden Sie Ihr Essen gar nicht mehr genießen können, weil Sie es ganz unbewusst in sich hineinstopfen. Raum-Anker sollten Sie also möglichst bewusst einsetzen!

PRA

1. Der Träumer: Ideen, Ziele, Visionen entwickeln

Lassen Sie zunächst ausschließlich den »Träumer« in sich zu Wort kommen. Setzen Sie Ihrer Fantasie keinerlei Grenzen. Es geht nur um das Entwickeln von Zielen, Ideen, Visionen, Möglichkeiten – »realistisch« und »unrealistisch« sind hier völlig irrelevante Begriffe. Keine Idee ist zu abwegig, kein Ziel zu hoch gesteckt, keine Vision zu verrückt. Sammeln Sie Ihre Einfälle, ohne sie zu bewerten.

2. Der Realist: Träumer-Vorgaben in Pläne umsetzen

Betrachten Sie jetzt die Ideen, die Sie als »Träumer« entwickelt haben und überlegen Sie, wie die Idee, die Vision oder das Ziel verwirklicht werden könnte. Achten Sie unbedingt darauf, den Realisten und den Kritiker in sich nicht durcheinanderzubringen. Hier entwickeln Sie Pläne zum Umsetzen von Ideen – ganz egal, wie verrückt, schwierig oder fantastisch diese sein mögen. Stellen Sie sich vor, ein exzentrischer Auftraggeber hätte Ihnen diese Aufgabe gestellt und würde Sie dafür bezahlen. Sie entwickeln Pläne, die prinzipiell die Idee, die Vision oder das Ziel verwirklichen könnten.

3. Der Kritiker: Schwachstellen an den Plänen ausfindig machen

Jetzt lassen Sie den Kritiker in sich sprechen. Was an den entwickelten Plänen ist problematisch? Weshalb können Sie den Plan nicht einsetzen, um Ihr Ziel, Ihren Traum, Ihre Vision zu verwirklichen? Gehen Sie möglichen Problemen in Ihren Plänen auf den Grund.

4. Ergebnisse der Kritik als neue Vorgaben setzen

Der Kritiker hat die Schwierigkeiten in den Plänen aufgezeigt. Formulieren Sie die Schwierigkeiten als zu lösende Aufgaben und geben Sie sie an den Träumer zurück. Lassen Sie den Träumer Ideen entwickeln, wie Sie die Schwierigkeiten überwinden, vermeiden, umgehen werden könnten.

Schema der Walt-Disney-Technik

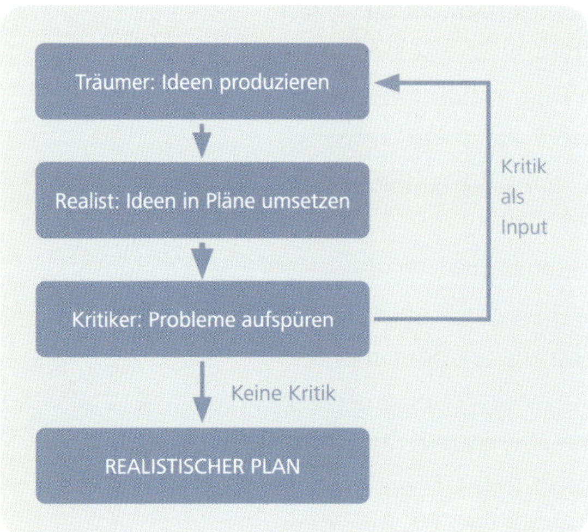

Das Wechselspiel zwischen Träumer, Realist und Kritiker führen Sie so lange durch, bis ein Plan auftaucht, an dem der Kritiker idealerweise gar nichts, zumindest aber nichts Substantielles, mehr aussetzen kann. Jede »Runde« der Walt-Disney-Technik bringt Sie einem realistischen, erfolgversprechenden und flexiblen Plan näher – einem Plan, der wirklich funktioniert!

Walt Disney und viele andere kreative und erfolgreiche Menschen haben diese Methoden angewandt. Was kann Sie davon abhalten, es ihnen gleichzutun?

Kumaré – Wie man ein Guru wird

Der indischstämmige amerikanische Dokumentarfilmer Vikram Ghandi unternahm ein Experiment, das ganz anders verlief, als er ursprünglich gedacht hatte. Wir wollen Ihnen kurz von diesem Experiment berichten, da es zeigt, was Modelling bewirken kann. Vikram Ghandi stellte bei einer Dokumentation über indische Gurus fest, dass diese »heiligen Männer« eigentlich ganz normale Menschen waren. Wie kam es, dass sie ergebene Anhänger hatten, die sie wie Heilige verehrten? Er beschloss, ein satirisches Experiment durchzuführen: Er zog sich eine Robe an, ließ sich den Bart stehen, übte ein strahlendes Lächeln ein, sprach mit indischem Akzent – und begann damit, als weiser Guru »Sri Kumaré« aufzutreten. Er staunte darüber, wie schnell er Anhänger fand. Zunächst war alles ein großer Spaß. Doch allmählich wurde es ihm unheimlich. Seine Schüler vertrauten ihm. Also begann er damit, sie etwas zu lehren, woran er tatsächlich glaubte: dass die Menschen keine Gurus brauchen. Er erfand eine Lehre, die er »Der Spiegel« nannte: Er, der Guru, sei nur ein Spiegel, worin die Menschen ihren eigenen inneren Guru sähen. Schließlich war die Zeit gekommen, das Experiment zu beenden und seine wahre Identität zu offenbaren. Und da begriff Vikram Gandhi, warum »echte« Gurus sich nicht als »normale Menschen« offenbaren: Sie sehen, dass die positiven Veränderungen, die ihre Schüler in ihrem Leben vorgenommen haben, ganz real sind. Und die Schüler sind überzeugt davon, sie hätten all das ihrem Guru zu verdanken. Soll er ihnen das nehmen?

Sicher kann man Vikram Ghandis Experiment kritisieren. Und doch: Er half seinen Anhängern tatsächlich. Menschen veränderten ihr Leben tatsächlich auf positive Art und Weise. Aber worauf es uns hier ankommt: Vikram wurde tatsächlich zu einem Guru – allein dadurch, dass er einen modellierte!

Erfolg einüben – nicht gut, sondern exzellent

Sie erinnern sich bestimmt noch daran, wie wir bei der **Walt-Disney-Technik** über **Raum-Anker** gesprochen haben. Orte, an denen wir regelmäßig das Gleiche tun, werden zu **Ankern**. Das gilt auch für Orte, an denen wir regelmäßig Unangenehmes erleben: Unser Unterbewusstsein verbindet diese Orte allmählich mit unangenehmen Gefühlen, die uns behindern.
Viele Kinder (und Lehrer) kennen das aus der Schule, zahlreiche andere Menschen von ihrem Arbeitsplatz. Und die meisten Schauspieler kennen das von der Bühne. Lampenfieber begleitet Schauspieler, Sänger oder Kursleiter ihr Leben lang. Eine Rede halten zu müssen, ist für die allermeisten Menschen erst einmal sehr stressig. Hätten Sie gedacht, dass die Angst vor dem Reden in der Öffentlichkeit die in den USA am weitesten verbreitete Angst ist? In Deutschland stehen sicher andere Ängste stärker im Vordergrund. Doch auch hier fänden die meisten Menschen es eher gruselig, eine Rede in der Öffentlichkeit halten zu müssen. Wenn einen Ängste, Nervosität oder Schamgefühle beherrschen, wird es schwer, seine Sache gut zu machen. Jeder Mensch kennt aber auch Situationen, in denen er sich hervorragend fühlte, geistig wie körperlich. Wenn Sie das Gefühl, das Sie in diesen Situationen empfunden haben, jederzeit abrufen könnten, könnten Sie noch erfolgreicher sein. Öffentlich eine Rede halten zu müssen, ist aber nur ein Beispiel. Alles, was Sie vorhaben, können Sie erfolgreicher tun, wenn Sie sich im **State of Excellence** befinden.

State of Excellence: Ein besonderer körperlich-geistiger Zustand, in dem sich Menschen besonders wohlfühlen und auf dem Gipfel ihrer Leistungsfähigkeit befinden. Immer wenn Sie Bestleistungen zeigten und sich dabei eins mit sich selbst fühlten, waren Sie in diesem Zustand.

NLP

Vielleicht kommen Sie nie in die Lage, irgendwo eine Rede halten zu müssen. Die folgende Übung können Sie auch bei Sportwettkämpfen, bei Präsentationen, auf einer Party, bei einem Vorstellungsgespräch und in vielen anderen Situationen gut gebrauchen.

Der Circle of Excellence

Ob Sie nun eine Bühne, ein Klassenzimmer, einen Besprechungsraum oder eine Sportarena betreten: Immer kommen Sie aus einem relativ neutralen Zustand in einen bisher stressigen Zustand. Mit der folgenden Übung werden wir das verändern. Warum sollten Sie sich nicht großartig fühlen?

Circle of Excellence

Anwendung: Bestleistung und Wohlgefühl abrufbar machen

1. Überlegen Sie sich eine Situation, die Sie verändern wollen.
2. Stellen Sie sich einen großen Kreis in der Mitte des Raums vor.
3. Bleiben Sie außerhalb des Kreises stehen und suchen Sie nach einer positiven Erfahrung.
4. Treten Sie mit dem guten Gefühl in den Kreis. Erleben Sie es assoziiert, bleiben Sie kurz im Kreis und treten Sie dann wieder heraus.
5. Wiederholen Sie Schritt 3 und 4 mit unterschiedlichen positiven Erfahrungen.
6. Denken Sie nun an die Situation von Schritt 1 und treten Sie in den Kreis.

TEC

Und nun etwas ausführlicher:

1. Überlegen Sie sich eine Situation, die Sie verändern wollen.

Je konkreter, desto besser. Da Sie etwas verändern wollen, werden die Gefühle, die Sie mit dieser Situation verbinden, ja noch nicht besonders positiv sein. Vielleicht ist es eine Situation, in der Sie Angst, Aufregung, Nervosität oder Schwäche spüren. Oder eine Situation, in der Sie sich einfach klein fühlen. Scheuen Sie nicht davor zurück, sich diese Gefühle klar bewusst zu machen – wir werden sie ja verändern.

2. Stellen Sie sich einen Kreis in der Mitte des Raums vor.

Dieser Kreis ist ein **Raum-Anker** – sozusagen ein »portabler Raum-Anker«. Denn Sie ankern natürlich nicht Ihr Wohnzimmer. Der Kreis ist überall, wo Sie ihn sich vorstellen.
Wenn es Ihnen sehr schwerfällt, sich den Kreis vorzustellen, können Sie ihn zunächst einmal mit einem Bindfaden oder Ähnlichem auslegen.

3. Bleiben Sie außerhalb des Kreises stehen und suchen Sie nach einer positiven Erfahrung.

Der Kreis ist vor Ihnen. Sie stehen außerhalb. Das ist erst einmal neutral und nicht mit besonderen Gefühlen verbunden.
Nun suchen Sie nach einer positiven **Referenzerfahrung**. Überlegen Sie, wo in der Vergangenheit Sie sich einmal ganz sicher und kraftvoll gefühlt haben. Stellen Sie sich diese **Referenzerfahrung** mit allen Sinnen vor (VAKOG) und erleben Sie sie assoziiert. Spüren Sie die angenehmen Gefühle, die Sie in dieser Situation bewegen.

4. Treten Sie mit dem guten Gefühl in den Kreis. Erleben Sie es assoziiert.

Wenn Sie die **Referenzerfahrung** mit all ihren guten Gefühlen deutlich spüren, treten Sie in den Kreis.
Bleiben Sie kurz darin, erleben Sie Ihre guten Gefühle assoziiert und treten Sie dann wieder aus dem Kreis.

5. Wiederholen Sie Schritt 3 und 4 mit unterschiedlichen positiven Erfahrungen.

Jedes neue Verhalten, alle neuen Gefühle brauchen etwas Übung. Suchen Sie also noch ein paarmal nach unterschiedlichen positiven **Referenzerfahrungen**, erleben Sie sie assoziiert, sodass Sie die guten Gefühle deutlich spüren und betreten Sie wieder den Kreis. So wird der Kreis immer fester mit dem State of Excellence verbunden.
Wenn Sie nun aus der neutralen Position in den Kreis treten, steigen – wenn Sie es ausreichend geübt haben – automatisch angenehme Gefühle in Ihnen auf, und Sie spüren, dass Sie voller Kraft sind.

6. Denken Sie nun an die Situation von Schritt 1 und treten Sie in den Kreis.

Der letzte Schritt ist ein Future Pace – Sie überprüfen nun, soweit das eben geht, wie Sie zukünftig reagieren werden in Situationen, die bisher angstbeladen oder auf andere Weise unangenehm waren.
Stellen Sie sich also vor, Sie stünden kurz davor, auf die Bühne, ans Rednerpult, in die Sportarena zu treten. Vielleicht fühlen Sie sich nun etwas nervös. Und jetzt treten Sie in den Kreis (auf die Bühne, ans Pult, in die Arena) – und fühlen sich großartig!

Rückschläge: Dem Bild einen anderen Rahmen geben

Manchmal läuft es einfach nicht so, wie man möchte. Vielleicht haben Sie sich gut vorbereitet und sich ausgiebig mit Übungen wie dem Circle of Excellence befasst – und trotzdem geht etwas daneben. Alte Gewohnheiten sind stark. Und im Leben ist ja ohnehin kaum etwas vorhersehbar. Aber auch, wenn einmal etwas schiefgelaufen ist, kann man noch etwas tun.
Der Literaturnobelpreisträger André Gide sagte einmal: »Das Alter hat auch gesundheitliche Vorteile. Zum Beispiel verschüttet man ziemlich viel von dem Alkohol, den man gern trinken möchte.« Das ist nicht nur witzig, sondern illustriert sehr gut ein Prinzip, das im NLP oft angewandt wird: Reframing – frei übersetzt »dem Bild einen neuen Rahmen geben«.

NLP

Reframing: Etwas, das man als negativ bewertet oder empfindet, in einen neuen Kontext setzen, in dem es positiv, angenehm oder neutral erscheint. Die Umdeutung der Erfahrung oder Vorstellung erweitert Ihre mentale Welt-Karte.
Das bedeutet nicht, dass die negative Bewertung oder Sichtweise »falsch« wäre.
Jemand der innerhalb eines Hauses ist, sieht es anders als jemand, der davorsteht oder der darüber hinwegfliegt. Keine Sichtweise ist »falsch«. Doch es gibt eine, die in einer gegebenen Situation am hilfreichsten ist. Das kann von Situation zu Situation wechseln. Eine einzige Sichtweise kann nie die immer hilfreichste sein! So ist es nicht nur bei Objekten, sondern ebenso bei Einstellungen, Vorstellungen und Bewertungen.

Reframing bedeutet also, etwas einen neuen Rahmen zu geben. Beispielsweise dann, wenn etwas nicht so gut gelaufen ist. Es funktioniert aber auch als Vorbereitung auf möglicherweise schwierige Situationen. Wir wollen Ihnen das einmal am Beispiel »Lampenfieber« zeigen. Viele Menschen kennen Lampenfieber, wenn sie irgendwie im Mittelpunkt stehen. Der »Rahmen«, worin diese Tätigkeit steht, ist nicht schön: Er weist auf die Möglichkeit hin, dass man rot werden, ausgelacht oder kritisiert werden könnte. Das ist erst einmal nicht so angnehm.

Aber dieser Rahmen ist ja nicht die Situation selbst. Sie bestimmen den Rahmen! Nehmen wir noch einmal das Beispiel »eine Rede halten«.

Manche Menschen haben davor regelrechte Horrorvisionen, was alles geschehen könnte. Oder es ist tatsächlich etwas anders gelaufen, als sie es sich vorgestellt hatten. Dass das schlimm sein soll, ist Bestandteil des alten Rahmens. Der »neue Rahmen« lässt das Bild der gehaltenen Rede in einem ganz anderen Licht erscheinen:

- Ich muss eine Rede halten? – Ich freue mich wie ein Schneekönig, dass ich eine Rede halten kann; da kann ich auch gleich meine neuen NLP-Kenntnisse anwenden!
- Ich könnte rot werden? – Hoffentlich werde ich ein wenig rot; das wirkt sympathisch und nimmt die Zuhörer für mich ein!
- Die Zuhörer könnten mich auslachen? – Wenn die Leute lachen, habe ich schon gewonnen! Lachen erzeugt immer eine gute Atmosphäre, und dann kann ich noch lockerer und freier sprechen!
- Man könnte mich kritisieren? – Hoffentlich stimmen mir nicht alle Zuhörer zu! Das wäre ja furchtbar öde, und ich selber hätte gar nichts von meinem Vortrag!

Erscheint Ihnen das zu einfach? Es soll einfach sein – denn oft ist das Einfachste das Beste! Und natürlich funktioniert Reframing auch im Nachhinein. Sie sind rot geworden? Das macht nichts, denn es zeigt, dass Sie ein Mensch mit Gefühlen sind – genau wie Ihre Zuhörer. Sie wurden kritisiert? Das ist normal, wenn man sich in den Mittelpunkt wagt. Statt sich verletzt zu fühlen, können Sie aus den kritischen Beiträgen etwas lernen und Ihren Horizont erweitern.

Wie auch immer Sie Reframing einsetzen – im Grund geht es dabei immer um die Kunst, aus einer Zitrone eine Limonade zu machen.

Auf den Rahmen kommt es an

Zusammenfassung des Kapitels

In diesem Kapitel haben Sie erfahren, was Sie mit NLP für Erfolg tun können:

- Sie haben gesehen, wie Sie Ihre Motivation verstärken können.
- Sie wissen, wie Sie einschränkende Glaubenssätze, **Limiting Beliefs**, erkennen können.
- Sie kennen mit dem **Auditive Belief Chance (ABC)** eine Methode, solche Glaubenssätze zu verändern.
- Sie haben erfahren, wie Sie mit **Modelling** erfolgreichen Menschen nacheifern können, um dadurch selbst erfolgreicher zu werden.
- Sie kennen den **Circle of Excellence**, mit dem Sie einen energiegeladenen, kraftvollen inneren Zustand aufrufen können.
- Sie wissen nun, wie Sie durch **Reframing** scheinbare Rückschläge zu positiven Rückmeldungen umformen können.

Kapitel 5

Wachstum – Wie Sie Ihre Fähigkeiten erweitern

Den Horizont erweitern

Eines der wichtigsten Merkmale des Lebens ist Wachstum. Alles was lebt, wächst. So ist es auch mit unserem Geist: Wenn er nicht wächst, kann er nicht wirklich lebendig sein.
Mit NLP können Sie innerlich wachsen: Indem Sie Ihren Handlungsspielraum erweitern, neue Fähigkeiten in sich entdecken und Ihr inneres Potenzial freisetzen.

Sie können mehr, als Sie glauben!

Wie Sie ja schon in den bisherigen Kapiteln gesehen haben, können Sie viel mehr erreichen, als Sie bisher verwirklicht haben. Mit dem WFO-Schema haben Sie eine Möglichkeit bekommen, sich kraftvolle Ziele zu setzen, Sie haben erfahren, wie Sie sich im **State of Excellence** fühlen, Sie haben mit dem ABC eine Methode kennengelernt, mit der Sie **Limiting Beliefs** bearbeiten können. Mit **Reframing** können Sie negative Erfahrungen auf konstruktive Weise umdeuten, und Sie haben gelernt, wie Sie sich stark motivieren können.

PRA

Wenn Sie nun sagen müssen: »Ja, ich habe darüber gelesen, aber noch nichts davon erfahren«, raten wir Ihnen, das Buch erst einmal zur Seite zu legen. Überlegen Sie, welchen Sinn es hat, mehr und mehr zu lesen, ohne Erfahrungen zu machen. Auch wenn es vielleicht manchmal so klingen mag: Dies ist kein Märchenbuch, sondern ein Arbeitsbuch, mit dem Sie Ihr Leben unglaublich positiv verändern können. Wenn Sie bisher noch keine praktischen Erfahrungen gemacht haben, suchen Sie noch einmal die PRA-Teile auf und holen Sie die Erfahrung nach!

Nur den nächsten Abschnitt, worin es um Ihr Lebensleitziel geht, können Sie vielleicht vorher noch lesen. Es hatte ja einen Grund, warum Sie sich bisher noch nicht darauf eingelassen haben, Erfahrungen zu sammeln. Vielleicht bekommen Sie nun einen Anstoß.

Was Sie bisher gelernt haben, ist noch lange nicht alles. Es steckt noch viel mehr in Ihnen. Damit Sie einen noch stärkeren Motivator für Veränderungen erhalten, werden wir uns nun einmal gemeinsam Ihr **Lebensleitziel** ansehen.

Finden Sie Ihre Mission

Äußerst erfolgreiche Menschen haben nicht nur Ziele, sie haben eine »Mission«, eine Berufung, ein Lebensleitziel. Es spielt dabei keine Rolle, wie diese Menschen »Erfolg« definieren; eine Mission kann ein religiöses und humanitäres Lebensleitziel sein, wie bei Gandhi oder Albert Schweitzer, ein künstlerisches, wie bei Steven Spielberg oder Pablo Picasso, oder auch ein technologisch-kreatives, wie bei Bill Gates oder Steven Jobs.
Auch sehr erfolgreiche und berühmte Menschen sind nicht unbedingt begabter, talentierter, intelligenter, willensstärker oder haben einfach mehr Glück gehabt als andere. Was sie aber immer auszeichnet, ist, dass es ihnen gelungen ist, all ihre Kräfte auf ihr Ziel zu konzentrieren.
Und genau das ist es, was eine Mission ausmacht: Eine Mission ist das Zusammenspiel aller Werte, Überzeugungen, Interessen, Wünsche und Ziele eines Menschen. Eine Mission verleiht ein starkes Zielbewusstsein, eine Identität, Entschlossenheit, Sehnsucht und Begeisterung. Kurz: Eine Mission, ein Lebensleitziel, ist der Königsweg zum Erfolg!

Den meisten Menschen fehlt ein solches Lebensleitziel. Sie haben keine Mission. Sie haben einen Beruf, eine Arbeit, einen Job – das, was sie tun »müssen« –, und sie haben ein Privatleben, in dem sie versuchen, das zu tun, was sie »wirklich wollen«, in dem sie ihre Werte verwirklichen. Oder sie haben nicht einmal das und lassen sich einfach treiben. Meist vor den Fernseher und in den Konsum. Menschen, die wirklich erfolgreich sind (nach ihren eigenen Kriterien, nicht nach denen anderer!), ist es gelungen, Müssen und Wollen dieselbe Richtung zu geben. Sie trennen nicht zwischen Arbeit und Spaß – sie tun, was ihnen Erfüllung bringt und sind deshalb mit ganzem Herzen dabei und daher so erfolgreich!

Das Lebensleitziel

Es dürfte mittlerweile klar sein, was wir Ihnen sagen wollen: Das Beste, was Sie tun können, ist, Ihr **Lebensleitziel**, Ihre Berufung, Ihre Mission, ausfindig zu machen. Ein Beruf, eine Arbeit, ein Job ist nicht gut genug für Sie!

Unsere Erfahrung sagt uns, dass Sie zunächst einmal wahrscheinlich sagen werden: »Schön und gut – das klingt ja alles sehr richtig. Aber doch nicht für mich! Dieses Ziel ist viel zu hoch gesteckt. Das kann ich nicht.«

Es ist wirklich seltsam: Viele Menschen sind felsenfest davon überzeugt, dass es leichter wäre etwas zu tun, das man nur halbherzig oder gezwungenermaßen tut. Dabei ist es doch viel leichter, das zu tun, was man wirklich begeistert tun will. Das Ziel ist also überhaupt nicht hoch gesteckt. Selbstverständlich können auch Sie Ihre Mission finden!

Nun wollen wir Sie auch nicht entmutigen, indem wir behaupten, alles wäre supereinfach und im Handumdrehen zu erreichen. Natürlich gibt es Schwierigkeiten und Hindernisse auf diesem Weg. Egal, was Sie tun. Meistens sind es alte Gewohnheiten, die erstaunlich hartnäckig sind. Oft sind aber auch äußere Umstände wirklich lästig.

Aber letztendlich läuft es immer auf eine Wahl hinaus: Sie können so weitermachen wie bisher, oder Sie können Ihrem Leben eine neue Richtung geben!

Natürlich wollen wir Ihnen das nicht einfach so mitteilen. Wir werden Ihnen auch zeigen, wie Sie Ihre Mission finden können. Dazu werden wir Ihnen gleich eine wichtige Übung vorstellen.

Ein Lebensleitziel ermöglicht Großes

Eine Mission kann groß, ja überlebensgroß und gigantisch sein – aber sie darf niemals entmutigen. Eine Mission ist nicht etwas, was Sie unbedingt erreichen können, sondern etwas, das Ihrem Leben Sinn und Ziel gibt, das Sie auf Ihrem Lebensweg leitet und all Ihre Werte, Interessen und Wünsche in sich vereint.

Die Gründer von Greenpeace wussten wohl, dass sie ihr **Lebensleitziel** nicht erreichen würden. Doch zu welch enormen Leistungen hat sie ihre Mission angespornt: 1971 wurde Greenpeace in Vancouver gegründet – heute hat Greenpeace über drei Millionen Mitglieder in über 150 Ländern und ist eine weltweit bekannte Organisation, die sicher einen großen Teil zum ökologischen Bewusstseinswandel beigetragen hat! Hier spielt es aber gar keine Rolle, wie man Greenpeace nun gegenübersteht. Hier geht es um die Leistungen, zu denen ein motivierendes Lebensleitziel anspornen kann.

Die Beispiele, die wir bisher angeführt haben, zeigen deutlich, was Menschen mit einer Mission erreichen können. Doch eine Mission, ein **Lebensleitziel**, ist etwas ganz Privates und muss nicht unbedingt gewaltige Dimensionen annehmen. Wirklich glückliche, erfolgreiche Menschen gibt es in jedem Lebensbereich des Lebens. Nicht das »Was« sondern das »Wie« macht eine Mission aus. Ein Handwerker kann sich als Lebensleitziel setzen, seine Fähigkeiten zur Perfektion zu bringen, seine Kunden zufriedenzustellen und durch seine Freundlichkeit und Zuverlässigkeit bei ihnen beliebt und geachtet zu sein. Die Mission einer Mutter kann sein, ihre Kinder zu glücklichen, selbstständigen, liebevollen und optimistischen Menschen zu erziehen.

Eine Mission entwickeln

Ein **Lebensleitziel**, eine »Mission«, ist also etwas, das Sie sicherlich mit großem Gewinn für sich selbst erreichen können und – wenn Sie in Ihrem Leben wirklich erfolgreich sein und innerlich wachsen wollen – auch finden müssen!
Begeben Sie sich auf die spannende Suche nach Ihrer Mission! Die folgende Übung hilft Ihnen dabei.

Die spannende Suche nach Ihrer Mission

TEC

1. Werte und Träume erkunden
2. Erfüllung suchen
3. Fähigkeiten aufspüren
4. Hilfe vom Unterbewusstsein annehmen
5. Einen Lebensleitsatz finden

1. Werte und Träume erkunden

Sehen Sie sich Ihre zentralen Werte noch einmal an. Was könnte theoretisch alle Ihre Werte verwirklichen? Setzen Sie sich hier keine Grenzen – träumen Sie! Möchten Sie Raumfahrer, Dirigent, Königin, Präsident, Chef einer großen Firma, Erfinderin werden? Wollen Sie bedrohte Tierarten retten, leidenden Menschen helfen, den Hunger in der Welt besiegen? Lassen Sie Ihrer Fantasie freien Lauf – es kostet Sie nichts und verpflichtet Sie zu nichts.

Denken Sie an alle Aktivitäten, von denen Sie träumen und die Ihre Werte umsetzen.

2. Erfüllung suchen

Überlegen Sie, was Ihnen in Ihrem bisherigen Leben wirklich Freude gemacht und Ihnen tiefe Erfüllung verschafft hat. Wenn Sie eine solche Situation gefunden haben, schließen Sie die Augen und versuchen Sie, vor Ihrem inneren Auge einen Film ablaufen zu lassen, worin Sie diese Situation und die damit verbundenen positiven Gefühle noch einmal durchleben: Versetzen Sie sich selbst in diesen Film, lassen Sie die Farben in dem Film leuchten und fügen Sie eine dazu passende schöne Musik hinzu. Nehmen Sie sich Zeit dafür!

3. Fähigkeiten aufspüren

Überlegen Sie sich, welche Fähigkeiten Sie bräuchten, um sich in die Richtung Ihrer Traumziele zu bewegen. Haben Sie vielleicht schon einige davon? Welche haben Sie noch nicht? Wäre es nicht ein befriedigendes Ziel, sich diese fehlenden Fähigkeiten anzueignen?

4. Hilfe vom Unterbewusstsein annehmen

Durch diese bisherigen Überlegungen ist Ihr Unterbewusstsein gut vorbereitet. Lassen Sie sich nun von ihm dabei helfen, Ihre Mission zu finden. Versuchen Sie, einen Leitsatz zu formulieren, der Ihre Mission beschreibt. Setzen Sie sich nicht unter Druck – hören, sehen und fühlen Sie in sich hinein und achten Sie auf die Bilder und Worte, die dabei in Ihnen auftauchen.

5. Einen Lebensleitsatz finden

Ein solcher Leitsatz fasst Ihre »Bestimmung« in einer prägnanten Weise zusammen; beispielsweise: »Was mir wirklich Erfüllung verschafft, ist meine Familie. Das Glück meiner Lieben ist die Quelle meiner Kraft und Zufriedenheit.« Oder: »Ich bin ein wichtiger Teil der Menschheit. Etwas Bleibendes zu hinterlassen, verschafft mir Erfüllung.« Oder: »Ich bin Künstler. Meine Bestimmung ist, meine Kunst zur Vollkommenheit zu bringen.« Oder …

Wenn Sie einen Leitsatz gefunden haben, sprechen Sie ihn ein paarmal laut aus und achten Sie darauf, welche Gefühle das in Ihnen auslöst. Vielleicht spüren Sie in Ihrem Inneren ein tiefes, warmes, vibrierendes, beglückendes Gefühl – ein Zeichen dafür, dass Sie bereits auf dem besten Weg zu Ihrer Mission sind. Dieses Gefühl wird Sie auf Ihrem Weg leiten!

Sollten Sie jetzt beim ersten Durchgang noch kein überzeugendes **Lebensleitziel** gefunden haben, lassen Sie sich dadurch nicht frustrieren. Sie können immer wieder einmal zu dieser Übung zurückkehren. Im weiteren Verlauf dieses Buchs werden Sie noch viele neue Anregungen bekommen, eine Vielzahl interessanter Übungen machen und vertrauter mit der unglaublichen Kraft werden, die in Ihnen steckt – spätestens dann werden Sie auch auf Ihre Mission, Ihr Lebensleitziel, stoßen!

Ein Leitziel ist etwas, das Ihr Leben ungeheuer bereichern kann. Aber es ist natürlich nicht alles. Sie haben sicher viele kleinere Ziele, die Sie erreichen wollen. Und idealerweise dienen alle Ihre Ziele auch der Verwirklichung Ihrer Mission.

Der Weg ist das Ziel

Sie können Weg und Ziel auf ganz unterschiedliche Art und Weise betrachten. Sehen Sie sich einmal folgende Möglichkeiten an:

Der Weg ist das Ziel

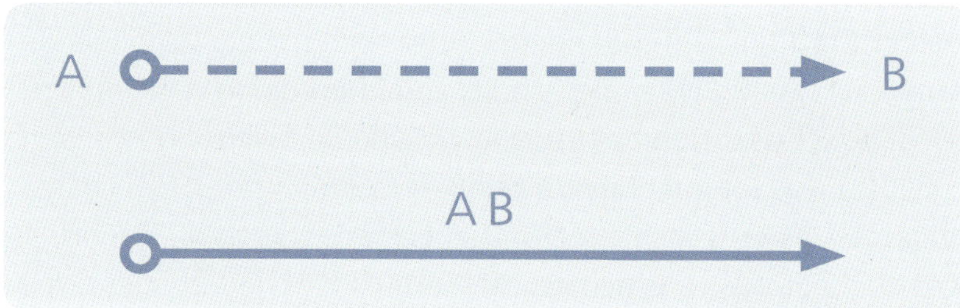

Die erste Variante beschreibt die übliche Sichtweise. Hier stehen Sie (A), und dort ist Ihr Ziel (B). Ihr Weg ist die Bewegung von A nach B. Zwischen Ihrem Ausgangspunkt und Ihrem Ziel liegt ein Zwischenraum, der überwunden werden muss. Der Weg ist sozusagen das, was Sie von Ihrem Ziel trennt.

Die zweite Variante beschreibt dieselbe Realität, doch aus einer ganz anderen Sicht: In dem Weg, der zum Ziel führt, sind Anfang und Ende des Weges bereits enthalten. Das Ziel und der Ausgangspunkt sind nur besondere Punkte auf dem Weg – der Weg ist das Ziel!

Wenn Sie Ihre Mission, Ihr Lebensleitziel, gefunden haben, ist genau das der Fall. Ihr Weg wird zu Ihrem Ziel, und Sie erfahren eine stetige Befriedigung bei dem, was Sie tun.

Die Struktur der Persönlichkeit

Wir erleben uns selbst in der Regel als Einheit. Ich bin ich. Und doch kennt jeder von uns Situationen, in denen diese Einheit nicht so einheitlich ist. Sicher haben Sie auch schon einmal innere Konflikte erlebt: Sie wollten etwas und wollten es gleichzeitig nicht.

Im NLP hat sich eine Modell-Vorstellung als sehr praktisch erwiesen, die eine Person als das Ergebnis der Zusammenarbeit verschiedener »Teile«, »Teilpersönlichkeiten« oder **»Subpersönlichkeiten (SPs)«** betrachtet.

Subpersönlichkeiten (SPs), Teile der Persönlichkeit, Teile, Teilpersönlichkeiten, innere Persönlichkeiten: Ein Modell, das zusammengehörige Motive, Erinnerungen, Einstellungen, Bedürfnisse, Strategien, Denk-, Verhaltens- und Gefühlsmuster als bis zu einem gewissen Grad unabhängige Prozesse im Unterbewusstsein versteht und diese wie Persönlichkeiten behandelt.

NLP

Sie können sich das vorstellen wie eine kleine Firma: Die Gesamtpersönlichkeit mit all ihren Bestrebungen, Wünschen, Problemen und Träumen ist die »Firma«, das Ich ist der Chef und die **Subpersönlichkeiten** sind die Manager, Angestellten und Arbeiter. Im Gegensatz zu so mancher realen Firma haben aber alle immer nur das Wohl der Firma zum Ziel – die »Firma« ist ja ihr ganzes Leben. Alle Teilpersönlichkeiten sind Teile der Firma!

Diese Sichtweise hat einige wichtige Vorteile: Wenn wir uns beispielsweise von einem inneren Konflikt »zerrissen« fühlen, ist es nicht leicht, einen Ausweg zu finden. Wir können uns nur für das eine oder das andere entscheiden. In dem »Firma«-Modell stellt sich der Konflikt anders dar: Zwei »Angestellte« (Subpersönlichkeiten) wollen auf unterschiedliche Art und Weise etwas für die »Firma« (unsere Person) tun.

Die Teile der Persönlichkeit als Firma

Wir können nun herausfinden, was genau die »Angestellten« tun und an welcher Stelle sie nicht übereinstimmen; wir können zwischen ihnen vermitteln, ihnen die positiven Absichten der anderen klarmachen und sie zu einer sinnvolleren Zusammenarbeit bewegen. Das Ergebnis einer solchen »Verhandlung« ist ein völlig anderes, als wir es bei einem inneren Konflikt durch eine Entscheidung auf der Basis von Willenskraft erreichen können. Um noch einmal das »Firma«-Modell zu bemühen: Die Firma wird leistungsfähiger, wenn alle dort Tätigen optimal zusammenarbeiten.

Personale Integration: Das Puzzle zusammenfügen

Die Personale Integration baut auf NLP auf und stellt das Subpersönlichkeiten-Modell besonders stark in den Vordergrund. Das Hauptziel der Personalen Integration besteht darin, für die optimale Zusammenarbeit der Subpersönlichkeiten eines Menschen zu sorgen und damit das volle Potenzial der betreffenden Person auszuschöpfen.

DEF

Personale Integration: Ein Modell, das relativ unabhängige »Unterprogramme« des Gehirns als individuelle Persönlichkeiten betrachtet. Bei Konflikten wird mit NLP-Methoden zwischen diesen **Subpersönlichkeiten** vermittelt, sodass ihre positiven **Absichten** und **Ressourcen** in die Gesamtpersönlichkeit integriert werden können.

Vielleicht kommt Ihnen die Vorstellung seltsam vor, dass in Ihrem Unterbewusstsein mehrere »Persönlichkeiten« tätig sein sollen. Machen Sie sich klar, dass es sich um ein Modell handelt, das Ihnen dabei helfen soll, sich selbst besser zu verstehen. Es ist einfach leichter, sich Personen vorzustellen als »Bündel von Motiven, Glaubenssätzen, Strategien und Verhaltensweisen«.

Das Modell der Persönlichkeit, das der Personalen Integration zugrunde liegt, hat einige Grundannahmen. Die möchten wir Ihnen nun kurz vorstellen.

Grundsätze der Personalen Integration

- Die Persönlichkeit eines Menschen ist das Ergebnis der Bestrebungen einer Anzahl von Subpersönlichkeiten (SPs).
- Jede SP hat eine positive Absicht.
- Nur einige SPs (A, D, E – siehe Abb.) erreichen das Bewusstsein.
- Das Ich, der »Charakter«, hat Teil am Bewusstsein und am Unterbewusstsein – es wird also von mehr SPs, als bewusst werden, beeinflusst.
- Einige SPs (F, G) erreichen das Ich nicht und beeinflussen auf direktem Weg ausschließlich das Unterbewusstsein – doch sie beeinflussen andere SPs, die das Ich erreichen.
- Einige SPs (B, D, G) kommunizieren mit dem Tiefenbewusstsein, das körperliche Funktionen steuert.

NLP

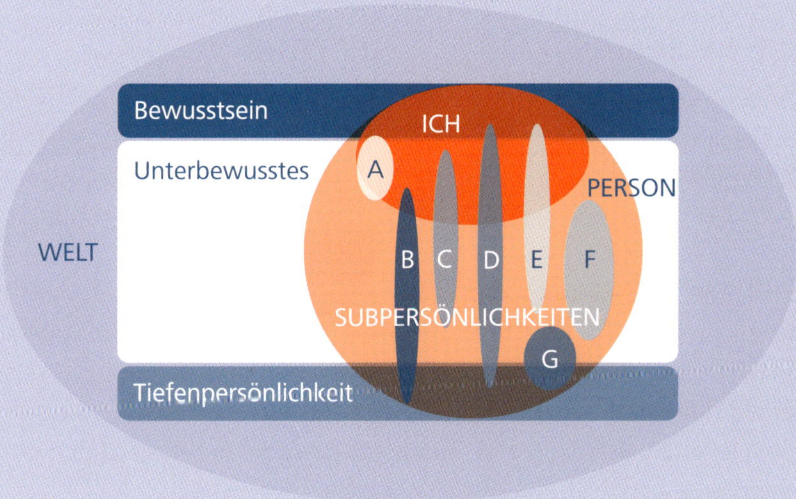

Das Subpersönlichkeiten-Modell – Die Struktur der Persönlichkeit

Das Modell strukturiert das Unterbewusstsein und macht Phänomene wie innere Konflikte, psychosomatische Störungen, Intuition, Kreativität oder Träume begreifbarer. Die Anwendung des Modells ermöglicht es, tiefgreifende Veränderungen auszulösen und mit sich selbst in Einklang zu kommen.

Mit sich selbst sprechen

Menschen, die mit sich selbst laut sprechen, haben in der Regel Probleme. Sie können nicht mehr zwischen innen und außen unterscheiden und spüren ihre inneren Stimmen wie Stimmen, die von außen kommen. Das ist natürlich ein Krankheitsbild. In manchen Formen der Schizophrenie kommt so etwas vor.

Doch das sollte Sie nicht verwirren: Jeder Mensch führt Selbstgespräche! Was ist Nachdenken? Ein inneres Selbstgespräch. Was ist das Abwägen zwischen zwei Standpunkten? Was sind Überlegungen, wie sich eine Situation entwickeln könnte? Immer wenn wir zwischen verschiedenen Möglichkeiten abwägen, immer wenn wir über uns selbst nachdenken, führen wir innere Dialoge.

EXP

Nehmen Sie sich kurz Zeit, um über etwas nachzudenken, worüber Sie sich nicht ganz im Klaren sind. Beispielsweise, ob das Subpersönlichkeiten-Modell sinnvoll ist. Achten Sie genau darauf, was dabei in Ihnen vorgeht und ob Sie nicht unterschiedliche »Teile« identifizieren können.

Im Inneren Dialog werden wir mit unseren **Subpersönlichkeiten** so sprechen, wie wir auch mit unseren Mitmenschen sprechen. Oder besser gesagt: sprechen sollten. Denn um Erfolg mit der **Personalen Integration** zu haben, werden wir liebevoll, einfühlsam, offen, ehrlich und lernbegierig mit unseren inneren Persönlichkeiten sprechen müssen.

Innerer Dialog: Ein bewusst strukturiertes Selbstgespräch, bei dem unterschiedliche Motive, Denkweisen, Glaubenssätze als »innere Persönlichkeiten« behandelt werden.

NLP

Beim Inneren Dialog ist es wichtig, ein paar »Regeln« zu beachten:

- Der **NLP-Grundsatz** »Jedem Verhalten liegt eine positive Absicht zugrunde« gilt auch für das Verhalten jeder inneren Persönlichkeit.
- Es ist sehr wichtig, jeder seiner inneren Persönlichkeiten respektvoll zu begegnen: Dazu gehört auch der Name, mit dem wir eine innere Persönlichkeit ansprechen. Es gibt keinen »inneren Schweinehund«!
- Missachten, Unterdrücken, Strafen und Drohen haben keinen Platz im inneren Dialog. Wenn wir unseren **Subpersönlichkeiten** mit Strafen, Missachtung oder Auslöschung drohen, werden sie sich verteidigen oder zurückziehen.
- Klarheit und Offenheit sind unbedingt nötig und sinnvoll: Denn wen wollten wir täuschen, wenn wir mit uns selbst kommunizieren?
- Jede innere Stimme hat das Recht, zu sprechen und auszusprechen.
- Das Bemühen, zu verstehen, ist von zentraler Bedeutung: Wenn wir uns nicht bemühen, uns selbst zu verstehen, werden wir uns selbst teilweise fremd sein und innere Konflikte erleben.

Im Grund sind das alles Regeln, die nahezu 1:1 auch für die Kommunikation mit anderen Menschen gelten sollten. Doch anderen Menschen gegenüber können wir unser Misstrauen vielleicht nicht über Bord werfen. Anderen Menschen gegenüber müssen wir vielleicht bestimmte Rollen und Erwartungen erfüllen. Alle diese Hindernisse fallen weg, wenn wir mit unseren inneren Persönlichkeiten kommunizieren.

Es gibt keinen »inneren Schweinehund«!

Das Allererste, was wir tun können, um die **positive Absicht** unserer **Subpersönlichkeiten** zu würdigen, besteht darin, ihnen die (positiven) Namen zu geben, die sie verdienen. Wir neigen dazu, mit jenen inneren Stimmen, die unseren bewussten Zielen und Anschauungen widersprechen, nicht gerade zimperlich umzugehen. Wir sehen uns beispielsweise als hilfreiche, idealistische Persönlichkeit und wehren jeden Gedanken ab, der uns rät, etwas mehr an uns selbst zu denken: »Das ist selbstsüchtig und unmoralisch!« Wir sind gläubig und wehren skeptische Stimmen in uns ab: »Das sind böse Versuchungen!« Wir halten uns für aufgeklärte, rationale Menschen und machen jede spirituelle Regung, jede Form magischen Denkens nieder: »Das ist mittelalterlich und primitiv!« Oder wir betrachten uns selbst als aufgeschlossen, offen und tolerant und unterdrücken jede Stimme, die sich konservativ oder kritisch meldet: »Das ist faschistisch, rassistisch oder schlichtweg dumm!« Wir wehren ab, was unseren bewussten Ansichten widerspricht.
Im Lauf der Zeit werden diese inneren Stimmen dann immer leiser und melden sich kaum noch zu Wort. Aber die Teile unseres Selbst, aus denen diese Stimmen kommen, wirken natürlich weiter. Und da wir sie nicht mehr bewusst wahrnehmen, können wir nicht mit ihnen kommunizieren. Daher können wir ihnen auch nicht zeigen, wie sie ihre positiven Absichten vielleicht auf sinnvollere Art und Weise umsetzen können. Das hat Konsequenzen: Sie werden dann ihre positiven Absichten aggressiv verteidigen und in einer Form umsetzen, die uns in unserem Wachstum, unserer Entwicklung, unserer Lebensfreude und Gesundheit behindert.

Wenn Sie also damit beginnen, Ihre **Subpersönlichkeiten** anzusprechen, sollten Sie den ersten und einfachsten Schritt zu einer liebevollen Beziehung tun: Geben Sie ihnen Namen, die nicht ihren momentanen Ausdrucksformen, sondern ihrer **positiven Absicht** gerecht werden.
So wird der »stockkonservative Besserwisser« zum »erfahrenen Bewahrer«, der »abergläubische Angsthase« zum »intuitiven Beschützer«, der »verrückte Spinner« zum »kreativen Lehrer«, der »unkritische Narzisst« zum »inneren Freund«, der »hemmungslose Partylöwe« zum »Anwalt der Lebensfreude« oder der »innere Schweinehund«, der uns vom Fitnesstraining abhält, zum »inneren Genießer«.

Denken Sie einmal darüber nach: Welchen »Namen« würden Sie sich selbst geben?

EXP

Namen sind nicht nur willkürliche Bezeichnungen. Sie zeigen die Einstellung gegenüber dem Bezeichneten. Stellen Sie doch einmal vor, wie es Ihnen, also Ihrem bewussten Ich, geht, wenn Sie in einer Diskussionsrunde einen Vorschlag machen. Wie fühlen Sie sich, wie reagieren Sie und wie handeln Sie, wenn Sie als »Querulant«, »Dummkopf« oder gar »Verbrecher« bezeichnet werden? Und wie, wenn die anderen sagen: »interessant«, »nachdenkenswert«, »ein wichtiger Beitrag« oder »eine gute Idee«? In welchem Fall werden Sie eher bereit sein, auch den anderen genau zuzuhören, ihre Vorstellungen zu bedenken? Wann werden Sie eher motiviert sein, weiter nachzudenken? Wann wären Sie eher kompromiss- oder kooperationsbereit?
Geben Sie Ihren Subpersönlichkeiten immer positive Namen – und Sie werden feststellen, dass Sie die Stimmen klarer und deutlicher hören können. Ihre inneren Stimmen werden auch neugieriger

auf andere Vorstellungen sein. Und sie werden kooperations- und hilfsbereiter reagieren.

Wenn Sie eine innere Stimme mit einem positiven Namen ansprechen, werden Sie auch deren positive Absicht leichter erkennen – und das muss gar nicht die positive Absicht sein, die Sie mit dem Namen unterstellt haben. Doch Sie können mit dem Namen eine positive Grundhaltung vermitteln. Es kommt dann mitunter vor, dass die angesprochene Subpersönlichkeit sich klar zu Wort meldet und Ihnen ihre wahre positive Absicht kundtut. Das kann sehr erhellend sein!

Also: Seien Sie nett zu Ihren Subpersönlichkeiten – seien Sie nett zu sich selbst!

Den inneren Dialog beginnen

Nun wird es Zeit, praktisch einzusteigen. Wie fangen Sie an? Zunächst einmal versuchen Sie, drei wichtige **Subpersönlichkeiten** kennenzulernen: Den »Moderator« (die neutrale, nicht wertende Instanz), den »Träumer« und den »Kritiker«.

TEC

Der innere Dialog

Nehmen wir als Beispiel einen Dialog zwischen dem »Träumer«, der eine Vision eines für Sie wertvollen Ziels präsentiert, und dem »Kritiker«, der Ihre Schwächen, negativen Erfahrungen und die Konsequenzen eines möglichen Scheiterns dagegenhält.

1. Sprechen Sie die beiden Teile als »neutraler Moderator« an. Achten Sie auf positive Ansprache. »Träumer« und »Kritiker« sind neutral – aber vielleicht sieht sich der betreffende Persönlichkeitsteil selbst ganz anders!

2. Fragen Sie nacheinander die beiden Teile nach ihrer jeweiligen **positiven Absicht**.

3. Stellen Sie nacheinander den beiden Teilen drei Fragen:

- »Kennst du den Kritiker/Träumer?«
- »Ist dir klar, dass der Kritiker/Träumer eine positive Absicht hat?«
- »Kennst du die positive Absicht des Kritikers/Träumers?«

4. Lassen Sie dem inneren Dialog freien Lauf und greifen Sie als Moderator nur ein, um sicherzustellen, dass jeder Teil aussprechen kann.
5. Führen Sie, bevor Sie den inneren Dialog beenden, einen zumindest minimalen positiven Abschluss herbei – und sei es nur, dass die beiden inneren Persönlichkeiten die positive Absicht des jeweils anderen erkennen, wenn auch nicht unbedingt akzeptieren.

Wenn Sie zum ersten Mal mit Ihren **Subpersönlichkeiten** arbeiten, sind Sie möglicherweise noch ein wenig unsicher. Hier ein paar Fragen und Antworten:
»Muss ich laut sprechen?« Nein, das ist nicht nötig. Sie können einfach in Gedanken sprechen.
»Soll ich die Augen schließen?« Ja, das hilft meist, innere Stimmen deutlicher wahrzunehmen.
»Ich höre nicht wirklich innere Stimmen. Muss ich warten, bis ich eine Stimme deutlich höre?« Nein. Ihre inneren Stimmen sind ja Teile Ihrer Selbst; es ist also völlig in Ordnung, wenn Sie zunächst selbst für diese Stimmen sprechen – oder abwarten, bis charakteristische Gedanken auftauchen. Sie werden feststellen, dass Sie die inneren Stimmen im Lauf der Zeit immer deutlicher wahrnehmen und sie leichter voneinander unterscheiden können.

Ergebnisse assimilieren

Wenn Sie einen **Inneren Dialog** beenden, sollten Sie darauf achten, dass irgendein – und sei es auch noch so kleines – positives

Ergebnis erreicht wurde. Zumindest aber sollten die beteiligten **Subpersönlichkeiten** die ersten beiden Fragen des Moderators mit »Ja« beantworten können. Noch besser ist es natürlich, wenn das gegenseitige Verständnis noch etwas weiter geht. Idealerweise finden Sie sogar einen neuen Weg, auf dem Subpersönlichkeiten, die vorher im Konflikt zueinander gestanden haben, nun beide ihre positiven Absichten verwirklichen können.
Wenig Sinn hat es, eine solche Einigung erzwingen zu wollen – das funktioniert bei Ihren Subpersönlichkeiten noch weniger, als es im Dialog mit anderen Menschen funktioniert. Es kann eine Weile dauern, bis Subpersönlichkeiten neue Wege finden, die ihre Gegensätze vereinbaren. Der positive Abschluss, mit seiner Minimalanforderung (des Erkennens einer anderen Subpersönlichkeit und deren positiver Absicht) ist allerdings wichtig – und er ist auch immer möglich. Alle Ihre Subpersönlichkeiten haben schließlich dasselbe Zuhause, teilen sich denselben Körper und denselben mentalen Raum. Wenn ihnen eine andere Subpersönlichkeit nicht bewusst ist, wird sie bewusst, indem sie unter dem Schutz des Moderators spricht. Ebenso kann der Moderator jeder Subpersönlichkeit die Existenz der positiven Absicht einer anderen klarmachen. Etwas schwieriger kann es sein, dann auch echtes Verständnis für diese positive Absicht zu wecken.
Der Grund, weshalb es so wichtig ist, einen positiven Abschluss zu finden, liegt darin, dass die Arbeit im Unterbewussten nur dann zielgerichtet weiterlaufen kann. Sie können sich das so vorstellen: Im inneren Dialog hat eine Subpersönlichkeit eine andere kennengelernt und weiß nun, dass auch diese eine positive Absicht verfolgt. Wird der bewusste Dialog dann beendet, heißt das nur, dass Sie (also Ihr bewusstes Ich) die Beobachterrolle verlassen. Die gedanklichen Prozesse, die der Dialog bei den Subpersönlichkeiten ausgelöst hat, gehen jedoch im Unterbewusstsein weiter.

Die angesprochenen **Subpersönlichkeiten** »denken nach«; es kommen unterbewusste Suchprozesse in Gang. Wenn nun der Abschluss des Dialogs kein positives Ergebnis brachte, wird sich dieses Ergebnis weiter festigen – und wenn der Abschluss positiv war, wird auch diese Richtung beibehalten und vertieft. Es kann sogar vorkommen, dass ein Dialog mit einem minimalen positiven Ergebnis beendet wurde, aber einige Tage später plötzlich überraschende Veränderungen im Fühlen, Denken oder Verhalten auftauchen, über die Sie sehr erstaunt sind und die Sie zunächst gar nicht mehr mit dem inneren Dialog in Verbindung bringen.
Machen Sie sich auf (positive) Überraschungen gefasst!

PRA

Innere Dialoge führen Sie immer, nicht nur wenn Sie vor großen Entscheidungen oder Veränderungen stehen. Nur findet das meist nicht bewusst statt. Gewöhnen Sie sich an, auch im Alltag, immer dann, wenn Sie etwas abwägen, das Modell der **Personalen Integration** einzusetzen. Mit ein wenig Übung wird es Ihnen leichtfallen, Ihre inneren Stimmen klar voneinander zu unterscheiden. Dadurch werden Sie nicht nur Entscheidungen kompetenter treffen können, sondern insgesamt zu mehr Einigkeit und innerer Zufriedenheit finden. Wenn alle Pferde vorne vor die Kutsche gespannt sind und alle in eine Richtung ziehen, kommt man schneller voran, als wenn an jeder Seite ein Pferd in eine andere Richtung laufen will!

Der Weg der Zeit

Zeit ist ein großes Geheimnis. Was ist Zeit eigentlich? Existiert Zeit überhaupt oder ist sie eine Illusion, die das Bewusstsein erzeugt? Das sind sehr interessante Fragen. Wir wollen uns hier aber auf einen Aspekt beschränken: auf die persönliche, subjektive Zeit. Es gibt die Zeit, die die Uhr misst. Doch die persönliche Zeit ist damit nicht identisch.

EXP

Wenn Sie an Ihre Kindheit zurückdenken, können Sie sehen, dass sich die persönlich erfahrene Zeit von der messbaren Zeit unterscheidet: Jeder Sommer mit seinen Sommerferien war eine Zeit voller Abenteuer und Erlebnisse. Je älter Sie sind, desto kürzer scheinen die Sommer. Wir messen die innere Zeit nicht wie die Uhr, sondern anhand neuer Erfahrungen. Dabei taucht ein Paradox auf: Erfüllte Zeit ist reich an Erfahrungen, scheint im Flug zu vergehen, wirkt aber in der Rückbesinnung lang. Nicht erfüllte Zeit, mit eintönigen, langweiligen Tätigkeiten scheint dagegen besonders lang anzudauern, während man sie erlebt – doch diese Zeit wirkt in der Erinnerung wie eine kurzes Intermezzo. Werfen Sie einmal einen Blick in Ihre Vergangenheit und sehen Sie selbst!

Nun sieht jeder Mensch seinen Weg durch die Zeit interessanterweise ein wenig anders. Wir organisieren unsere Erfahrungen in der Dimension der Zeit – auf einer »Zeitlinie«. Die Zeitlinie muss keineswegs immer eine gerade Linie sein: Sie kann gerade oder geschwungen, mal dick, mal dünn sein, kann unsichtbare Stellen und dicke Knäuel haben oder verschiedene Farben und Strukturen aufweisen. Die Zeitlinie kann eine abstrakte Linie sein, ein Weg oder ein Fluss. Die persönliche Zeitlinie eines Menschen ist so individuell wie der Mensch selbst. Die Zeitlinie ist »der Stoff aus dem das Ich besteht«.

Im NLP hat auch das Zeiterleben eine Struktur. Diese Struktur beeinflusst die Art und Weise, zu denken und zu fühlen –, und sie kann verändert werden. Bevor Sie Ihre persönliche **Time Line** verändern, ist es erst einmal wichtig, sie genau zu erkunden. Indem

Sie Ihr persönliches Zeiterleben visualisieren und positiv strukturieren, können Sie bereits einiges über Ihren Standpunkt erfahren und vielleicht auch schon eine bessere, klarere Perspektive gewinnen.

Time Line

Wahrscheinlich ist es für Sie zunächst einmal etwas ungewohnt, sich Zeit vorzustellen. Versuchen Sie als Erstes, für sich Antworten auf folgende Fragen zu finden. Schließen Sie die Augen, und versuchen Sie, ein Bild von Ihrer persönlichen Zeitlinie zu entwickeln.

- In welcher Richtung liegt für Sie die Vergangenheit? (Vor Ihnen, hinter Ihnen, rechts von Ihnen oder links, über Ihnen, unter Ihnen?)
- In welcher Richtung liegt Ihre Zukunft?
- Führt die Zeitlinie von Ihrer Vergangenheit in die Zukunft aufwärts, abwärts, oder liegen alle Zeitabschnitte auf einer Ebene?
- Ist Ihre Zeitlinie gerade oder gewunden?
- Können Sie sich in der Vorstellung auf Ihrer Zeitlinie frei bewegen?
- Gibt es Lücken, dunkle Stellen, »Nebel«, Knoten oder sonstige Hindernisse auf Ihrer Zeitlinie? (Solche Stellen weisen auf emotionale Verletzungen in Ihrer Vergangenheit hin.)
- Stehen Sie in Ihrer Zeitlinie oder außerhalb (davor, dahinter, darüber, darunter)?

NLP

Versuchen Sie, sich ein möglichst klares Bild von Ihrer persönlichen Zeitlinie zu gewinnen/machen

Es gibt auch ungewöhnlichere, aber genauso berechtigte Vorstellungen der Zeit. Beispielsweise kann man die Zeit als unveränderbar, als vierdimensionales Gebilde betrachten: Alles ist schon vorhanden, Vergangenheit, Gegenwart und Zukunft – und das Leben ist das Schweifen des Blicks über das Ganze. Ähnlich ist das »Matryoschka-Modell«: Die Gegenwart ist dabei wie eines dieser russischen Püppchen, in denen weitere Püppchen stecken – die vergangenen Gegenwarten. Und der gegenwärtige Augenblick selbst ist wiederum in weitere Püppchen eingebettet – die zukünftigen Gegenwarten …

EXP

Versuchen Sie für einen Moment, sich ein statisches Modell der Zeit vorzustellen. Geben Sie nicht gleich auf, versuchen Sie es! Achten Sie dabei darauf, wie sich diese Vorstellung auf Ihre Gefühle, Motive und Ihre innere Ruhe auswirkt.

Es lohnt sich immer, seine persönliche **Time Line** zu erkunden! Doch wir wollen nicht beim Erkunden stehen bleiben. In diesem Kapitel geht es um inneres Wachstum.
Sie haben sich Ihre persönliche **Time Line** weiter oben schon angesehen. Und nun gehen wir einmal daran, das zu verändern. Natürlich in einer Art und Weise, die Ihnen nützt.

TEC

Time Line-Arbeit

Wenn Sie Ihre **Time Line** vor Augen haben, können Sie ausprobieren, ob Sie durch Verschiebung der **Submodalitäten** Ihrer **Time Line** positive Veränderung herbeiführen können:

1. Betrachten Sie Ihre **Time Line**
2. Versuchen Sie, persönliche wichtige Ereignisse auf dieser Zeitline zu »sehen«.
3. Versuchen Sie, die Struktur Ihrer **Time Line** zu verändern. Wie verändert sich Ihr Blick auf Gegenwart, Vergangenheit und Zukunft, wenn Sie Ihre persönliche Zeitlinie anders positionieren?

Achten Sie darauf, wie sich Ihre Gefühle verändern, wenn beispielsweise Ihre Vergangenheit »hinten« liegt. Und wie fühlt es sich an, wenn Sie sie von rechts nach links verlaufen lassen? Experimentieren Sie nicht nur mit der Position, sondern ebenso mit Form, Struktur, Farben usw. Dabei werden Sie feststellen, dass Sie Ihre **Time Line** zwar nicht beliebig verändern können, doch dass sich schon ein paar kleine Abwandlungen enorm positiv auf Ihr Befinden auswirken können.

Die Veränderungen durch die Sichtweise der persönlichen Time Line können sehr beeindruckend sein, obwohl sich doch »nur« die Sicht auf die Zeit ändert. Doch es macht einen gewaltigen Unterschied, wie Sie Ihre Zeit sehen.

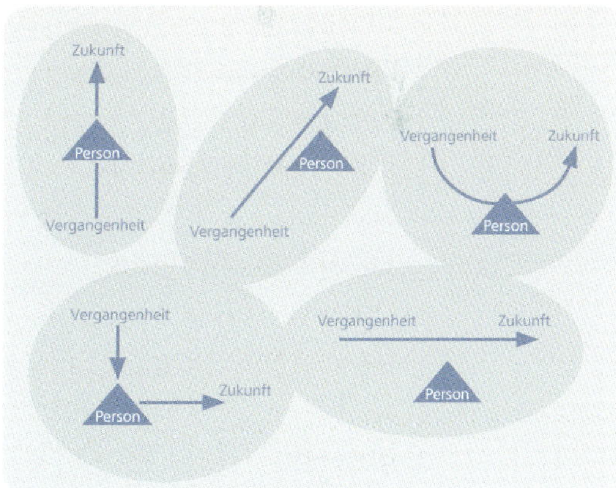

*Beispiele für unterschiedliche persönliche **Time Lines***

Manche Menschen, solche mit extrem traumatischen Erfahrungen, sehen ihre **Time Line** so, dass die Vergangenheit vorne liegt und nach hinten, in die unsichtbare Zukunft, verläuft. Durch das Umkehren der **Time Line** liegen die traumatischen Erfahrungen hinter ihnen und drängen sich nicht fortdauernd ins Bewusstsein. Bei anderen Menschen ist es genau umgekehrt: Die quälenden Erfahrungen liegen hinter ihrem Rücken und wirken dadurch noch bedrohlicher. Indem sie ihre **Time Line** so verschieben, dass die unangenehmen Erfahrungen im Blickfeld sind, fühlen sie sich sicherer und können besser mit diesen Erfahrungen umgehen. Jeder Mensch ist anders. Jede **Time Line** ist anders.

Nehmen Sie sich Zeit, sich Ihre **Time Line** genau anzusehen und mit ihr zu spielen.

PRA

Es lohnt sich, im Alltag immer wieder darauf zu achten, wo Erinnerungen und Gefühle auf der eigenen **Time Line** liegen. Oder liegen werden: In der Regel wirkt es motivierend, wenn ein Ziel auf der **Time Line** direkt vor einem liegt. Indem Sie mit Ihrer **Time Line** spielen, können Sie Ihre Zukunft motivierender und Ihre Vergangenheit kraftvoller gestalten.
Eine weitere Anwendung im Alltag besteht darin, sich die **Time Line** anderer Menschen anzusehen. Achten Sie darauf, wie Menschen in Ihrer Umgebung über Vergangenheit und Zukunft sprechen – oft verbergen sich dort Hinweise auf die Struktur ihrer Zeitlinie. Sie werden Menschen besser verstehen, wenn Sie ihre **Time Line** verstehen!

Ein Bild von sich selbst malen

Nun wollen wir das Ziel »mehr Selbstvertrauen« noch einmal aufgreifen und ganzheitlich betrachten. Wenn es Ihnen an Selbstvertrauen fehlt, haben Sie ein Bild von sich selbst, in dem ein Teil nicht dargestellt ist – das Selbstvertrauen.
»Ein Bild von sich selbst haben«: Dieser Ausdruck ist sehr treffend! Jeder Mensch hat in der Tat ein Bild von sich selbst, das er als **Referenz** für seine Selbstbewertung heranzieht. Solche »Bilder« hat jeder Mensch auch von allen anderen, die er kennt – je mehr er mit ihnen vertraut ist, desto komplexer das Bild. Das komplexeste all dieser Bilder ist natürlich immer das Selbstbild.
Ein solches »Bild« ist natürlich nicht wie ein Foto. Es gleicht eher einem Puzzle aus Bildern, Klängen, Bewegungen, Gefühlen usw. Das »Bild« kann auch ein Hör-Bild oder ein Fühl-Bild sein!

EXP

Vergegenwärtigen Sie sich doch gleich jetzt einmal Ihr Selbst-Bild – in allen Einzelheiten: Was sehen (hören, fühlen) Sie genau, wenn Sie sich selbst sehen (hören, fühlen)?

Ihr Selbstbild ist nicht unveränderlich. Gehen Sie nach der folgenden Strategie vor, um Ihr Selbstbild positiv zu gestalten.

TEC

Positives Selbstbild

Anwendung: Positive Veränderung des Selbstbilds als Grundlage für mehr Selbstvertrauen

1. Aktuelles Selbstbild assoziiert visualisieren
2. Aktuelles Selbstbild dissoziiert visualisieren
3. Eine »Kopie« des dissoziierten Selbstbilds visualisieren
4. Submodalitäten der »Selbstbildkopie« positiv verändern
5. Veränderte »Kopie« assoziiert erleben
6. Eco-Check
7. Future Pace

1. Aktuelles Selbstbild assoziiert visualisieren

Machen Sie sich ein »Bild« (im oben erwähnten Sinn) von sich selbst, so wie Sie sich jetzt sehen. Dieses Bild sollten Sie hier zunächst assoziiert erleben – wie ist es, Sie selbst zu sein. Achten Sie dabei genau auf alle Submodalitäten, insbesondere auf die Wahrnehmung Ihres Körpers, auf Ihre Haltung, auf eventuelle Kommentare, mit denen Sie sich verbal beschreiben.

2. Aktuelles Selbstbild dissoziiert visualisieren

Treten Sie nun sozusagen aus diesem Bild heraus – betrachten Sie sich nun dissoziiert. Wie würden Sie sich selbst von außen (als eine Art Zwilling) sehen? Gibt es irgendwelche Unterschiede zu dem assoziierten Bild? Achten Sie wieder genau auf alle Submodalitäten.

3. Eine »Kopie« des dissoziierten Selbstbilds visualisieren

Machen Sie eine »Kopie« dieses von außen gesehenen Selbstbilds, sodass Sie nun zwei völlig identische Bilder von sich selbst vor Ihrem inneren Auge haben.

4. Submodalitäten der »Selbstbildkopie« positiv verändern

Beginnen Sie nun damit, die Submodalitäten eines der beiden Bilder zu verändern. Achten Sie dabei darauf, dass das veränderte Bild immer noch Sie selbst zeigt. Wenn eine Veränderung das Bild unangenehmer macht, nehmen Sie sie wieder zurück; gewinnt das Bild durch die Veränderung, behalten Sie sie und führen Sie weitere Veränderungen durch. Sie können beispielsweise damit beginnen, das Bild heller und farbiger zu gestalten, es näher heranrücken, es vergrößern, Klänge und Bewegung hinzufügen usw. Experimentieren Sie eine Weile, bis Sie nichts mehr finden, was das Bild vorteilhafter erscheinen lässt.

5. Veränderte »Kopie« assoziiert erleben

Sie haben nach wie vor zwei Bilder vor sich: Ein jetzt doch einigermaßen oder sogar sehr attraktives und ein weniger anziehendes. Beide Bilder sind Sie. Treten Sie nun wieder in das dissoziierte Bild ein (erleben Sie es also assoziiert) – natürlich in das attraktivere, versteht sich!
Wie fühlen Sie sich nun? Hat sich Ihr assoziiertes Selbstbild ebenfalls positiv verändert? Höchstwahrscheinlich!

6. Eco-Check

Hören Sie nun in sich hinein, ob es sich irgendwelche Einwände gegen dieses neue Selbstbild erheben. Wenn ja, gehen Sie zurück und nehmen Sie entsprechende Veränderungen an dem dissoziierten Bild vor.

7. Future Pace

Kehren Sie ganz ins Hier und Jetzt zurück. Denken Sie an eine Situation, in der Ihnen Ihr negatives Selbstbild früher vor Augen getreten ist. Denken Sie nun an eine zukünftige ähnliche Situation und prüfen Sie, ob sich etwas verändert hat. Wenn das der Fall ist, ist Ihnen die Veränderung Ihres Selbstbilds gelungen!

Eine solche einfache Veränderung des Selbstbilds schafft die Grundlage für Selbstvertrauen, Selbstachtung und Selbstbewusstsein. Solange das Selbstbild nämlich negativ geprägt ist, gibt es keine mentale »Vorlage« für eine angemessene Repräsentation der eigenen Persönlichkeit, die es erlaubt, sich selbst zu achten.

Zusammenfassung des Kapitels

In diesem Kapitel haben Sie erfahren, was Sie mit NLP für Ihr persönliches Wachstum tun können:

- Sie haben erfahren, wie Sie ein **Lebensleitziel** entwickeln können und wie Sie Ihre persönliche Mission beflügelt.
- Sie haben mit der **Personalen Integration** eine neue Möglichkeit kennengelernt, einen Blick auf sich selbst zu werfen und mit sich selbst zu kommunizieren.
- Sie haben Ihre persönliche Zeitlinie, Ihre **Time Line**, entdeckt und gelernt, wie Sie sie nutzen können, um kraftvolle Zustände zu »sammeln« oder alte einschränkende Erfahrungen zu verändern.
- Sie haben das **Positive Selbstbild** kennengelernt, eine Methode, mit der Sie Ihr Selbstbild so verändern können, dass Sie leichter die Ziele erreichen, die Sie erreichen wollen.

Kapitel 6

Kommunikation – Wie Sie mit Worten die Welt bewegen

In der Verständigung liegt der Schlüssel

Gute Kommunikation herzustellen, ist – neben positiven Veränderungen – eines der beiden Hauptanliegen des NLP.

Kommunikation ist ein großer Teil dessen, was den Menschen ausmacht. Da sollte eine gute Kommunikation doch das Allerselbstverständlichste sein. Es scheint so einfach. Was sollte schon so schwierig daran sein, mit Menschen zu sprechen – muss man denn da eine Wissenschaft draus machen? Schließlich sprechen wir doch dauernd mit anderen Menschen.

Es stellt sich allerdings eine Frage: Ist unsere Art der Kommunikation auch wirklich effektiv? Erinnern Sie sich an den NLP-Grundsatz: »Die Bedeutung jeder Kommunikation liegt in ihrem Ergebnis«!

Wenn Sie bei Ihrer Kommunikation bessere Ergebnisse erzielen möchten, empfehlen wir Ihnen, sich einmal anzuschauen, was genau eigentlich abläuft, wenn Sie mit anderen Menschen sprechen.

Kommunikation (von lat. *communicare* »mitteilen«) ist im weitesten Sinn der gegenseitige Austausch von Informationen. Diesem Austausch liegt die Vorstellung zugrunde, dass dabei Ideen, Gefühle, Gedanken, Vorstellungen und Sichtweisen ein Individuum verlassen und in ein anderes eintreten. Dies ist jedoch nur eine metaphorische Beschreibung für den Alltag. Kommunikation ist bei näherer Betrachtung ein sehr komplexes Phänomen und vielleicht der wichtigste Faktor, der den Menschen zum Menschen macht.

DEF

Was wir sagen, ist nie eindeutig

Was wir sagen, ist nie so eindeutig, wie wir gerne glauben möchten. Und wir möchten gerne glauben, dass wir uns völlig klar ausdrücken und dass die anderen uns einfach nicht verstehen wollen oder zu dumm sind. Dieser Glaube bringt uns aber nicht weiter. Gehen Sie lieber davon aus, dass Sie etwas ändern müssen, wenn jemand Sie nicht versteht.

Der erste Schritt besteht darin, dass Sie begreifen, wie Kommunikation tatsächlich abläuft. Kommunikation funktioniert nämlich anders, als wir intuitiv annehmen.

Es beginnt schon damit, dass in jeder Kommunikation verschiedene Botschaften mitschwingen – selbst wenn wir nur eine, scheinbar völlig klare Botschaft zu übermitteln glauben. In Wahrheit ist es jedoch geradezu eine Kunst, die Botschaft, die man wirklich vermitteln will, im Geist eines anderen Menschen entstehen zu lassen.

Das hat damit zu tun, dass wir zwar Botschaften aussenden wollen, es eigentlich aber nicht tun. Natürlich tun wir durchaus etwas – beispielsweise produzieren wir eine Folge von Wörtern, tragen einen bestimmten Gesichtsausdruck zur Schau, machen eine Geste. Doch was dann geschieht, ist nicht die Übertragung einer Botschaft. Wir lösen Reaktionen aus. Und umgekehrt: Wir hören Worte, sehen Mimik und Gestik – und konstruieren daraus eine Botschaft. Daher heißt die philosophische Richtung, die diesen Ansatz vertritt und an die sich NLP anlehnt, »Konstruktivismus«.

Es ist eine Tatsache: Die Bedeutung jeder Kommunikation liegt in ihrem Ergebnis!

Wenn wir kommunizieren, ist es deshalb von allergrößter Bedeutung, auf die Reaktionen des Gegenübers zu achten und die »Botschaft« zu modifizieren, anstatt sie nur zu wiederholen, wenn das gewünschte Ergebnis nicht eintritt. »Ich habe schon tausendmal gesagt …« sollte eigentlich ein deutlicher Hinweis darauf sein, dass die Kommunikation nicht effektiv war. Solange wir bei Missverständnissen den Fehler bei unseren Gesprächspartnern suchen, können wir Wiederholung für ein sinnvolles Prinzip halten. Wenn wir aber verstanden haben, dass wir nie eindeutige Informationen übermitteln können, wird klar, dass es wahrscheinlich viel sinnvoller ist, etwas an unserer Kommunikation zu verändern. Das entspricht dem zehnten Grundsatz des NLP: »Wenn etwas nicht funktioniert, probiere etwas anderes.«

Es gibt einen kleinen »Trick«, der Ihnen hilft, schon deutlich effektiver zu kommunizieren. Wenn Sie etwas sagen wollen, vor allem in emotional aufgeladenen Situationen, fragen Sie sich, bevor Sie zu sprechen ansetzen: »Erreiche ich mit dem, was ich sage, das, was ich erreichen will?« Diese kleine Reflexion macht einen riesigen Unterschied!

PRA

Die Botschaften

Um es systematisch anzugehen, ist die folgende Abbildung hilfreich: der »Kommunikationsball«.

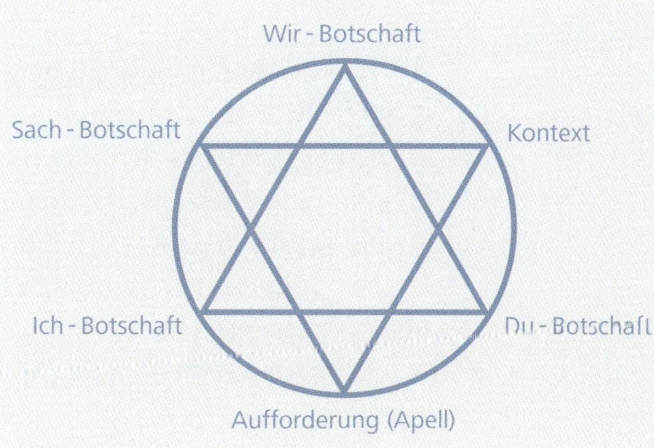

Der »Kommunikationsball«

Da gibt es schon einmal drei personale Botschaften:

- Die Ich-Botschaft: Das empfinde ich!
- Die Du-Botschaft: So sehe ich dich!
- Die Wir-Botschaft: So sehe ich unsere Beziehung!

Und dann gibt es auch noch drei überpersönliche Botschaften:

- Die Sachbotschaft: Ich sehe es so!
- Der Kontext: die Situation
- Der Appell: Ich möchte, dass du das tust!

Stellen Sie sich vor, es wird Abend und bald Zeit für Ihr Kind, ins Bett zu gehen. Sie gehen ins Kinderzimmer. Dort herrscht, entgegen den Vereinbarungen mit Ihrem Kind, völliges Chaos. Und Sie sagen: »Das Kinderzimmer ist noch nicht aufgeräumt.«
Wenn Ihr Kind dann antwortet: »Aha«, wären Sie wahrscheinlich ein bisschen sauer. Wenn Sie den Kommunikationsball ansehen, merken Sie, was passiert sein kann. Sie wollten einen Appell kommunizieren: »Räum dein Zimmer auf!« Doch wenn Sie sagen: »Das Kinderzimmer ist noch nicht aufgeräumt«, dann können daraus viele andere Botschaften abgeleitet werden. Ihr Kind könnte hören:

- »Das Zimmer ist nicht aufgeräumt.« (Sachbotschaft)
- »Ich bin ärgerlich.« (Ich-Botschaft)
- »Du bist unordentlich.« (Du-Botschaft)
- »Wir haben ein Problem miteinander.« (Wir-Botschaft)
- »Es ist Abend. Es besteht die Vereinbarung, das Zimmer vor dem Zubettgehen aufzuräumen.« (Kontext)

und ja, tatsächlich auch:

- »Räum das Zimmer auf!« (Appell)

In unserem Beispiel wird Ihr Kind den Appell wahrscheinlich sofort verstehen. Doch das ist – vor allem bei einer komplexen Botschaft – keineswegs selbstverständlich.

Effektiver kommunizieren

Sie können es sich und Ihren Gesprächspartnern leichter machen, wenn Sie ein wenig mehr darauf achten, was Sie wirklich vermitteln wollen. Und dazu ist es gut, wenn Sie sich auf Ich-Botschaften konzentrieren.

»Räum das Zimmer auf!« ist ein Appell. Somit scheint die Aussage doch klar genug zu sein. Ist sie aber nicht. Denn in dem Appell schwingt meist mehr mit. Zumindest, wenn Sie und Ihr Kind keine Roboter sind. Denn wahrscheinlich Sie sind ja schon ein bisschen genervt, dass das Zimmer nicht aufgeräumt ist – aber Sie lieben Ihr Kind und fühlen sich mit ihm verbunden. Die Ich-, Du- und Wir-Botschaften, die in dem Appell stecken sollten, wären also: »Ich ärgere mich, dass das Zimmer nicht aufgeräumt ist – natürlich hab' ich dich trotzdem lieb und wir verstehen uns gut.«

»Ein bisschen umständlich«, denken Sie vielleicht.

Aber wie viel umständlicher wird es, wenn Sie meinen, das sei alles selbstverständlich und der Appell müsse reichen – Ihr Kind aber hört: »Räum dein Zimmer auf – ich bin böse auf dich; du bist faul und ich hab dich nicht lieb, wenn du nicht machst, was ich sage. Ich verstehe dich nicht!«

In jeder Gesprächssituation ist es am besten, wenn Sie authentisch sind. Nur so haben Sie überhaupt die Möglichkeit, verstanden zu werden. Und wenn Sie wissen, dass es Missverständnisse geben kann und wie sie zustande kommen, wird es Ihnen sicher leichter fallen, solche Missverständnisse zu erkennen und auszuräumen.

DEF

Authentisch sein bedeutet, »echt« sein. Das heißt, sich nicht zu verstellen und eine Rolle zu spielen. In der Gesprächspsychotherapie von Carl Rogers ist die »Echtheit« des Therapeuten eine der drei notwendigen Bedingungen für das Wachstum des Klienten. Die anderen beiden sind »unbedingte Wertschätzung« und »einfühlendes Verstehen«.

Rapport herstellen

»Rapport herstellen« bedeutet, mit anderen Menschen »auf eine Wellenlänge« zu kommen. So wie Sie bei einem die richtige Wellenlänge Ihres Empfängers einstellen müssen, um einen bestimmten Sender »reinzukriegen«, so müssen Sie sich mit Ihrer Kommunikation auf Ihren Gesprächspartner einstellen, wenn Sie einen guten Empfang haben wollen. Und wenn Sie der Sender sind? Dann müssen Sie auf die Wellenlänge gehen, die Ihr Kommunikationspartner eingestellt hat. So halten Sie immer die Fäden in der Hand. Es ist überraschend, wie viel Kommunikation ineffektiv ist. Menschen sprechen miteinander, doch keiner gewinnt dabei sonderlich viel. 90 Prozent der Zeit reden Menschen aneinander vorbei.

Falsch verbunden?

Auf der praktischen Ebene gibt es ein paar Möglichkeiten, jede Kommunikation ohne große Kenntnisse und ohne großen Aufwand zu vertiefen und zu erleichtern. Das sind ganz einfache Dinge, die Ihnen, Ihrer Familie und überhaupt jeder menschlichen Beziehung – beruflich und privat – guttun.

1. Aussprechen lassen.

Was als alte Höflichkeitsregel daherkommt, ist in Wahrheit viel mehr. Es ist nicht nur höflich, jemanden aussprechen zu lassen,

sondern es ist eine grundlegende Voraussetzung dafür, den anderen zu verstehen. Es erleichtert das gegenseitige Verständnis und spiegelt Ihre Wertschätzung der Person, mit der Sie sprechen – ob das nun Ihr Geschäftspartner, Ihr Lebenspartner oder Ihr Kind ist.
Jeder Mensch, der etwas sagt, informiert nicht nur, sondern offenbart einen Teil seiner Person. Jeder, der etwas sagt, will in der Regel irgendetwas ausdrücken. Das kann in den Worten enthalten sein, aber auch im Ton, in der Mimik, in der begleitenden Körpersprache. Aber das Wichtigste ist eben, dass der Sprecher – ganz gleich, was ihn bewegt und was er mitteilen will –vor allem eines will: gehört werden.
Allein dadurch, dass Sie Ihr Gegenüber immer ausreden lassen, werden Sie es in ethisch einwandfreier Weise positiv beeinflussen. Wenn jemand aussprechen kann, muss er nicht laut, wütend oder aggressiv werden, sich schmollend zurückziehen oder sich unwichtig fühlen.
Die Regel, sein Gegenüber ausreden zu lassen, sollten Sie zu einer Lebensregel machen. Lassen Sie andere Menschen aussprechen.
Nicht zuletzt ist Sprechen auch eine Form des Denkens. Oft formen sich die Gedanken erst während des Sprechens. Für introvertierte Personen, die den Gedankenteil ganz ins Innere verlagern, ist das manchmal schwer zu verstehen – obwohl selbst sehr introvertierte Menschen sich oft erst dann ganz klar über das werden, was sie sagen wollen, wenn sie es tatsächlich aussprechen. Bei extrovertierten Menschen ist Sprechen hingegen immer auch ein ganz wichtiger Teil des Überlegens. Lassen Sie diesen Weg bei Ihrem Gesprächspartner zu, auch wenn Sie selbst der Überzeugung sind, dass »erst denken – dann reden« die bessere Strategie ist.
Wenn Sie Ihren Gesprächspartner beim Sprechen unterbrechen, kratzen Sie nicht nur sein Selbstwertgefühl an, sondern stören auch seine Denkvorgänge.

2. Zuhören.

Es ist ein ganz wichtiger Schritt, jemanden aussprechen zu lassen. Aber das ist noch nicht dasselbe wie ihr oder ihm zuzuhören.

Beobachten Sie sich einmal selbst, wenn Sie mit jemandem sprechen. Gut, Sie sind ein höflicher Mensch und unterbrechen den anderen nicht. Aber hören Sie wirklich ganz und gar zu, was der andere sagt? Oder überlegen Sie, während er redet, was Sie selbst als Nächstes vorbringen werden? Denken Sie über Gegenargumente nach oder daran, wie Sie den anderen überzeugen können? Oder denken Sie gar an etwas ganz anderes und hören nur mit »halbem Ohr« zu? Dann sollte Ihnen auch klar sein, dass Ihr Verständnis für den anderen darunter leidet.

Andersherum spüren es Menschen ganz genau, wenn man ihnen wirklich zuhört. Schon deshalb, weil das Gegenteil leider der Normalfall ist.

PRA

Probieren Sie einmal aus, was geschieht, wenn Sie wirklich ganz und gar zuhören. Nehmen Sie sich zurück, entspannen Sie sich und folgen Sie Ihrem Partner oder Ihrem Kind auf seinen vielleicht verschlungenen Gedankenpfaden. Eventuell tauchen da ganz überraschende Einsichten auf.

Eines aber wird ziemlich sicher geschehen: Ihr Gesprächspartner wird sehr positiv reagieren. Dass einem jemand wirklich zuhört, ist so ungewöhnlich, dass es wie eine seelische Umarmung wirkt.

Echtes Zuhören hat Nebeneffekte: Sie werden mehr verstehen. Ihr Gesprächspartner wird entspannter werden und dem, was Sie dann sagen, viel offener gegenüberstehen. Und er wird weit eher in der Lage sein, Ihnen auch zuzuhören.

3. Wiedergeben, was gesagt wurde.

Während die ersten beiden Dinge, das Aussprechenlassen und das Zuhören, jede Kommunikation verbessern, geht es nun um ganz effektive, teilweise sogar therapeutische Kommunikation. Die Wirkungen können erstaunlich sein!

Wiedergeben, was der andere sagt, nennt man im NLP auch **Spiegeln** oder **Pacing** (siehe Seite 268). Natürlich wiederholen Sie dabei nicht einfach einen Satz Ihres Gesprächspartners. Sie geben wieder, was Sie verstanden haben. Das kann im Idealfall ein wenig mehr sein als das in den Worten Gesagte; dann löst es ein intensives Gefühl des Verstandenseins aus, das das Selbstverständnis fördert.

Spiegeln oder Pacing bedeutet im NLP, sprachliches und körpersprachliches Verhalten des Gesprächspartners teilweise zu übernehmen – um dadurch zu kommunizieren, dass man seine Perspektive einnimmt und ihn versteht.

NLP

Doch selbst dann, wenn das »Gespiegelte« nicht den ganzen Inhalt oder auch nur das Wesentliche wiedergibt, so ist es doch immer ein Signal:

- »Man hat mir zugehört!«
- »Ich bin – zumindest teilweise – verstanden worden!«
- »Ich habe die Möglichkeit, mehr Klarheit zu schaffen!«
- »Mir steht jemand gegenüber, der mir wohlgesonnen ist!«

Diese Signale helfen nicht nur, besser verstanden zu werden. Sie helfen auch, andere und sich selbst besser zu verstehen. Wenn Sie zuhören, spiegeln und zeigen, dass Sie jemanden verstehen, helfen Sie ihm bei der »Selbstexploration«, also beim Erkunden des eigenen Selbst. Vor allem für Kinder und in therapeutischen

Situationen ist das wichtig. Das Spiegelbild erlaubt erst, sich so zu sehen, wie man von außen wahrgenommen wird. Dann fällt es viel leichter, sich selbst zu sehen – und positive Veränderungen vorzunehmen.
Im Kapitel über Coaching und Beratung mit NLP (ab Seite 258) werden wir noch sehr ausführlich über das **Spiegeln** sprechen.

PRA

Probieren Sie doch einmal aus, was geschieht, wenn Sie die Menschen spiegeln, mit denen Sie sprechen. Achten Sie dabei auf

- das Sprechtempo: Versuchen Sie, in derselben Geschwindigkeit zu sprechen.
- die Körperhaltung: Versuchen Sie, eine ähnliche Körperhaltung einzunehmen.
- den Inhalt der Sprache: Versuchen Sie, das, was Ihr Gesprächspartner gesagt hat, mit Ihren eigenen Worten wiederzugeben.

Sie werden bemerken, dass Ihnen Ihre Gesprächspartner viel schneller und deutlicher Vertrauen entgegenbringen. Kein Wunder, denn während Sie **spiegeln**, versuchen Sie ja, sich in Ihr Gegenüber einzufühlen. Tatsächlich werden Sie dabei spüren, dass Sie Ihren Gesprächspartner besser verstehen.
ACHTUNG: Übertreiben Sie jedoch nicht! Übertriebenes Spiegeln wird als Nachäffen empfunden und führt zu einem Abbruch des Rapports.

Freunde gewinnen

Jeder Mensch braucht Menschen, denen er nahesteht. Die Familie kann Freunde nur zum Teil ersetzen. Die Familiemitglieder kennen uns oft schon unser ganzes Leben lang und sind uns verbunden.

Aber diese Art von Verbundenheit ist nicht dasselbe wie Freundschaft. Manchmal ist es ja leider so, dass wir gerade mit Familienmitgliedern Probleme haben und uns unverstanden fühlen. Meist sind jedoch zumindest einzelne Mitglieder der Familie fast wie Freunde füreinander. Aber das ist etwas Zusätzliches. Jemanden lange zu kennen, begründet eben noch keine Freundschaft. Wenn wir über Freunde sprechen, meinen wir andererseits auch nicht Leute, die wir bei Facebook als »Freunde« anklicken. Niemand hat hundert oder gar tausend richtige Freunde.

Um überhaupt zu wissen, wer Ihr Freund und wer nur ein Bekannter ist, müssen Sie zu etwas ganz Banalem fähig sein: nämlich Freunde und Bekannte auseinanderhalten können! Natürlich ist jeder Mensch ein Einzelstück und etwas ganz Besonderes. Doch Sie sollten dabei mindestens sieben Gruppen unterscheiden können:

Beziehung	**Eigenschaften**
Unbekannte	?
Entfernte Bekannte	Menschen, die Sie wenigstens ein Mal gesehen oder Unverbindliches mit ihnen gesprochen haben.
Bekannte	Menschen, die Sie öfter sehen und mit denen Sie ansatzweise auch über persönliche Dinge gesprochen haben
Gute Bekannte	Menschen, mit denen Sie etwas gemeinsam haben und mit denen Sie auch über persönliche Dinge sprechen
Verbundene Menschen	Menschen, mit denen Sie persönlich eng verbunden sind und die Sie lange kennen. Dazu gehören meist Familienmitglieder. Verbundene Menschen können einem auch in einer Hassliebe verbunden sein.

Beziehung	Eigenschaften
Freunde	Menschen, mit denen Sie viel gemeinsam haben, die Sie trotz Ihrer negativen Aspekte mögen, die Ihnen vertrauen und denen Sie vertrauen. Es gibt keine Hierarchie in der Freundschaft.
Herzensfreunde	»Auserwählte«, die eine wichtige Rolle in Ihrem Leben spielen, denen Sie voll vertrauen können und die auch Ihre intimsten Geheimnisse kennen.

Jede Gruppe hat eine Funktion in Ihrem Leben – aber die Funktionen sind unterschiedlich. Es ist wichtig, diese verschiedenen Arten von Beziehungen klar auseinanderhalten zu können und sie nicht zu verwechseln.

EXP

Suchen Sie sich eine Referenz für die verschiedenen Formen der Beziehung. Versuchen Sie, die Unterschiede in den Submodalitäten aufzuspüren. Dadurch wird Ihre Wahrnehmung der Dinge, die eine echte Freundschaft ausmachen, viel klarer – auch das hilft dabei, leichter Freundschaften zu schließen. Vor allem aber ist es auch sehr nützlich, um falsche Freunde zu erkennen!

Die Unterscheidungsfähigkeit ist wichtig. Wenn Sie beispielsweise losen Bekanntschaften Intimitäten anvertrauen, ist es nicht unbedingt wahrscheinlich, dass diese dadurch zu Freunden werden. Wahrscheinlicher ist, dass Sie aufdringlich und distanzlos wirken und dadurch keine neuen Freunde gewinnen. Und die Freunde, die Sie haben, werden sich auswechselbar vorkommen, wenn sie von Ihnen nicht anders behandelt werden, als Menschen, die Sie gerade erst kennengelernt haben.

Untersuchen Sie einmal Ihre Beziehungen zu anderen Menschen im Hinblick darauf, zu welcher der oben stehenden Gruppen sie gehören.

PRA

Wie Sie Freunde gewinnen und behalten

Um mit Menschen gut zurechtzukommen, müssen Sie sich nicht verbiegen. Schon gar nicht, wenn es um Freunde geht. Die Haupteigenschaft eines Freundes ist ja gerade, dass Sie in seiner Gegenwart keine Rolle zu spielen brauchen. Ein Freund mag Sie um Ihrer selbst willen und schätzt Sie mitsamt Ihren Fehlern.

Vielleicht stimmen Sie zu, dass ein Freund so sein sollte. Aber gerade das ist möglicherweise das Problem: Sie haben das Gefühl, dass niemand Sie um Ihrer selbst willen mag. Möglicherweise glauben Sie sogar, andere Menschen würden sich von Ihnen zurückziehen, wenn Sie sich so zeigten, wie Sie wirklich sind. Erstaunlich viele Menschen fühlen sich einsam. Ungewollte Einsamkeit ist qualvoll, denn Beziehungen zu anderen Menschen zu haben, ist ein Grundbedürfnis. Es ist sogar das einzige Grundbedürfnis, das erwachsene Menschen nicht selbst befriedigen können!

Warum sind Menschen einsam?

- Das Verhalten: Manche Menschen signalisieren sprachlich und körpersprachlich, dass sie keine Nähe zulassen wollen. Das ist natürlich immer nur ein Teil eines Menschen – andere Teile seiner Persönlichkeit leiden unter der Einsamkeit.
- Die Umstände: Wer in einer Wüste ausgesetzt wurde, ist natürlich einsam. Diese »Wüste« kann aber auch ein Wohnsilo in einer großen Stadt sein. Wenn es an Gelegenheit mangelt, Menschen kennenzulernen, ist die Gefahr der Einsamkeit groß.

Das ist ja alles leicht zu verstehen. Darauf wären Sie sicher selbst auch gekommen. Aber was kann man denn nun tun, um aus seiner Einsamkeit herauszukommen? Oder, wenn man nun nicht gerade einsam ist: Wie schließt man leichter Kontakt mit Menschen? Das ist natürlich der erste Schritt, um Freunde zu finden.
Eins dürfte klar sein: In einer dunklen Kammer zu sitzen und abzuwarten, bis Menschen auftauchen, die Ihre Freunde sein wollen, wird nicht funktionieren. Sie müssen handeln, wenn Sie Menschen kennenlernen und Freunde finden wollen. Und immer gilt dabei der zehnte **Grundsatz des NLP**: Wenn etwas nicht funktioniert, probiere etwas anderes!
Wenn Sie mit dem, was Sie bisher versucht haben, keinen Erfolg hatten, sagen Sie sich diesen Grundsatz noch einmal vor. Und probieren Sie dann auch tatsächlich etwas anderes.
Herzensfreunde verstehen sich manchmal so gut, dass sie nicht vieler Worte bedürfen. Viele Worte braucht es ohnehin nie. Doch um eine Freundschaft zu schließen und sie zu erhalten, muss man regelmäßig miteinander kommunizieren. Ist das selbstverständlich? Wenn es für Sie selbstverständlich ist –wunderbar! Manchen Menschen, insbesondere wenn sie einsam sind, ist das jedoch nicht so klar. Sie warten darauf, dass man sie anspricht und sie liebt – aufgrund ihrer inneren Werte. Die sieht aber niemand. Und es kommt auch niemand zu einem Unbekannten und bittet ihn um seine Freundschaft. Bevor sich ein guter Kontakt ergibt, ist es also erst einmal nötig, überhaupt Kontakt aufzunehmen. Die Wahrscheinlichkeit für den Aufbau einer guten Beziehung steigt, wenn es Gemeinsamkeiten gibt. Auch das ist eigentlich eine Plattitüde. Doch wir hatten einige Klienten, die in Bars, Kneipen und Diskotheken verzweifelt nach echten Freunden oder einer Beziehung suchten. Vergebens. Denn um an solchen Orten Freunde zu finden, muss man bereits ein sehr extrovertierter Mensch sein.

Extrovertiert heißt »nach außen gewandt«. Die Begriffe »Extroversion« und »Introversion« wurden von C.G. Jung geprägt, und die damit bezeichneten Eigenschaften gelten als wichtige Merkmale der Persönlichkeit. Extrovertierte Menschen sind gesprächig, bestimmt, aktiv, energisch, dominant, enthusiastisch und abenteuerlustig. Das Gegenteil von extrovertiert ist introvertiert. Introvertierte Menschen sind eher ruhig, zurückhaltend, passiv und vorsichtig.

DEF

Doch ob extrovertiert oder introvertiert: Kommunikation gehört immer zum Menschen, und wenn man einen guten Draht zu anderen Menschen haben will, tut man gut daran, ein paar »Regeln« zu beherzigen. Die wichtigsten »Regeln« wollen wir Ihnen nun kurz vorstellen.

Sechs Grundsätze für guten Kontakt

Eigentlich geht es hier ja um Freunde. Aber im Grund ist jeder Mensch ein möglicher Freund. Na gut, ein paar können Sie vielleicht schon von vornherein ausschließen. Aber nicht viele. Ein wirklich guter Freund ist eine Rarität. Und daher ist es prinzipiell sinnvoll, einen guten Draht zu möglichst vielen Menschen zu haben. Sie wissen ja nicht, ob nicht vielleicht Ihr zukünftiger bester Freund dabei ist …

Was Sie beliebt macht

- Schließen Sie Freundschaft mit sich selbst.
- Bleiben Sie dran, ohne zu klammern.
- Zeigen Sie, was Sie zu bieten haben.
- Vermitteln Sie anderen gute Gefühle.
- Kultivieren Sie Zuhören und Verstehen.
- Seien Sie Sie selbst!

NLP

1. Schließen Sie Freundschaft mit sich selbst.

Das ist so wichtig, dass es an erster Stelle steht. Wer sich selbst nicht ausstehen kann, wird es auch bei anderen Menschen immer schwer haben. Wenn Sie kein gutes Selbstwertgefühl haben, verbessern Sie Ihr Selbstbild (Seite 168ff.). Wenn einschränkende Glaubenssätze Sie einsam machen, löschen Sie die Glaubenssätze mit dem ABC (Seiten 122, 125).

2. Bleiben Sie dran, ohne zu klammern.

Warten Sie nicht ab, bis sich jemand, mit dem Sie sich gut verstehen, meldet. Melden Sie sich zuerst! Damit zeigen Sie Interesse – und jemanden, der an einem interessiert ist, findet man in der Regel sympathischer, als jemanden, der Desinteresse zeigt. Das Gegenteil, nämlich zu klammern und sich ständig aufzudrängen, ist allerdings auch nicht besser.

3. Zeigen Sie, was Sie zu bieten haben.

Es klingt etwas brutal: Aber eine Freundschaft ist immer auch ein »Tauschgeschäft«. Menschen mit Witz, Macht, Ruhm, Attraktivität und Geld haben es leichter – allerdings tun sie sich schwerer damit, herauszufinden, ob Menschen an ihnen oder an ihrer Macht, ihrem Ruhm oder ihrem Geld interessiert sind. Ganz bestimmt haben Sie etwas zu bieten: Ihre Persönlichkeit. Die sollten Sie auch zeigen. Denn wenn Sie sich verstellen, ziehen Sie vielleicht Menschen an, die gar nicht auf Ihrer Wellenlänge liegen.

PRA

Überlegen Sie einmal, was eine Freundschaft mit Ihnen erstrebenswert erscheinen lassen könnte. Das ist nicht nur eine wichtige Übung für Ihre Selbsterkenntnis, sondern kann auch zu einer kraftvollen Motivation für Ihr inneres Wachstum werden.

4. Vermitteln Sie anderen gute Gefühle.

Menschen, die anderen ein gutes Gefühl geben, haben es sehr leicht, Freunde zu finden. Um anderen gute Gefühle vermitteln zu können, ist es wichtig,

- sich selbst zu mögen,
- das Gute in den Dingen zu sehen,
- Anerkennung zu zeigen (differenziertes Lob und Komplimente),
- gelassen zu sein.

5. Kultivieren Sie Zuhören und Verstehen.

Beide bilden den Kern jeder guten Beziehung. Natürlich tragen diese beiden Fähigkeiten auch zu den oben angesprochenen guten Gefühlen bei. Hören Sie zu, während jemand spricht. Versuchen Sie, Ihre Gesprächspartner wirklich zu verstehen, indem Sie das Prinzip der **Positiven Absicht** (Seite 41ff.) im Sinn behalten: Jedem Verhalten liegt eine positive Absicht zugrunde!

Nehmen Sie sich für jeden Tag vor, wenigstens einem Menschen wirklich zuzuhören, zu versuchen, ihn zu verstehen und ihm gute Gefühle zu vermitteln. Wenden Sie die 6 »Regeln« in Ihrem Alltag an!

PRA

6. Seien Sie Sie selbst!

Menschen, die sich einsam fühlen, begehen oft einen grundlegenden Fehler: Ihnen ist klar, dass sie etwas ändern müssen – möglicherweise sich selbst. Das ist prinzipiell natürlich gut. Doch anstatt eine wirkliche Veränderung in Gang zu setzen, versuchen sie, unterschiedliche Rollen zu spielen. Wer gut darin ist, Rollen zu spielen, wird vielleicht viele Menschen dazu bringen, ihn ihren »Freund« zu nennen. Doch wessen Freund sind diese Menschen, wenn der Freund nur als »Rollenspiel« existiert? Wenn Sie wirkliche Freunde haben wollen, müssen Sie Sie selbst sein. Wenn Sie keine Rollen mehr spielen, werden Sie sehen, wie unnötig die Schau-Spielerei war. Andere Menschen spüren es, wenn Sie »echt« sind – und das macht Sie sympathisch. Wenn Sie »echt« sind, können Sie auch »Nein« sagen. Dadurch vermeiden Sie, dass Menschen Sie manipulieren und ausnutzen, indem Sie an Ihre Freundschaft appellieren. Wie immer im NLP: Das, was Sie tun, sollte Ihre Wahlmöglichkeiten vergrößern und Sie freier machen. Sie können und sollten natürlich weiterhin Freunden mit Rat, Zuhören und Hilfe zur Seite stehen – aber eben nur, wenn Sie es tatsächlich wollen, nicht, weil Sie sich damit Freundschaft erkaufen wollen!

Sie haben vielleicht gesehen, dass Sie am Anfang und am Ende dieser Tipps standen: Schließen Sie Freundschaft mit sich selbst und seien Sie dann Sie selbst. Sie sind das A und O!

Mit sich selbst kommunizieren

Bei »Kommunikation« denken wir in der Regel erst einmal an Gespräche mit anderen Menschen. Sie wissen aber schon mehr. Im Kapitel »Wachstum« (ab Seite 144) haben Sie schon erfahren, wie sinnvoll es sein kann, bewusst mit sich selbst zu sprechen. Vielleicht haben Sie inzwischen schon mit einigen Ihrer inneren Persönlichkeiten Kontakt aufgenommen und deren positive Absichten erfahren.
Die Kommunikation mit sich selbst ist ein kraftvoller Problemlöser. Kein Wunder. Schließlich ist es ja klar, dass Sie viel effektiver und gelassener handeln, wenn möglichst viele Ihrer Motive Sie in eine Richtung bewegen.

Sie haben auch schon erfahren, wie wichtig es für die Kommunikation mit anderen Menschen ist, man selbst zu sein und Freundschaft mit sich selbst zu schließen. Und da Freundschaft durch Kommunikation entsteht, entsteht Freundschaft mit sich selbst durch innere Kommunikation!

Wiederholung: Was wichtig ist

Alles, was Sie für eine gute innere Kommunikation brauchen, haben Sie bereits kennengelernt. Deshalb fassen wir es nur noch einmal kurz zusammen:

1. Achtsamkeit (Seite 72ff.).

   Bevor Sie etwas verändern, müssen Sie sehen, was ist – ohne es festzuhalten, zu bewerten und zu beurteilen. Das Konzentrieren, Bewerten und Verändern kommt danach.

2. Zuhören und Verstehen.

   Für Ihre inneren Persönlichkeiten gilt genau dasselbe, was auch für äußere Gesprächspartner gilt: Das Wichtigste ist, erst einmal zuzuhören, aussprechen zu lassen und zumindest versuchen zu verstehen.

3. Die positive Absicht herausfinden.

   Eine **Grundannahme des NLP** lautet: »Jedes Verhalten hat eine **positive Absicht**« (Seite 41ff.). Das hilft Ihnen, andere Menschen zu verstehen. Sie können sogar jemanden verstehen, mit dem Sie gar nicht übereinstimmen und dessen Absichten Ihren eigenen positiven Absichten widersprechen. Doch bei der Kommunikation mit Ihren **Subpersönlichkeiten** müssen Sie nicht einmal diese Hürde überwinden. Sie wissen mit Sicherheit, dass Ihre inneren Persönlichkeiten das Beste für Sie im Sinn haben.

4. Echtheit.

Echtheit oder Authentizität (Seite 178) ist immer gut. In der Kommunikation mit anderen Menschen tauchen aber manchmal Bedenken auf: »Wird von mir nicht erwartet, dass ich eine Rolle spiele?« Die innere Kommunikation führt dieses Problem ad absurdum: Denn wem wollten Sie denn eine Rolle vorspielen? Nur sich selbst – und diese Rolle haben Sie schnell durchschaut!

5. Offenheit und Toleranz.

Ob dies in Ihrem Alltagsleben nun Werte sind oder nicht: Für die innere Kommunikation sind sie essenziell. Wenn Sie sich selbst gegenüber nicht offen sind, ist das »Unternehmen inneres Wachstum« zum Scheitern verurteilt. Dasselbe gilt für Toleranz. Wenn Sie sich selbst nicht tolerieren können, liegen Sie im Kampf mit sich selbst. Das richtet Ihre Energien nicht auf Ihre Ziele, sondern gegen sich selbst. Gerade, wenn Sie Verhaltensweisen verändern wollen, sind Offenheit und Toleranz wichtig, um Zugang zu sich selbst zu bekommen.

DEF

Toleranz (von lat. *tolerare* »erdulden«), ist allgemein ein Geltenlassen und Gewährenlassen fremder Überzeugungen. Dabei ist Toleranz deutlich von Gleichgültigkeit zu unterscheiden. Tolerant kann man nur gegenüber Handlungen und Menschen sein, die einem nicht gleichgültig sind. Ein weiterer wichtiger Unterschied besteht zwischen »Toleranz« und »Akzeptanz«. Etwas zu dulden, bedeutet noch lange nicht, es gutzuheißen.

Der innere Freund

Es gibt eine ganz besondere innere Persönlichkeit, die Sie unbedingt näher kennenlernen sollten: den **Inneren Freund**.

Der Innere Freund ist der Teil von Ihnen, der Sie uneingeschränkt, mit all Ihren Schwächen, akzeptiert und stets das Positive in Ihnen zum Vorschein bringt. Uneingeschränkt heißt: ohne wenn und aber. Es gibt einen Teil in Ihnen, der Sie gut findet, ganz gleich, was Sie anstellen. Er bewertet und beurteilt nicht: Er steht Ihnen innerlich zur Seite. Er steht Ihnen so nahe, wie es kein anderer Mensch könnte. Denn er ist ja Sie!

Wenn die Stimme Ihres Inneren Freundes zu leise ist, wird Ihr Selbstwertgefühl nicht besonders stabil sein. Der Innere Freund ist aber ein wirklicher Freund: Er lässt uns nicht überheblich werden, schmeichelt nicht, hebt unser Ego nicht in unendliche Höhen. Er ist das, was einen Freund wirklich ausmacht: Er ist einfach da, liebevoll und bedingungslos.

Die Stimme Ihres Inneren Freundes erkennen Sie besonders gut dann, wenn Sie mit sich selbst nicht zufrieden sind. Wenn Sie dann versuchen, positive innere Stimmen zu vernehmen, hören Sie möglicherweise verschiedene. Eine davon sagt vielleicht: »Nein, du kannst mit dir zufrieden sein! Du bist ein Super-Typ!«, oder eine andere: »Das war sowieso nicht wichtig. Du hast alles richtig gemacht!« Diese Stimmen schützen das Selbstbild. Aber sie sind nicht die Stimmen des Inneren Freundes. Dessen Stimme ist leiser. Wenn Sie erst einmal gelernt haben, sie wahrzunehmen, werden Sie sie nicht mehr überhören können und wollen. Sie sagt nur: »Es ist schon in Ordnung«, oder: »Ich bin bei dir.« Es geht weniger darum, was diese Stimme sagt, sondern viel mehr darum, wie sie es sagt. Sie ist voller Zuneigung und tiefster Sympathie.

Wenn Sie aufmerksam sind, werden Sie feststellen, dass unwillkürlich ein Lächeln auf Ihrem Gesicht erscheint, sobald Sie mit Ihrem Inneren Freund in Verbindung treten. Das können mitunter solche Glücksmomente sein, dass Ihnen gleichzeitig die Tränen kommen. Und das ist gut. Dann haben Sie eine Verbindung mit

Ihren tieferen Gefühlen hergestellt und Kontakt zu Ihrem Inneren Freund aufgenommen.

Lisa

Für Lisa war die Begegnung mit ihrer Inneren Freundin ein Wendepunkt in ihrem Leben: »Selbstvertrauen war eigentlich nie mein Problem. Also dachte ich: Was soll ich nach meiner Inneren Freundin suchen? Ich komme gut zurecht. Ich möchte eher mit meinen inneren Personen sprechen, die mich davon abhalten, meine Ziele zu erreichen. Ich habe meine ‚innere Managerin' kennengelernt und sie dabei unterstützt, mich anzutreiben, wenn ich in meinen Anstrengungen nachlasse. Bis ich einmal wirklich mit den Nerven fertig war. Ich habe in mir nach einem Punkt der Ruhe gesucht. Meine ‚Managerin' hat versucht, mich zu trösten: »Jetzt ruh' dich ein bisschen aus – und dann geht es mit neuer Kraft los.« Aber das ging an diesem Punkt nicht. Und dann habe ich eine ganz leise Stimme gehört. Es war mehr ein sehr stilles, aber klares Gefühl. Ich habe gespürt, dass ich das jetzt brauchte. Ich bin diesem Gefühl nachgegangen – und dann traf ich meine Innere Freundin. Dabei hat sie kaum mit Worten gesprochen, nur gesagt: ‚Komm her. Ich mag dich.' Und dann hat sie mich innerlich ‚in die Arme genommen'. Ich musste gleichzeitig lachen und weinen. Seitdem ist sie meine ständige Begleiterin. Sie ist nicht immer in meinem Bewusstsein. Doch sobald ich an sie denke, ist sie da – und erscheint als Lächeln auf meinem Gesicht …«

Die Innere Freundin oder der Innere Freund ist ein »Glücksanker«. Deswegen ist es gut, wenn Sie mit Ihrem Inneren Freund so bald wie möglich Bekanntschaft schließen. Wenn Sie sich erst einmal kennengelernt haben, kann Sie so leicht nichts mehr aus der Fassung bringen. Selbst wenn Sie am Verzweifeln sind: Ihr Innerer Freund wird Ihnen mit den positivsten Gefühlen zur Seite stehen und Sie vor dem Abrutschen in zu dunkle Gemütszustände bewahren.

Der **Innere Freund** ist jemand sehr Wichtiges: Durch ihn lernen Sie auch, wie es sich anfühlt, wenn man mit unbedingter Wertschätzung und Empathie behandelt wird – wie sich tiefe Freundschaft anfühlt.

Innere Dialoge sind die beste Möglichkeit, sich selbst kennenzulernen und zu wachsen. Wenn Sie mit sich selbst gut kommunizieren können, werden Sie sich selbst verstehen und schätzen lernen. Und das wiederum bildet die Grundlage befriedigender Beziehungen zu anderen Menschen.

Wir schlagen Ihnen vor, das Buch nun für eine Weile beiseitezulegen. Versuchen Sie, die Dinge, die Sie in diesem Kapitel erfahren haben, in Ihren Alltag zu bringen. Auch wenn Ihnen abstrakt alles einleuchtet – erst durch Ihr Handeln wird es Wirklichkeit.

Zusammenfassung des Kapitels

In diesem Kapitel haben Sie erfahren, wie Sie mit NLP Ihre Kommunikation verbessern können:

- Sie wissen, warum die Kommunikation mit anderen Menschen so wichtig ist.
- Sie haben die Methode des **Spiegelns** kennengelernt, mit der Sie schneller einen Draht zu anderen Menschen bekommen.
- Sie haben gesehen, dass Zuhören wichtiger ist als Reden und dass echtes Verstehen eine Problemlösungsstrategie darstellt.
- Sie wissen, wie Sie leichter Freunde gewinnen und Beziehungen vertiefen.
- Sie haben gelernt, wie Sie auf der Basis innerer Dialoge eine produktive Freundschaft mit sich selbst schließen können.

Kapitel 7

Heilung – Angst, Unsicherheit und andere Gewohnheiten heilen

Hindernisse überwinden

Sie haben nun schon so viel gelernt, dass Sie motivierende Ziele vor Augen haben und die meisten Hindernisse überwinden können. Manchmal sitzen Schwierigkeiten aber tief und verhindern Wachstum und Erfolg.
Wir werden uns nun ansehen, wie wir unsere Ziele erreichen, auch wenn es sich schwierig gestaltet. Dabei werden wir in unser Innerstes und sogar durch die Zeit reisen.

Dem Angsthasen ein Löwenherz einpflanzen

Jeder Mensch kennt das Gefühl der Angst. Angst ist einer der grundlegendsten Überlebensmechanismen. Wer vor Schmerzen, Verletzungen, Tod und Verlust keinerlei Angst verspürt, der wird nicht lange überleben können. Angst ist also etwas ganz Natürliches. Auf der anderen Seite können Ängste Sie fesseln und die Entfaltung Ihrer Persönlichkeit blockieren. Ängste sind häufig auftretende und starke Hindernisse auf dem Weg zu Ihren Zielen: Angst macht nichts leichter, sondern immer nur schwerer. Selbst die Flucht wird schwieriger!
Ängste sind demnach zwar natürlich – aber was bedeutet das? Auch das Bedürfnis nach Nahrung ist natürlich, nicht jedoch die Gier danach, vier Schokoladentorten zu verzehren.
Ängste kommen »aus dem Bauch«. Deshalb ist es auch vollkommen zwecklos, jemanden, der vor irgendetwas Angst hat, mit logischen Argumenten überzeugen zu wollen. In der Regel wissen die Betroffenen durchaus, dass ihre Angst nicht »vernünftig« ist.

Jeder weiß, dass die Angst vor einer Prüfung weder sinnvoll noch hilfreich ist. Jemand, der Angst hat vor dem Fliegen, kann mithilfe von Statistiken nicht von seiner Angst geheilt werden.
Ängste, die das tägliche Leben stark einschränken, werden immerhin schnell als beeinträchtigend und behandlungsbedürftig erkannt. Doch all die kleinen Ängste, an die sich Menschen nur zu leicht gewöhnen, sind ebenso hinderlich: Schüchternheit, die Angst, konsequent Ziele zu verfolgen, die Angst vor Kritik, die Angst vor Enttäuschungen … Diese Ängste sind gerade deshalb so gefährlich, weil sie nicht als etwas Besonderes auffallen, weil sie »normal« oder sogar vernünftig erscheinen.
Auch Ängste haben natürlich immer eine positive Absicht: Sie sind Signale unseres Unterbewusstseins, das uns vor Gefahren warnen will. Ängste sind Warnrufe einer unserer Subpersönlichkeiten, die uns vor Gefahren schützen will. Wenn wir die positive Absicht unserer Ängste anerkennen und unser Unterbewusstsein davon überzeugen können, dass keine Gefahr besteht, löst sich die Angst auf. Überzeugen können Sie Ihr Unterbewusstsein nicht mit Argumenten – aber mit NLP.

Den Angsthasen bei den Ohren packen

Ängste, die zwar lästig sind, die man aber mit etwas Willenskraft noch überwinden kann, sind sehr häufig – aber weil sie »nur« lästig sind, finden sich die meisten Menschen damit ab. Doch warum sollten Sie das tun? Sie werden erfolgreicher, zufriedener, entspannter und freier sein, wenn Sie ohne diese Ängste leben. Und das können Sie schneller erreichen, als Sie glauben.
Im NLP gibt es viele Techniken, die sich mit dem Problem »Angst« befassen. Zwei ganz einfache Möglichkeiten sind **Reframing** (Seite 140) und **Ressourcen** sammeln (Seite 93, **Circle of Excellence**).

Reframing und **Ressourcen** sammeln bieten Ihnen die Möglichkeit, Situationen, die Ihnen bislang unangenehm waren, als angenehm zu erfahren. Und was Sie als angenehm erleben, werden Sie auch besonders gut und erfolgreich tun können. Die Energie, die Sie früher dafür eingesetzt haben, die Angst mithilfe Ihrer Willenskraft zu besiegen, steht Ihnen nun zur freien Verfügung.

Ängste verstehen

Manchmal sind Ängste so stark, dass es nicht mehr ausreicht, sie umzudeuten oder sie mit inneren Ressourcen zu überwinden. Solche Ängste nennt man auch Phobien. Phobien können sich gegen alles mögliche richten: Tiere, Höhe, Autofahrten, Dunkelheit, Enge, fremde Menschen – sogar gegen so banale Dinge wie Haare oder Federn. Eine Phobie ist in der Regel weit mehr als unangenehm; sie schränkt das Leben des Betroffenen oft erheblich ein. Phobien können sogar lebensgefährlich werden: Es lässt sich leicht ausmalen, was passieren kann, wenn jemand, der auf Spinnen mit Panik reagiert, so ein Tierchen während einer Fahrt auf der Autobahn in seinem Fahrzeug entdeckt!

Eine Phobie ist eine besonders stark ausgeprägte Angst. Charakteristisch für eine solche »Angststörung« ist, dass

- die Bedrohung in ihrer Gefährlichkeit überschätzt wird.
- die Angstreaktion auf die Bedrohung unangemessen ist.
- die Symptome das Lebensgefühl beeinträchtigen.

DEF

Phobien vergehen nicht von selbst oder durch Positives Denken. Sie neigen sogar dazu, sich auszuweiten. Wenn Sie das Gefühl haben, möglicherweise eine Phobie zu haben, probieren Sie ruhig die Übungen in diesem Buch. Aber scheuen Sie sich auch nicht, einen Psychotherapeuten aufzusuchen!

Phobien haben die Neigung, sich selbst zu verstärken. Die natürliche Strategie besteht darin, Angstauslöser zu vermeiden. Jemand, der unter Höhenangst leidet, wird sich der Höhe einfach nicht aussetzen – damit vermeidet er erfolgreich seine Angstzustände. Und wenn man etwas erfolgreich tut, wird man es selbstverständlich wiederholen. Die Vermeidung ist zur Gewohnheit geworden – und das Unterbewusstsein sendet immer öfter das Signal »Angst«.

Das kann so weit gehen, dass jemand der unter Höhenangst leidet, nicht mehr aus dem Fenster im ersten Stock blicken kann. Jemand, der unter Agoraphobie (Angst vor weiten, offenen Plätzen) leidet, wird schließlich überhaupt nicht mehr aus dem Haus gehen, und jemand, der Angst hat vor der Dunkelheit, wagt sich nicht mehr in den Keller seines eigenen Hauses.

Wie kommt es zu solchen starken Ängsten? Die meisten Menschen glauben, ein bestimmtes Ereignis (vielleicht in der Kindheit) habe die Angst ausgelöst. Das ist jedoch eher die Ausnahme als die Regel. Natürlich kann man eine Angst vor Hunden entwickeln, nachdem man von einem Hund gebissen wurde. Doch kaum jemand mit Höhenangst ist jemals vorher beim Bergsteigen abgestürzt.

Einen wichtigen Hinweis gibt oft die Frage nach der **positiven Absicht** der Angst: »Was ermöglicht(e) die Angst?«

Wenn wir diese Frage klären wollen, hilft es nicht, rational und logisch zu sein. Wir müssen auf der emotionalen Ebene nachsehen. Dafür können Sie eine Methode einsetzen, die Sie in ganz ähnlicher Form schon gelernt haben: den **inneren Dialog** zwischen mehreren **Subpersönlichkeiten** – eine dieser Subpersönlichkeiten ist natürlich die Angst, ihr Dialogpartner, der »Held«.

Innerer Dialog mit der Angst

Anwendung: Mut aktivieren und die Angst verstehen

1. Sprechen Sie als »neutraler Moderator« den »Angsthasen« und den »inneren Helden« an. Achten Sie auf eine positive Ansprache. Der »Angsthase« sieht sich in der Regel selbst ganz anders. Fragen Sie ihn nach seinem Namen!
2. Fragen Sie die beiden Teile hintereinander nach ihrer jeweiligen positiven Absicht.
3. Stellen Sie den beiden Teilen nacheinander drei Fragen:
   - Kennst du den Angsthasen/Helden?
   - Ist dir klar, dass der Angsthase/Held eine positive Absicht hat?
   - Kennst du die positive Absicht des Angsthasen/Helden?
4. Lassen Sie dem inneren Dialog freien Lauf und greifen Sie als Moderator nur ein, um sicherzustellen, dass jeder Teil aussprechen kann.

TEC

Sie gehen dabei genauso vor, wie Sie es beim Inneren Dialog (Seite 156, 160f.) gelernt haben. Die SPs lernen sich kennen, stellen ihre positive Absicht vor und versuchen, zu einem Kompromiss zu gelangen.

Bei einer starken Phobie ist das natürlich nur der erste Schritt. Doch es ist ein wichtiger Schritt, mithilfe dessen Sie Ihre Angst besser verstehen. Wenn Sie Ihre Ängste verstehen, verstehen Sie auch die Bedürfnisse, die dahinterstehen. Und wenn Sie die Bedürfnisse verstehen, können Sie sie auf sinnvolle Art und Weise erfüllen und damit die Angst unnötig machen.

Phobien heilen

Im zweiten Schritt wird eine der bekanntesten NLP-Techniken zur Überwindung von Angst eingesetzt: die Phobia-Cure.

Eine Phobie hat sich fast immer im Lauf vieler Jahre entwickelt. Kann man sie mit einer NLP-Übung wirklich so einfach in kurzer Zeit auflösen?
Ja, tatsächlich kann man auch eine starke Angst häufig in kürzester Zeit ablegen. Allerdings ist es wichtig und sinnvoll, anschließend weiterzuarbeiten. Denn der Angst liegen ja unterbewusste Strategien, Glaubenssätze und Gewohnheiten zugrunde. Wenn man eine Angststörung dauerhaft löschen will, muss man auch die Bedingungen, die zur Entstehung der Phobie geführt haben, löschen. Eine Phobie ist eine ernsthafte Angelegenheit. Wir stellen Ihnen hier die Phobia-Cure in einer Form vor, die es Ihnen grundsätzlich ermöglicht, diese Technik nachzuvollziehen. Wenn Sie an einer starken Phobie leiden, würden wir Ihnen allerdings empfehlen, die Hilfe eines qualifizierten Psychotherapeuten in Anspruch zu nehmen – unter Anleitung ist die etwas kompliziertere Übung viel leichter durchzuführen und der Erfolg sicherer.
Aber Sie müssen nicht unbedingt unter einer klinisch relevanten Phobie leiden – Sie können die Phobia Cure natürlich auch bei leichten Ängsten anwenden.

TEC

Phobia Cure

Anwendung: Konkrete Ängste löschen

1. Problem und Ziel klären (Wellformed Outcome)
2. Wohlfühlanker aufbauen
3. »Sicherheits-Sandwich« aufbauen
4. Kinosetup visualisieren
5. Film abspielen: mehrere Durchläufe
6. Nach jedem Durchgang: Schnelldurchlauf
   - Wohlfühlanker abrufen
   - Assoziieren
   - Schnelldurchlauf rückwärts

7. Wiederholen, bis der Film ohne Angst assoziiert erlebt wird
8. Future Pace

1. Problem und Ziel klären

Zu Beginn jeder NLP-Veränderungstechnik sollten Sie Ihr Ziel genau klären. Wenn Ihnen nicht mehr geläufig ist, wie Sie sich ein »Wohlgeformtes Ziel« setzen, blättern Sie noch einmal zu Seite 87 zurück, wo Sie erfahren, wie Sie ein »Wohlgeformtes Ziel« (Wellformed Outcome) zielorientiert formulieren.

Ganz wichtig ist dabei, dass Sie Ihr Ziel positiv formulieren (also: »Ich will … können.« und nicht: »Ich will keine Angst mehr vor … haben.«), dass Sie sich einen Zeitrahmen setzen und natürlich, dass Sie sich auch mögliche unangenehme Konsequenzen der Veränderung klarmachen **(Eco-Check)**.

2. Wohlfühlanker aufbauen

Jetzt beginnt die eigentliche Veränderungsarbeit mit einer wichtigen Vorbereitung: Überlegen Sie sich eine Situation in Ihrer Vergangenheit, in der Sie sich vollkommen sicher, wohl, angstfrei und stark gefühlt haben. Versetzen Sie sich ganz in diese Situation hinein. Erleben Sie diese Situation assoziiert, also aus Ihrer Innen-Perspektive heraus und nicht lediglich als Zuschauer. Wenn Sie das Gefühl der Stärke, des Wohlbefindens und der Sicherheit deutlich spüren, setzen Sie einen **Anker**. Sie machen also eine Bewegung, die Sie mit dem Wohlgefühl verbinden wollen und die Sie nicht zwischendurch versehentlich ausführen. Beispielsweise heben Sie den Arm über den Kopf. Das ist dann Ihr PKA (vgl. Seite 70), Ihr persönlicher Kraftanker.

Dann setzen Sie einen **Separator State**. Das heißt, Sie kommen ganz ins Hier und Jetzt zurück, indem Sie beispielsweise die Augen weit öffnen und in die Hände klatschen.

Wiederholen Sie den Vorgang mehrmals, bis der **Anker** fest mit dem Wohlgefühl verbunden ist. Testen Sie das auch!
Der Wohlfühlanker dient auch dazu, dass Sie schnell wieder aus einer Angstsituation in der Übung herauskommen können, falls Ihre negativen Gefühle zu stark werden.

3. Bauen Sie sich ein »Sicherheits-Sandwich«

Besinnen Sie sich nun auf eine Situation, in der die Angst aufgetreten ist. Sie sollten sich diese Situation jetzt aber noch nicht bildlich vor Augen führen, sondern nur feststellen, wann Sie konkret mit Ihrer Angst konfrontiert wurden.
Wenn Sie das geklärt haben, suchen Sie sich einen Zeitpunkt, der möglichst kurz vor der Angstsituation lag, wo Sie sich aber noch sicher fühlten. Visualisieren Sie diesen Zeitpunkt und erleben Sie bewusst das Gefühl der Sicherheit. Setzen Sie einen **Separator**.
Suchen Sie jetzt nach einem Zeitpunkt, der möglichst knapp hinter der Angstsituation lag, wo Sie sich aber bereits wieder sicher fühlten. Visualisieren Sie auch diese Situation und erleben Sie bewusst das Gefühl der Sicherheit. Setzen Sie einen **Separator**.
Die Angstsituation liegt also nun zwischen zwei klar definierten sicheren Zuständen; sie ist also sozusagen in ein »Sicherheitssandwich« gepackt.

4. Das Kinosetup

Sie wollen sich diese Situation nun vielleicht gar nicht gern genauer ansehen. Das müssen Sie auch nicht! Sie sollen sich erst einmal jemanden ansehen, der jemanden beobachtet, der sich einen Schwarz-Weiß-Film über dieses Ereignis ansieht. In der NLP-Sprache heißt das **doppelte Dissoziation**.
Stellen Sie sich also vor, Sie sitzen im Vorführraum eines Kinos. Durch ein Fenster sehen Sie sich im Saal sitzen. Sie sehen sich den

Film nicht an, sondern nur ihren Stellvertreter, der im Kinosaal sitzt. Der Film beginnt mit der sicheren Situation vor der Angst und endet mit der sicheren Situation nach der Angst.

5. Film abspielen

Der Film, der auf Ihr Zeichen hin beginnt, ist Schwarz-Weiß, läuft etwas zu schnell und ist mit einer beruhigenden oder lustigen Musik (z. B. Zirkusmusik) untermalt. Sie sehen nicht den Film, sondern nur sich selbst, wie Sie sich diesen Film ansehen.

6. Nach jedem Durchgang: Schnelldurchlauf

- Wenn der Film zu Ende ist (in der sicheren Situation) halten Sie den Film an und rufen Sie Ihren Wohlfühlanker ab.
- Versetzen Sie sich jetzt in diese Schluss-Szene des Films hinein (assoziiert), machen Sie die Farben kräftiger und achten Sie auf das Gefühl der Sicherheit.
- Dann lassen Sie den Film im Schnelldurchlauf (in wenigen Sekunden) rückwärts laufen, bis zur sicheren Situation vor der Angst.

7. Wiederholen, bis der Film ohne Angst assoziiert erlebt werden kann

Gehen Sie nun wieder zurück und schauen Sie sich den Film noch einmal an – zunächst wieder als Beobachter des Zuschauers.
Wenn Sie einen Durchgang ohne jedes Angstgefühl erlebt haben, verändern Sie Schritt für Schritt Kleinigkeiten:
Machen Sie das Bild etwas größer, dann geben Sie Farbe dazu, lassen Sie den Film im normalen Tempo und dann mit Originalton ablaufen.
Wenn Sie das alles mit der doppelten Dissoziation völlig angstfrei geschafft haben, verlassen Sie den Vorführraum und nehmen

den Platz des Zuschauers ein (einfach **dissoziiert**). Sie sehen sich nun also selbst den Film an. Sie können wieder mit einem kleinen Schwarz-Weiß-Bild beginnen und dann langsam die Submodalitäten (Größe, Farbe, Ton) verändern.
Wenn es Ihnen schließlich möglich ist, sich den großen farbigen Film mit Originalton unbeschwert anzusehen, steigen Sie in den Film ein (Sie erleben ihn also aus Ihrer Perspektive, **assoziiert**, nicht als Zuschauer).
Ist Ihnen auch das mit positiven Gefühlen möglich gewesen? Nun, dann haben Sie Ihre Angst offensichtlich verloren!

8. Future Pace

Nun hat sich das ja alles in Ihrer Vorstellung abgespielt – vieles hängt davon ab, wie intensiv Sie der Anleitung gefolgt sind. Wenn Sie die Situation, in der Sie früher einmal Angst hatten, in Ihrer Vorstellung tatsächlich unbeschwert und angstfrei erlebt haben – dann gibt es eigentlich keinen Grund, weshalb Ihr Unterbewusstsein das Angstsignal senden sollte, wenn Sie in der Realität mit dieser Situation konfrontiert werden.
Dennoch sollten Sie – um noch mehr Sicherheit zu gewinnen – einen Future Pace machen. Das heißt, Sie stellen sich eine zukünftige Situation vor, in der nach Ihren bisherigen Erfahrungen die Angstgefühle auftreten müssten. Gehen Sie in Ihrer Vorstellung ganz in die Situation hinein und prüfen Sie, ob sich Ihre Gefühle wirklich verändert haben.
Ist auch der Future Pace positiv verlaufen, sollten Sie Ihre neue Freiheit möglichst bald in einer realen Situation überprüfen – dabei werden Sie Ihre Sicherheit endgültig in Bewusstsein und Unterbewusstsein verankern.

Wenn Sie unter starken Ängsten leiden und die **Phobia Cure** machen wollen, denken Sie an Folgendes: Dass Sie die Übungsschritte jetzt gelesen haben, ist noch nicht die Übung selbst! Leiden Sie unter einer Angst, die Sie wirklich behindert, können Sie sich vor allem das, was im Future Pace beschrieben ist, natürlich überhaupt noch nicht vorstellen!
Machen Sie es sich gemütlich und fangen Sie einfach mit Schritt 1 an – und gehen Sie nur so weit, wie Sie möchten. Niemand wird Sie zwingen, sich einer Angst auszusetzen. Sie haben überhaupt nichts zu befürchten. Sie tun nur, was Sie wollen!

Was Ihnen Ihr Körper sagt

Wir haben die Verbindung zwischen Körper, Geist und Gefühl schon einmal angesprochen. Und wenn Sie die Übung **»Sonnenhaltung und Mondhaltung«** (Seite 57) durchgeführt haben, wissen Sie aus eigener Erfahrung, dass Sie mit Ihrem Körper Ihre Gefühle positiv wie auch negativ beeinflussen können.
Wahrscheinlich ist Ihnen klar, dass sich auch Selbstvertrauen und ein gutes Selbstwertgefühl körperlich zeigen. Durch die Veränderung Ihrer Körperhaltung können Sie nicht nur Selbstsicherheit ausstrahlen, sondern tatsächlich auch ein Stück Selbstsicherheit gewinnen. Und da Ihnen das klar ist, wollen wir uns gar nicht weiter damit aufhalten, sondern Ihnen nur empfehlen, ein wenig mit Ihrer Haltung zu experimentieren.
Und dafür werden wir Ihnen eine noch viel interessantere Technik vorstellen. Diese Methode beruht darauf, dass Körperhaltungen starke kinästhetische **Anker** sind – Anker, die manchmal mit negativen Gefühlen verknüpft sind. Die Haltungen des Körpers rufen also bestimmte Gefühlserinnerungen wach und verstärken

die negativen Gefühle. Wegen dieser »Gedächtnisleistung« des Körpers heißt die folgende Technik **Body Mnemonics** – also ungefähr »Körper-Erinnerungen«.

Body Mnemonics

Anwendung: Tief sitzende negative Gefühlszustände harmonisieren

1. **Sonnenhaltung** einnehmen
2. Ins Hier und Jetzt kommen **(Separator)**
3. Negativen Gefühlszustand assoziiert visualisieren
4. Eine Haltung suchen und einnehmen, die zu dem negativen Gefühl passt
5. Diese Haltung schrittweise in die Sonnenhaltung verändern
6. Den Wechsel einüben und automatisieren.

1. Positive Haltung

Erinnern Sie sich noch an die **»Sonnenhaltung«**? Sie stehen aufrecht, aber entspannt da, heben Ihr Kinn ein wenig an, ziehen Ihre Schultern leicht nach hinten, öffnen Ihren Mund ein winziges Stück und heben die Mundwinkel ganz leicht. Atmen Sie einige Male tief ein und aus.

2. Kommen Sie ins Hier und Jetzt

Setzten Sie einen **Separator** – klatschen Sie in die Hände, verlassen Sie die **Sonnenhaltung** und kehren Sie ins Hier und Jetzt zurück.

3. Visualisieren Sie den negativen Gefühlszustand assoziiert

Machen Sie sich ein inneres Bild des Gefühlszustands, der mit einem geringen Selbstvertrauen einhergeht. Denken Sie beispielsweise an eine Situation, in der Sie besonders wenig Selbstvertrauen spürten. Gehen Sie gefühlsmäßig in diese Situation hinein. Erleben Sie sie assoziiert, das heißt, Sie selbst sind das Zentrum und beobachten sich nicht nur.

4. Suchen Sie sich eine diesem Gefühl angemessene Haltung

Lassen Sie Ihrem Körper freien Lauf: Bei unangenehmen Gefühlen entsteht meist der Drang, sich klein zu machen, sich zusammenzurollen, sich zu schützen. Folgen Sie den Bedürfnissen, die Ihnen Ihr Körper signalisiert, bis Sie spüren, dass Ihre Haltung Ihren augenblicklichen Gefühlen entspricht.

5. Verändern Sie diese Haltung schrittweise in die Positive Haltung

Beginnen Sie jetzt damit, Ihre Haltung ganz langsam zu verändern. Beobachten Sie dabei, wann sich Ihre Gefühle verändern und auf welche Art und Weise. Schritt für Schritt verändern Sie Ihre Haltung zur **Sonnenhaltung**.

6. Haltungswechsel einüben und automatisieren

Gehen Sie wieder zurück in die Haltung, die Ihre negativen Gefühle zum Ausdruck brachte. Wiederholen Sie die Veränderung dieser Haltung und verschiedener Zwischenstufen zur **Sonnenhaltung** in unterschiedlichen Geschwindigkeiten.

Das Prinzip, dem diese Methode folgt, entspricht in etwa dem Auditive Belief Change (Seite 121ff.). Doch Gefühlsmuster, die sich in Haltungen eingeprägt haben, liegen meist auf einer tieferen Ebene, die dem Bewusstsein weniger leicht zugänglich ist. Mit **Body Mnemonics** können Sie also auch tiefer sitzende einschränkende Gefühle auflösen, über deren Herkunft Sie nichts mehr wissen. Die Auswirkungen dieser Übung können mitunter sehr überraschend sein.

Gesundheit als Weg

Der natürliche Zustand unseres Körpers ist der Zustand, den wir als Gesundheit bezeichnen. In der mentalen Landkarte vieler Menschen ist die Gesundheit jedoch gar nicht verzeichnet! Wie kann das sein? Gesundheit ist dann eben nur die Abwesenheit von Krankheiten. Eine Medizin oder Psychologie, die sich ausschließlich darauf konzentriert, Schäden, Störungen oder Fehlfunktionen zu »reparieren«, ist sehr kurzsichtig.

Dass eine andere Sichtweise durchaus möglich ist, zeigt folgendes chinesisches Sprichwort: »Ein guter Arzt hat keine kranken Patienten.« Natürlich wäre ein solcher »guter Arzt« bei uns auf Arbeitslosenhilfe angewiesen, denn die meisten Menschen gehen nun einmal nur zum Arzt, um sich »reparieren« zu lassen. Effektiv ist das allerdings nicht.

Das wird deutlich, wenn wir uns einmal ansehen, was geschieht, wenn wir unsere Aufmerksamkeit auf Krankheit richten. Die Fixierung auf Krankheit führt zu Angst vor Krankheiten, Verspannungen und zu unbewussten Autosuggestionen, die Krankheiten eher förderlich sind. Wenn wir uns jedoch auf Gesundheit konzentrieren, führt das zu Lebensfreude, Entspannung und positiven Autosuggestionen, die das Immunsystem aktivieren und die Gesundheit fördern.

Sie dürfen sich eine von beiden Möglichkeiten aussuchen!

Natürlich ist es mit positivem Denken allein nicht getan. Es ist aber sehr wichtig, zu verstehen, dass es sinnvoll ist, den positiven Zustand »Gesundheit« direkt und bewusst wahrzunehmen und anzustreben. Wenn man immer erst eingreift, wenn das natürliche Gleichgewicht gestört ist, leidet man unnötig. Gesundheit ist nicht das Fehlen von Krankheiten, vielmehr ist Krankheit das Fehlen des gesunden Gleichgewichts. Zwischen diesen beiden Sichtweisen besteht ein großer Unterschied. Wenn Sie Ihren gesunden Gleichgewichtszustand als Aktivität auffassen, können Sie bereits kleinste Abweichungen von diesem Gleichgewicht wahrnehmen und entsprechend gegensteuern.

Nehmen Sie sich die Zeit, das Gefühl »Ich bin gesund« einmal genau zu betrachten. Lösen Sie es in seine **Submodalitäten** auf und probieren Sie, ob Sie dieses Gefühl durch kleine Veränderungen an den **Submodalitäten** vielleicht sogar noch verstärken können.

EXP

Mit NLP können Sie sehr viel dazu beitragen, Ihre Gesundheit und Ihr inneres Gleichgewicht zu bewahren – und natürlich auch sinnvoll handeln, wenn Sie doch einmal aus der Balance kommen. Und selbstverständlich geschieht das ständig: Gesundheit ist kein einmal fixierter Zustand, sondern eine Aktivität!

Sprechstunde mit dem Inneren Arzt

Wenn Sie nun tatsächlich gesundheitlich einmal deutlich aus dem Gleichgewicht geraten sind, sehen Sie die Krankheit vielleicht als einen Feind, der bekämpft werden muss. Was Sie zunächst einmal bekämpfen wollen, sind aber die Krankheitssymptome.

Es hat sich oft als sinnvoll erwiesen, die Symptome als Äußerungen des eigenen Körpers zu begreifen und ihnen – im Rahmen des Subpersönlichkeiten-Modells – eine **positive Absicht** zu unterstellen.

Und hier können Sie mit einer Methode ansetzen, die Sie ja schon in anderen Zusammenhängen kennengelernt haben: Führen Sie einen kreativen **inneren Dialog** mit den beteiligten **Subpersönlichkeiten**.

Es ist verständlich, wenn Sie unangenehme Krankheitssymptome einfach nur los sein wollen. Sie wollen sich ja vor allem wohlfühlen. Interessanterweise gelingt Ihnen das aber viel leichter, wenn Sie versuchen, die **positive Absicht** eines Symptoms zu klären – oft wird das Symptom schon allein dadurch überflüssig!

TEC

Symptom Dialog

Anwendung: Krankheitssymptome integrieren und damit überflüssig machen

1. **Subpersönlichkeiten** (SPs) benennen
2. SPs befragen
3. Nacheinander SPs aktivieren und antworten lassen
4. SPs **Ressourcen** austauschen lassen
5. Bei allen SPs nachfragen, ob sie mit Veränderungen einverstanden sind
6. SP-Gruppe als kooperationsbereite Einheit **ankern**

Wir wollen hier nicht den ganzen Prozess noch einmal in allen Einzelheiten erklären. Wenn Sie bisher immer wieder einmal Übungen ausprobiert haben, wissen Sie ja inzwischen bestimmt, wie es geht. Wenn nicht, dann sehen Sie noch einmal beim **Inneren Dialog** (Seite 156, 160ff.) nach.

Mit dem Symptom Dialog können Sie mehr für sich erreichen, als nur ein lästiges Symptom loszuwerden: Sie können die **Positive Absicht** des Symptoms verstehen und dadurch mehr sinnvolle Handlungsmöglichkeiten gewinnen. Und Sie werden Ihr Symptom nicht unterdrücken, sondern Ihr Unterbewusstsein dazu anregen, mit seiner ganzen Kraft an den Wurzeln der Krankheit zu arbeiten.

Schmerzen umformen

Eine hervorragende Möglichkeit, Krankheitssymptome und Schmerzen kurzfristig umzuwandeln, bietet die Veränderung ihrer **Sub-**

modalitäten. Wenn nur ein Aspekt eines komplexen Zustands (beispielsweise Schmerz) verändert wird, verändert sich die gesamte Bewertung. Vor allem in der Schmerztherapie ist diese Methode erstaunlich erfolgreich.

Schmerz-Submodalitäten verändern

Anwendung: Schmerzen oder andere unangenehme Wahrnehmungen durch die Veränderung ihrer Submodalitäten umwandeln

TEC

1. Machen Sie sich ein genaues Bild von dem Zustand.
2. Verändern Sie einzelne Eigenschaften des Bilds.

Sicher kennen Sie diesen Ablauf prinzipiell schon gut. Wir fassen die Technik noch einmal kurz zusammen:

1. Machen Sie sich ein genaues Bild von dem Zustand.

Sie haben beispielsweise Kopfschmerzen. Setzen Sie sich hin, schließen Sie die Augen und nehmen Sie erst einmal achtsam wahr, wie sich der Kopfschmerz tatsächlich anfühlt. Dann sehen Sie genauer hin und suchen Sie nach den **Submodalitäten** in den verschiedenen **Repräsentationssystemen**. Stellen Sie sich dazu folgende Fragen:

- Welche »Farbe« hat der Schmerz?
- Welche »Form« hat der Schmerz; welcher Bereich genau ist betroffen?
- Welche »Struktur« hat der Schmerz? Fühlt sie sich »glatt« oder »rau« an?
- Ist der Schmerz »kalt« oder »warm«?
- Bewegt sich der Schmerz? Pulsiert er? Schneidet er? Zieht er?

Natürlich ist ein Schmerz nicht »wirklich« rot oder blau. Dass diese Submodalitäten aber dennoch vorhanden sind, spüren Sie, wenn

Sie verschiedene Farben vergleichen. Ihre Frage könnte also auch lauten: »Macht der Schmerz eher einen roten oder blauen Eindruck?« Das gilt auch für andere Submodalitäten. Je mehr Submodalitäten Sie untersuchen, desto klarer wird das Bild – und desto leichter können Sie dann Ihre Schmerzwahrnehmung verändern.

2. Verändern Sie einzelne Eigenschaften des Bildes.

Wenn Sie ein detailliertes Bild von Ihrem Schmerz visualisieren können, probieren Sie aus, was geschieht, wenn Sie einzelne Submodalitäten verändern. Fühlte sich der Schmerz »rau« an? Wie verändert er sich, wenn Sie Ihr inneres Bild vom Schmerz »glatt« machen? Wenn Sie es heller oder dunkler werden lassen? Und was geschieht, wenn Sie einmal die Farbe verändern? Es ist wie bei einem Turm aus Bauklötzchen – wenn Sie bestimmte Steine herausziehen, geschieht gar nichts. Bei anderen wackelt es. Und es kann sogar passieren, dass der ganze Turm in sich zusammenfällt. So kann es Ihnen auch mit Ihrem Schmerz ergehen, wenn Sie an der richtigen Eigenschaft »drehen«.

Durch das Verändern der Submodalitäten lassen sich Schmerzen nicht selten abschalten. Das ist es ja auch, was Sie wollen. Denken Sie aber bitte daran, dass Schmerz in der Regel ein Signal ist! Etwas ist nicht in Ordnung. Wenn Sie wissen was – gut: Dann können Sie an der Ursache arbeiten. Wenn Sie es nicht wissen, sollten Sie aber auf jeden Fall den Symptom Dialog durchführen. Und selbstverständlich sollten Sie bei chronischen Problemen einen Arzt aufsuchen und nicht etwa ständig die Symptome durch Veränderungen der Submodalitäten unterdrücken!

Symptome neu bewerten

Eine häufig im NLP eingesetzte Methode ist das **Reframing** (vgl. Seite 140) – etwas einen neuen Bezugsrahmen geben. Das Prinzip ist folgendes: Eine Situation, z. B. ein Muskelkater, wird dann als unangenehm empfunden, wenn die Bewertung negativ ist. Gelingt es, die Bewertung (nicht rational, sondern gefühlsmäßig!) zu verändern, wird die Situation als weniger negativ oder sogar als positiv empfunden: Statt den Muskelkater als Schmerz wahrzunehmen, können Sie ihn auch als Zeichen dafür sehen, dass die sportliche Betätigung Ihre Muskulatur tatsächlich effektiv beansprucht und gestärkt hat – und ihn dann beinahe genießen!

Im Grunde ist das Reframing ein Verändern der Submodalitäten (s. o.) auf einer übergeordneten Ebene; das innere Gesamtbild wird durch eine gefühlsmäßig stimmige Neuinterpretation verändert und damit auch die subjektive Wahrnehmung. Reframing ist eine Methode, die Kreativität erfordert. Ist jedoch erst einmal ein akzeptabler neuer Rahmen gefunden, kann eine sofortige, unmittelbare Veränderung eintreten.

Ein sinnvoller Einsatz des Reframing ist die Neuinterpretation von Krankheitssymptomen. Statt die Krankheit als lästiges Leiden zu betrachten, das bloß möglichst schnell beseitigt werden soll, ist es meist effektiver, die Symptome als Signale des Unterbewussten zu begreifen, das zu Veränderungen aufruft.

TEC

Symptom Reframing

Anwendung: Eine neue Perspektive in Bezug auf eine Krankheit gewinnen

Alter Rahmen	**Reframing**
Ich leide unter Symptom X.	Ich kann eine Botschaft meines Unterbewusstseins als Symptom X wahrnehmen!

Alter Rahmen	**Reframing**
Wegen Symptom X kann ich nicht …	Mein Unterbewusstsein bewahrt mich durch Symptom X vor …
Wenn ich Symptom X nicht hätte, wäre ich gesund und glücklich.	Mein Unterbewusstsein gibt mir durch Symptom X die Möglichkeit … Bekäme ich diese Botschaft nicht, würde mir das fehlen.
Ich muss mich behandeln lassen/Medikamente einnehmen/mich einer Operation unterziehen, um Symptom X zum Verschwinden zu bringen.	Ich bin dankbar für die Botschaft Symptom X – sie gibt mir einen Hinweis darauf, wie ich mein Leben sinnvoller gestalten kann!

Die »Interpretation« von Krankheitssymptomen ist natürlich reine Spekulation. Doch darum geht es überhaupt nicht! Es ist zunächst einmal egal, ob die Interpretation stimmt oder nicht – sie muss nur subjektiv stimmig sein!

Ein verblüffendes Beispiel für die Wirksamkeit eines **Reframing** zeigte ein Klient, der unter starken Kopfschmerzen litt, bis er vom Reframing erfuhr und für seine Schmerzen eine neue Interpretation fand: »Da ist eine Stelle in meinem Kopf, an der gerade neue Ideen entstehen.« – Als er diesen neuen Rahmen gefunden hatte, verschwanden seine Kopfschmerzen augenblicklich!

Es kommt also nicht im Mindesten darauf an, dass die neue Interpretation rational und »wahr« ist, sondern nur darauf, dass Ihr Unterbewusstsein sie akzeptiert! Fühlt sich die Interpretation für Sie stimmig an, heißt das, dass alle Ihre **Subpersönlichkeiten** damit einverstanden sind. Und das wiederum bedeutet: Alle Ihre inneren Kräfte arbeiten daran, dass es Ihnen möglichst gut geht!

Den Anfängen wehren – Gewohnheiten überwinden

Eine Gewohnheit ist in der Regel ein sehr verwickelter geistiger Vorgang. Aber um welche Gewohnheit auch immer es sich handelt: Sie wird durch einen bestimmten Auslöser in Gang gebracht und läuft dann automatisch ab. Beispiele dafür sind die Zigarette nach dem Essen, der Beginn eines Streits auf ein bestimmtes Reizwort hin, der Griff zur Flasche bei Langeweile oder die Expedition zum Kühlschrank in der Fernseh-Werbepause.
NLP bietet Ihnen eine Möglichkeit, den Auslöser mit einem **Swish** ganz schnell zu verändern.

Swish: Eine von Richard Bandler entwickelte NLP-Technik, bei der zwei innere Bilder einander überlagern. Dabei werden die Submodalitäten der negativen Vorstellung auf ganzheitliche Weise verändert und damit der negative Gefühlszustand gelöscht.

NLP

Swish

Anwendung: Ungewollte Reaktionen verändern

1. Problem und Ziel klären (Wellformed Outcome)
2. Zielhandlung/Ressourcezustand assoziiert visualisieren
3. Bild komprimieren
4. Expandieren des komprimierten Ressourcezustands einüben
5. Problemzustand dissoziiert visualisieren
6. Swish (mindestens fünf Mal wiederholen)
7. Future Pace

TEC

1. Klären Sie Problem und Ziel

Bestimmen Sie Problem und Ziel nach dem Wellformed-Outcome-Schema (Seite 87). Das sollten Sie ja inzwischen im Schlaf beherrschen! Wenn nicht, wollen wir es Ihnen noch einmal ans Herz legen: Die klare Vorstellung eines Ziels ist ein großer Teil der Motivation und macht es wahrscheinlicher, dass Sie Ihr Ziel auch erreichen.

2. Visualisieren Sie die gewünschte Zielhandlung

Die Schwierigkeiten, die viele Menschen haben, wenn Sie versuchen, gewohnheitsmäßige Reaktionen zu verändern, entspringen zum Teil der Art und Weise, wie sich die Betreffenden eine Veränderung vorstellen. Häufig ist es so, dass die unerwünschte Verhaltensweise »einfach weg« soll. Wesentlich seltener wird der zweite notwendige Schritt unternommen: zu überlegen, was denn stattdessen geschehen soll!

Das ist keineswegs trivial – der Gedanke, dass etwas nicht geschehen soll, führt ganz automatisch dazu, dass gerade das, was vermieden werden soll, beharrlich den Geist beschäftigt. Überlegen Sie also, welche Reaktion den Platz der gewohnten einnehmen soll.

Wenn Sie wissen, was Sie tun wollen (und nicht nur, was Sie nicht tun wollen!), machen Sie sich ein inneres Bild (wie immer im weitesten Sinn). Versetzen Sie sich in dieses Bild, erleben Sie es assoziiert. Natürlich sollte das, was Sie an die Stelle des Gewohnten setzen wollen, etwas Angenehmes sein. Wenn Sie diese neue Reaktion (einen positiven Ressourcezustand) assoziiert erleben, werden Sie sich schon recht gut fühlen. Versuchen Sie nun, dies noch weiter zu verstärken, indem Sie die **Submodalitäten** verändern: Machen Sie das Bild heller, farbiger, größer … was immer auch dazu führt, dass Sie sich noch besser fühlen werden.

3. Komprimieren Sie Ihr positives Bild

Dieser und der folgende Schritt sind ganz besonders wichtig für den Erfolg des **Swish**. Nehmen Sie sich also ausreichend Zeit dafür! In diesem ersten Schritt ankern Sie das positive Bild mit allen positiven Ressourcen – aber auf eine besondere Art und Weise: Stellen Sie sich vor, wie das Bild auf Punktgröße schrumpft, zu einer »Energiekugel«, wie Sie diese Kugel in die Hand nehmen und Ihre Hand um diese konzentrierte positive Energie schließen. Sie setzen also einen kinästhetischen Anker.
Wiederholen Sie das ein paarmal und konzentrieren Sie sich so intensiv wie möglich auf diesen Vorgang.

4. Üben Sie das Expandieren

Nun erfahren Sie, was es mit dem »Swish« auf sich hat: Sie haben die »konzentrierte Energiekugel« in der geschlossenen Hand – nun versuchen Sie, das positive Bild blitzartig wieder zu expandieren und in Ihr Bewusstsein zurückzuholen. Sie öffnen also Ihre Hand und unterstützen die »Explosion des Energieballs« mit einem zischenden Geräusch – »Sssswischhh«! Klingt das etwas albern? Es hat aber eine wichtige Funktion. Das Swish-Geräusch ist nämlich ein sehr effektiver auditiver **Anker** für das Expandieren! Der **Swish** sollte also in Sekundenschnelle die neue Reaktion (den Ressourcezustand) in Ihrem Bewusstsein aktivieren.
Wiederholen Sie das so lange, bis Sie sicher sind, dass diese Expansion reibungslos funktioniert. In der Regel braucht man dafür etwa fünf Durchgänge. Bleiben Sie bei der Sache: Wenn Sie hier nachlässig sind, wird der Swish nicht vollständig wirken können.

5. Problemzustand dissoziiert visualisieren

Sie wollen ja eine gewohnte Reaktion verändern: Visualisieren Sie also jetzt diese Reaktion – diesmal allerdings dissoziiert, das heißt so, dass Sie sich selbst – sozusagen wie ein Beobachter – von außen sehen.

6. Swish

Nach all diesen Vorbereitungen werden Sie nun den **Swish** einsetzen.

Zunächst haben Sie noch Ihr »Problembild« (Ihre alte, gewohnte Reaktion) vor Ihrem inneren Auge. Machen Sie dieses Bild nun etwas dunkler.

Mit dem **»Swish«** rufen Sie jetzt den Ressourcezustand, die neue Reaktion, auf und überlagern das alte mit dem neuen, positiven Bild. Dabei gehen Sie in drei Schritten vor:

1. Sie schließen die Hand (aktivieren also den kinästhetischen **Anker**, der die »Energiekugel« in der Hand symbolisiert).
2. Sie öffnen Ihre Hand mit dem »Swish«-Geräusch und lassen den »Energieball« explodieren.
3. Die »Explosion« beginnt als heller Punkt in der Mitte des dunkleren Problembilds und überlagert dieses Bild in Sekundenschnelle.

Wiederholen Sie den **Swish** mindestens fünf Mal. Sie können bereits während der Übung feststellen, wie sich die Technik auswirkt: Mit jeder Wiederholung sollte Ihnen Ihr Problembild unwirklicher erscheinen, Sie werden es als immer weniger relevant für Ihr Leben ansehen und möglicherweise sogar Schwierigkeiten haben, sich Ihre gewohnte Reaktion vorzustellen.

7. Future pace

Wie immer sollten Sie auch hier einen Future Pace anschließen, um sich von der Effektivität der Technik zu überzeugen. Visualisieren Sie eine zukünftige Situation, in der Sie früher Ihre gewohnte Reaktion gezeigt hätten und beobachten Sie, wie sich Ihr Verhalten verändert hat.

NLP

Beim Swish nutzen Sie die Tatsache, dass im Bewusstsein nicht zwei gegensätzliche Dinge gleichzeitig existieren können. Die negativen Erfahrungen, die das Problembild bestimmten und die positiven **Ressourcen** schließen einander aus. Die negativen Erfahrungen wurden durch das Verändern ihrer **Submodalitäten** abgeschwächt und dann mit den positiven **Ressourcen** konfrontiert: Dabei wurden keine Impulse unterdrückt, sondern lediglich neue Handlungsmöglichkeiten eröffnet, die vorher nicht möglich waren.
Ihr Unterbewusstes hat nun immer noch die Möglichkeit, die alte Reaktion zu zeigen – aber warum sollte es, wenn ihm eine bessere und effektivere Reaktion zur Verfügung steht?

Manchmal ist das Problem damit verschwunden. Manchmal sind Gewohnheiten aber eine ganze Kette aus verbundenen Gedanken, Gefühlen und Handlungen. Auf jeden Fall ist es gut, dass Sie den Auslöser mit dem **Swish** bearbeitet haben. Doch wenn sich die Gewohnheit dadurch nicht in gewünschter Weise verändert, sollten Sie sich die Strategie ansehen, die Sie dabei verwenden.

Die Strategien von Gewohnheiten verändern

Jedes Verhalten – zum Beispiel eine schlechte Gewohnheit – folgt einer bestimmten Strategie. Diese Strategien sind uns kaum oder gar nicht bewusst. Im Gegensatz zu vielen anderen unbewussten Vorgängen sind Strategien aber durch Achtsamkeit und bewusste Aufmerksamkeit relativ leicht aufzudecken.

Probieren Sie das doch gleich einmal aus: Suchen Sie sich irgendeine Tätigkeit heraus, die Sie häufiger ausführen. Und nun gehen Sie den gesamten Ablauf schrittweise durch. Es geht weniger darum, was Sie äußerlich sichtbar tun, sondern hauptsächlich um die mentalen Vorgänge.

Nehmen wir hier mal als Beispiel den Griff zur Zigarette. Das könnte so aussehen: »Ich denke daran, eine Zigarette zu rauchen – ich stelle mir den Geschmack und die beruhigende Wirkung vor – ich spüre, wie meine Anspannung geringer wird, wenn ich nach der Packung greife – ich denke kurz an die negativen Aspekte des Rauchens, wimmle diese Gedanken aber schnell ab …«

Achten Sie darauf, welche **Repräsentationssysteme** und **Submodalitäten** Sie verwenden.

Das Aufdecken einer Strategie ist natürlich kein Selbstzweck. Es ist sehr hilfreich, wenn Sie etwas verändern wollen. Wenn Sie nämlich die Strategie kennen, nach der ein Verhalten abläuft, das Sie gerne abstellen wollen, sehen Sie schnell, an welcher Stelle Veränderungen notwendig und möglich sind, und welche Teile der Strategie die alte Gewohnheit aufrechterhalten.

Wenn Sie Ihre Strategien kennen, wissen Sie schon sehr viel über sich selbst.

Sehen Sie auch im Alltag immer wieder nach, wie Sie vorgehen. Decken Sie Ihre Motivations-, Ihre Demotivations- und Ihre Kaufstrategie auf.

Beim Aufdecken einer Strategie stellt sich folgende Frage: »Wie mache ich das?« Diese Frage kann ganz überraschende Einsichten vermitteln, vor allem dann, wenn Sie sie auf Verhaltensweisen anwenden, bei denen Sie sich diese Frage bislang nie gestellt haben.

- Wie mache ich es, Angst zu haben?
- Wie gelingt es mir, zornig zu werden und die Beherrschung zu verlieren?
- Wie schaffe ich es, diese schlechte Gewohnheit aufrechtzuerhalten?

Das Aufdecken einer Strategie ist natürlich nur der erste Schritt – es geht Ihnen ja darum, etwas zu verändern, d. h. eine alte Strategie durch eine neue zu ersetzen. Im Folgenden sehen Sie, wie Sie dabei sinnvoll vorgehen können.

Strategie-Planung

Anwendung: Ineffektive Strategien durch effektive ersetzen

1. Ziel genau klären (Wellformed Outcome)
2. Alte Strategie schrittweise durchgehen
3. Neue Strategie konstruieren
4. Neue Strategie assoziiert durchgehen und ankern
5. Future Pace

1. Setzen Sie sich ein klares Ziel

Dieser Schritt sollte Ihnen allmählich zur Gewohnheit werden – und das nicht nur bei der NLP-Veränderungsarbeit! Wenn Sie die einzelnen Schritte noch nicht ganz im Kopf haben, sehen Sie einfach noch einmal nach – auf Seite 87 (Wellformed outcome).

2. Gehen Sie Ihre alte Strategie schrittweise durch

Eine Strategie »aufdecken« heißt, dass Sie sich die Strategie bewusst machen. Sie stellen sich also eine Situation vor, in der das Verhalten auftritt, das Sie verändern möchten. Erleben Sie es assoziiert, bewerten und kritisieren Sie es nicht, sondern sehen Sie es sich einfach achtsam an. Sie können den »inneren Film« langsamer ablaufen lassen und immer wieder zurückspulen, damit Ihnen Ihre Strategie wirklich klar wird.

3. Konstruieren Sie eine neue Strategie

Jetzt können Sie Ihre alte Strategie rational und objektiv betrachten, dabei Fehler aufspüren – und sich eine neue Strategie konstruieren, die das Gewohnheitsmuster durchbricht und in das neue Verhalten mündet, das Sie stattdessen zeigen wollen. Achten Sie dabei darauf, dass Ihre neue Strategie alle Kriterien einer guten Strategie erfüllt:

- Das Ziel ist klar repräsentiert: Das Ziel einer Strategie muss klar sein, sonst ist auch die Strategie nicht klar.
- Der Erfolg kann anhand äußerer Merkmale überprüft werden: Es ist von größter Bedeutung, dass Sie feststellen können, ob Ihre neue Strategie erfolgreich ist! Und zwar sollten Sie das direkt nach dem Ablauf der Strategie an klar definierten äußeren Merkmalen erkennen können.
- Die Strategie spricht alle Sinne an. Der Grund dafür ist, dass ein Verhalten umso fester verankert wird, je mehr **Repräsentationssysteme** beteiligt sind.

4. Neue Strategie assoziiert durchgehen und ankern

Die neue Strategie ist Ihnen nun rational klar. Das allein kann jedoch noch keine Veränderung Ihrer Gewohnheit bewirken. Damit sie wirksam werden kann, müssen Sie diese neue Strategie jetzt

auch Ihrem Unterbewusstsein einprägen. Das heißt: Sie müssen die neue Strategie als wirkliche Alternative erleben.
Dazu gehen Sie jetzt die Strategie Schritt für Schritt assoziiert durch und ankern die einzelnen Schritte. Sie machen sich also ein inneres Bild von einer Situation, in der Ihre alte Gewohnheit mit der alten Strategie zum Tragen kam und wenden nun die neue Strategie an.
Sie beginnen mit dem ersten Schritt Ihrer Strategie:

- Der Auslöser (Start) für Ihre alte Gewohnheit löste früher automatisch den ersten Schritt Ihrer alten Strategie aus. Der erste Schritt Ihrer alten Strategie war beispielsweise, sich beim Gedanken an eine Zigarette sofort das angenehme Gefühl der Entspannung vorzustellen. Hier halten Sie den inneren Film an.
- Nun machen Sie sich ein Bild Ihrer neuen Reaktion. Dazu gehen Sie in Ihrem inneren Film einen Schritt zurück. Auf den Auslöser reagieren Sie nun bewusst mit einem anderen Schritt. Sie stellen sich beispielsweise vor, wie der Rauch in Ihrer Lunge kratzt oder dass jemand, den Sie respektieren, einen negativen Kommentar abgibt. Wiederholen Sie die Verbindung von Auslöser und neuer Reaktion, bis sie selbstverständlich wird. Dabei setzen Sie jedes Mal einen **Anker** (führen Sie beispielsweise Daumen und kleinen Finger zusammen).
- Dann gehen Sie zum nächsten Schritt über. Wiederholen Sie den gesamten Reaktionsablauf bis dahin und ankern Sie auch hier jedes Mal wieder – mit einem neuen **Anker** (führen Sie jetzt beispielsweise Daumen und Ringfinger zusammen). Wenn Sie nun die beiden Anker hintereinander abrufen, sollten automatisch die ersten beiden Schritte Ihrer neuen Strategie ausgelöst werden.

- Gehen Sie auf diese Art und Weise weiter, bis Sie Ihre gesamte neue Strategie installiert haben.
- Gehen Sie dann die neue Strategie noch mehrmals durch und feuern Sie dabei nacheinander die dazugehörigen **Anker** ab. Nach einigen Durchgängen sollte sich die neue Strategie in Ihrem Unterbewusstsein verfestigt und die alte Strategie ersetzt haben.

5. Future Pace

Um den Erfolg der Veränderungsarbeit zu überprüfen, machen Sie auch diesmal wieder den gewohnten **Future Pace**: Sie stellen sich eine zukünftige Situation assoziiert vor, in der Sie früher das gewohnte Verhalten gezeigt hätten. Die **Anker** verwenden Sie dabei nun nicht mehr! Wenn die Veränderungsarbeit erfolgreich war, sollte nun automatisch die neue Strategie anstelle der alten Gewohnheit ablaufen.

Die Veränderung von Strategien ist eine etwas aufwendige, aber effektive Methode, die sehr vielseitig anwendbar ist.
Hier präsentieren wir Ihnen nun noch ein Beispiel dafür, wie eine alte durch eine neue Strategie ersetzt werden kann – in beiden Fällen ist der Auslöser für das Ablaufen der Strategie der Gedanke an leckeres Essen. Alle, die sich schon einmal erfolglos mit einer Diät herumgequält haben, kennen die Macht der Gewohnheit: Die alte Strategie führte dazu, den Kühlschrank zu plündern und sich danach mordsmäßig über sich selbst zu ärgern, die neue Strategie … nun, sehen Sie selbst:

	Alte Strategie	**Neue Strategie**
Start	An Essen denken	An Essen denken
	Geschmack vorstellen	Völlegefühl vorstellen
	Befriedigung durch Essen vorstellen	Positive Aussagen über Schlanksein erinnern
	Zum Kühlschrank gehen und ihn öffnen	Vorstellen, wie es sich anfühlt, schlank zu sein
	Speisen sehen und Geschmack vorstellen (erinnern)	Atemübung, Spaziergang o. ä. machen
Stop	Speisen aus dem Kühlschrank nehmen und essen	Befriedigung über das neue Verhalten bewusst machen
Folgen	Der Bauch fühlt sich voll an.	Der Bauch fühlt sich gut an.
	Der Blick in den Spiegel zeigt Fettpolster, die Waage ein höheres Gewicht an.	Der Blick in den Spiegel und auf die Waage bestätigt den Erfolg
	Ein Gefühl der Unzufriedenheit und Frustration stellt sich ein.	Zufriedenheit und Erfolg verstärken die neue Strategie mit positiven Gefühlen.
Ergebnis	Der Gedanke an Speisen (Verringern der Frustration durch Lustgewinn) taucht wieder auf – der Teufelskreis beginnt von vorn.	Der Gedanke an Speisen löst positive Empfindungen, aber keinen unkontrollierten gewohnheitsmäßigen »Fresstrieb« mehr aus.

Die Vergangenheit heilen

Vielleicht glauben Sie ja, dass Ihre Vergangenheit feststünde. »Da kann man nichts mehr ändern«, glauben die meisten Menschen. Das stimmt vielleicht, was die Ereignisse als solche betrifft – doch es trifft auf keinen Fall für das Erleben und Ihre Wahrnehmung der Vergangenheit zu! Die Vergangenheit, die jetzt in Ihnen ist, ist jetzt vorhanden. Und diese Vergangenheit in Ihnen ist veränderbar.

Heute haben Sie ganz andere **Ressourcen** als früher. Sie verfügen über mehr Fähigkeiten und Erfahrungen. Und Sie können auf Ihrer **Time Line** in Ihre Vergangenheit zurückgehen, die damaligen Erlebnisse neu erleben und sie mit den positiven Ressourcen, über die Sie heute verfügen, anreichern.

TEC

Standard History Change

Anwendung: Alte Lernerfahrungen, die das gegenwärtige Verhalten beeinflussen, durch neue Erfahrungen ergänzen

1. Visualisieren Sie Ihre **Time Line** und setzen Sie einen Gegenwarts-**Anker**
2. Bestimmen Sie das belastende Gefühl/Verhalten, das Sie verändern wollen
3. Gehen Sie vom Gegenwartspunkt rückwärts in Richtung Vergangenheit
4. Treten Sie aus der Time Line heraus
5. Betrachten Sie die erste Erinnerung dissoziiert
6. Laden Sie die Situation mit **Ressourcen** auf
7. Treten Sie wieder in Ihre Time Line ein
8. Gehen Sie auf der Time Line bis zur Gegenwart zurück
9. Rufen Sie den Gegenwarts-Anker ab
10. **Future Pace**

1. Visualisieren Sie Ihre **Time Line**

Die Übung beginnt damit, dass Sie eine Zeitlinie kinästhetisch aufbauen: Das heißt, Sie legen eine Schnur im Raum aus oder bilden mithilfe eines Klebebands eine Linie, an der Sie entlanggehen können und die den Fluss der Zeit symbolisiert. Ist dies räumlich nicht möglich, ziehen Sie als Alternative eine Linie auf Ihrem Schreibtisch, die Sie mit dem Finger abfahren können.

Diese Zeitlinie dient dazu, einen kinästhetischen **Anker** für bestimmte Zeitpunkte in Ihrem Leben zu setzen.

Sie beginnen nun an einem Ende der Linie – dieser Punkt ist die Gegenwart.

Machen Sie sich voll und ganz bewusst, dass Sie hier und jetzt in der Gegenwart sind. Setzen Sie einen kinästhetischen (körperlichen) Anker, der mit dem Gegenwartsgefühl verbunden ist. Legen Sie beispielsweise die linke Hand auf den Bauch. Das ist der Gegenwarts- oder einfach G-Anker.

2. Bestimmen Sie das belastende Gefühl/Verhalten

Machen Sie sich klar, an welchem Gefühl oder welcher Verhaltens- oder Denkweise, die Sie einschränkt, Sie arbeiten wollen. Bestimmen Sie diesen Zustand möglichst genau, indem Sie seine **Submodalitäten** erkunden. Ankern Sie diesen Zustand kinästhetisch: Das ist der »Problem-State-« oder PS-**Anker**. Natürlich muss der PS-Anker ein anderer sein als der G-Anker! Sie könnten dazu beispielsweise die Hand an den Kopf legen.

3. Gehen Sie rückwärts in Richtung Vergangenheit

Sie gehen nun – während Sie den PS-**Anker** halten – langsam vom Gegenwartspunkt aus rückwärts entlang Ihrer Zeitlinie in Ihre Vergangenheit. An jedem Punkt, an dem Sie das Gefühl haben, dass dort eine Erinnerung an das belastende Gefühl/Verhal-

ten/Denken eine Rolle spielte, halten Sie kurz inne und markieren diese Stelle mit Klebeband oder einem Gegenstand.
Auf diese Art und Weise bilden Sie eine Erinnerungskette mit Bodenankern. Sie gehen so weit auf Ihrer Zeitlinie zurück, bis Sie zu der ersten (bzw. als erste gedeuteten) Erinnerung dieser Art kommen.

4. Treten Sie aus der **Time Line** heraus

Treten Sie an dieser Stelle aus der Zeitlinie heraus, lassen Sie den PS-**Anker** los und rufen Sie den G-Anker auf.
Sie stehen nun also neben Ihrer Zeitlinie, an dem Punkt der ersten Erinnerung, die mit dem negativen, belastenden Gefühl/Verhalten/Denken verknüpft ist, sind aber mit Ihrem Bewusstsein wieder ganz in der Gegenwart. Sie betrachten Ihre Vergangenheit jetzt von Ihrem heutigen Standpunkt aus.

5. Betrachten Sie die erste Erinnerung dissoziiert

Sie erleben nun die damalige Situation nicht mehr emotional beteiligt, sondern dissoziiert. Sehen Sie sich die Situation von außen an.
Überlegen Sie nun, welche **Ressourcen** (Ideen, Verhaltensalternativen, Fähigkeiten) über die Sie heute verfügen, Ihnen damals geholfen hätten, die Situation anders – positiver – zu erleben.

6. Laden Sie die Situation mit Ressourcen auf

Suchen Sie bewusst nach Referenzerfahrungen für **Ressourcen** Ihres älteren, erfahreneren Selbst, visualisieren Sie die Ressource-Zustände assoziiert, verstärken Sie sie eventuell durch Veränderungen der **Submodalitäten** und **ankern** Sie sie.
Der Ressource-**Anker** muss sich natürlich sowohl vom G-Anker als auch vom PS-Anker unterscheiden. Außerdem ist es günstig

– wie Sie gleich sehen werden –, wenn Sie den Ressource-Anker so wählen, dass Sie gleichzeitig den PS-Anker aufrufen können.

7. Treten Sie wieder in Ihre **Time Line** ein

Treten Sie an dem Punkt Ihrer ersten PS-Erinnerung wieder in die Zeitlinie ein. Rufen Sie den PS-**Anker** auf und erleben Sie die Situation assoziiert.
Während Sie den PS-Anker halten, rufen Sie nun gleichzeitig den Ressource-Anker auf. Da der Ressource-Zustand und der Problem-Zustand nicht gleichzeitig verwirklicht werden können, wird der PS-Zustand nun gelöscht oder zumindest abgeschwächt. Diesen Vorgang verstärken Sie noch, indem Sie jetzt den Ressource-Anker weiterhin halten und den PS-Anker lösen.

8. Gehen Sie auf der **Time Line** bis zur Gegenwart zurück

Lassen Sie jetzt den Ressource-**Anker** wieder los und gehen Sie entlang Ihrer Zeitlinie zurück zur Gegenwart. An jedem Punkt der Erinnerungskette, wo Sie eine Problem-Erinnerung markiert haben, bleiben Sie kurz stehen und rufen Ihren Ressource-Anker auf.

9. Registrieren Sie Veränderungen

Wenn Sie schließlich am Gegenwartspunkt angelangt sind, rufen Sie den Gegenwarts-**Anker** auf und kehren ganz ins Hier und Jetzt zurück. Drehen Sie sich nun so, dass Sie entlang der Zeitlinie sozusagen in Ihre Vergangenheit blicken. Überprüfen Sie, wie und ob sich Ihre Gefühle hinsichtlich Ihrer Vergangenheit und insbesondere hinsichtlich Ihrer Erinnerungen verändert haben.

10. Future Pace

Wenn Sie eine positive Veränderung ausmachen konnten, prüfen Sie nun noch die Auswirkungen auf Ihre zukünftigen Gefühle. Gehen Sie auf der **Time Line** noch ein Stück weiter in die Zukunft, wobei Ihr Blick auf den Gegenwartspunkt gerichtet bleibt. Überprüfen Sie wieder, wie sich Gefühle, Verhalten und Denkweisen verändert haben.

Die Technik **History Change** ist zugegebenermaßen ein bisschen kompliziert. In der Regel werden Sie besser damit zurechtkommen, wenn Sie dabei Unterstützung von einem NLP-Coach bekommen. Doch wenn Sie es sich zutrauen, oder auch wenn Sie es sich nicht zutrauen und nur ein wenig experimentierfreudig sind, sollten Sie diese äußerst kraftvolle Technik ausprobieren.

Die Zeitlinie reinigen

Mit der **Time-Line** kann man sehr kreativ arbeiten: So können Sie beispielsweise die **Swish**-Technik (Seite 217), **Body Mnemonics** (Seite 208) oder die Phobia-Cure (Seite 201f.) einsetzen, um belastende Erlebnisse in Ihrer Vergangenheit anzugehen. Sie können mit **Reframing** (Seite 140) oder **Subpersönlichkeiten** wie dem **Inneren Kind** arbeiten.

TEC

History Change II

Anwendung: Alte Lernerfahrungen, die das gegenwärtige Verhalten beeinflussen, durch neue Erfahrungen ergänzen

1. Visualisieren Sie Ihre **Time Line** und markieren Sie auffällige Punkte
2. Besuchen Sie den frühesten auffälligen Abschnitt auf Ihrer **Time Line**
3. Rufen Sie Ihren **State of Excellence-Anker** auf

4. Nehmen Sie mit Ihrer Subpersönlichkeit »mein früheres Ich« Kontakt auf
5. Beraten Sie Ihr früheres Ich aus Ihrer **State of Excellence**-Sicht
6. Verabschieden Sie sich und gehen Sie in die Gegenwart zurück
7. Blicken Sie zurück und registrieren Sie Veränderungen

Die Kunst des Verzeihens

Einer der wichtigsten Schritte zur Heilung alter emotionaler Verletzungen ist das Verzeihen. Daher zum Abschluss des Kapitels nun noch ein kleiner Exkurs über die Kunst des Verzeihens.

Über die Kunst des Verzeihens

Wie würden Sie wohl von jemandem denken, der einem anderen, der ihm einen Schaden zugefügt hat, von da an ständig einen großen Sack mit altem Schrott hinterhertrüge? Derjenige, der den schweren Sack trägt, stöhnt unter seiner Last, während derjenige, dem er den Schrott hinterherträgt, darauf gar keinen Wert legt und dafür auch nicht im mindesten dankbar ist, sich andererseits jedoch auch keineswegs gestört fühlt. Natürlich ist diese Vorstellung ziemlich abwegig – aber genau das geschieht andauernd!

Viele Menschen tragen denen, die ihnen Schaden zugefügt haben, die sie emotional verletzt haben, etwas nach! Nach-tragend zu sein, ist absolut sinnlos. Weder nützt es dem Nachtragenden noch schadet es demjenigen, dem etwas nachgetragen wird.

Zu verzeihen ist dagegen einfacher, als Sie vielleicht meinen. Verzeihen ist, wenn Sie sich das Bild des Nachtragens noch einmal vergegenwärtigen, viel, viel leichter, als nicht zu verzeihen. Wenn Sie jemandem, dem Sie bisher etwas nachgetragen haben, verzeihen, legen Sie eine große Last ab und werden sich fragen, weshalb Sie diese Last überhaupt so lange mit sich herumgeschleppt haben!

Auch beim Abwerfen der Last alten Grolls ist Einsicht allein oft nicht ausreichend. Wenn Sie sich jedoch bereits beim Lesen ein klares Bild davon gemacht haben, wie unangenehm es für Sie ist, jemandem etwas nachzutragen, haben Sie dabei bereits **Submodalitäten** verändert, ein **Reframing** gemacht und einen **Limiting Belief** verändert. Sie haben also ganz nebenher und intuitiv Methoden des NLP angewendet. So ist es ideal! Haben Sie den Text hingegen nur überflogen und ein wenig darüber nachgedacht, sehen Sie vermutlich ein, dass es unsinnig ist, jemandem etwas nachzutragen. Aber es hat an Ihren Gefühlen vermutlich noch nichts verändert. Nun – dann können Sie die NLP-Techniken jetzt ganz bewusst einsetzen:

1. Löschen Sie mit dem **ABC** (Seite 121ff.) den Glaubenssatz, dass Sie etwas nachtragen müssen.
2. Machen Sie ein **Reframing** (Seite 140). Betrachten Sie das Nachtragen unter dem Aspekt, dass es mühsam für Sie ist.
3. Verändern Sie die **Submodalitäten** (Seite 31) Ihrer Wut auf den, der Sie verletzt hat.

Zusammenfassung des Kapitels

In diesem Kapitel haben Sie erfahren, wie Sie mit NLP seelische Probleme, schlechte Gewohnheiten und alte Verletzungen heilen können:

- Sie haben mit der **Phobia Cure** eine Möglichkeit kennengelernt, Ängste aufzulösen.
- Sie haben die Methode **Body Mnemonics** kennengelernt und konnten dabei erfahren, wie Ihnen Ihr Körper Dinge über Sie selbst sagen konnte, die Ihr Bewusstsein noch nicht wusste.
- Sie wissen nun, dass es den »inneren Schweinehund« nicht wirklich gibt, sondern dass auch Ihre weniger guten Gewohnheiten **positive Absichten** haben.
- Sie haben die Arbeit mit **Strategien** im NLP kennengelernt.
- Sie wissen, wie Sie Verbindung mit Ihrem Inneren Arzt aufnehmen können, um die Heilung von Krankheiten zu erleichtern.
- Sie haben gelernt, wie Sie mit der NLP-Methode **History Change** alte seelische Verletzungen heilen können.

Kapitel 8

Ihr Job, Ihr Beruf, Ihre Berufung

NLP im Beruf

Die meisten Menschen verbringen mindestens die Hälfte ihrer Wachzeit in ihrer Arbeit. Arbeit ist also ein ziemlich wichtiger Teil des Lebens. Und wenn man gerade auf Arbeitssuche ist, hat man ebenfalls einen anspruchsvollen, wenn auch unbezahlten Job.
In diesem Kapitel werden Sie erfahren, wie Sie das, was Sie bisher schon über NLP gelernt haben, im Berufsleben anwenden können. Und Sie werden entdecken, wie Sie lieben können, was Sie tun und wie Sie Ihre beruflichen Ziele mit Ihren Werten in Einklang bringen.

Ziele

Ihre beruflichen Ziele sollten Sie nicht anders angehen als andere Ziele auch: Am Anfang sollte eine möglichst gute Klärung Ihres Ziels stehen. Und mittlerweile wissen Sie ja, dass die **Well-formed-Outcome**-Strategie (Seite 86f.) dabei eine großartige Hilfe ist.
Es wird oft von »Work-Life-Balance« gesprochen. Dahinter steckt die Idee, dass Leben und Beruf im Gleichgewicht stehen sollten. Der Ansatz ist an sich nicht schlecht – doch Sie können nur zwei Dinge ins Gleichgewicht bringen, die sich auf unterschiedlichen Seiten befinden. Ihr Beruf steht aber gar nicht im Gegensatz zu Ihrem Leben! Zumindest sollte er das nicht.
Was erwarten Sie von Ihrem Beruf? Wenig Arbeit, gute Bezahlung, viel Freizeit? Das sind alles attraktive Faktoren. Aber nichts davon wird Sie wirklich zufrieden machen. Eine Arbeit, die nicht mehr zu bieten hat, wird tatsächlich im Gegensatz zu Ihrem Leben stehen.

Was wirklich befriedigt, steht nie im Gegensatz zu Ihrem Leben:

- **Anerkennung:** Menschen bewerten das, was Sie tun, positiv.
- **Selbstbestimmung:** Sie handeln nicht wie ein Roboter, sondern treffen eigene Entscheidungen.
- **Erfüllung:** Was Sie tun, führt zu einem Gefühl der Befriedigung oder des Wachstums.
- **Werte:** Das was Sie tun, steht im Einklang mit Ihren Werten.

Wenn Sie es für unrealistisch halten, das in Ihrem Beruf zu erreichen, lautet unser erster Rat: Versuchen Sie, mit dem **Auditive Belief Change** (Seite 121ff.) diesen **Einschränkenden Glaubenssatz** aufzulösen. Denn der feste Glaube daran, dass Sie sich mit einer unbefriedigenden, entfremdeten und Ihren Werten entgegengesetzten Arbeit abfinden müssten, behindert Sie nur. Viel sinnvoller ist es, wenn Sie Ihren Blick von den Problemen ab- und sich Ihren Zielen zuwenden. Die Lösungen mögen nicht einfach sein, vielleicht sind sie auch ganz anders, als Sie es erwarten – aber sie geben Ihnen mehr Handlungsspielraum und Entscheidungsfreiheit.
Um ein sinnvolles berufliches Ziel zu finden, ist es nötig, dass Sie sich erst einmal mit Ihren Werten und Ihrem Lebensleitziel (Seite 147ff.) beschäftigen.
Was wollen Sie wirklich? Das ist die zentrale Frage. Natürlich können Sie sich auch dafür entscheiden, alles so zu lassen, wie es ist. Die Entscheidung liegt bei Ihnen.
Doch wir werden versuchen, Sie bei der Entscheidungsfindung zu unterstützen. NLP stellt gute Werkzeuge dafür zur Verfügung.

Motiviert und motivierend

Man tut nichts ohne ein Motiv. Nun kann das Motiv darin bestehen, seine Arbeit zu tun, weil man ja irgendwie seinen Lebensun-

terhalt bestreiten muss. Auch das ist eine Motivation. Aber keine, die Ihre Lebenszufriedenheit erhöht. Sie machen sich damit abhängig und lassen sich fremd bestimmen. Das geht besser. Immer. Es gibt immer eine Alternative. Und die besteht nicht etwa darin, dass Sie Ihren Job hinschmeißen müssen. Nicht einmal innerlich. Motiviert zu sein, heißt nicht, dass man vor Begeisterung völlig aus dem Häuschen ist. Doch je stärker die Motivation, desto geringer werden die Widerstände und unangenehmen Gefühle.
Wenn Ihre Arbeitsmotivation ausschließlich auf Geld gründet, raten wir Ihnen dringend, sich noch einmal mit dem Abschnitt »Geld als Ziel« (Seite 84) und dort insbesondere mit dem Gedankenexperiment »Der Lottogewinn« zu beschäftigen. In der Regel ist das Ziel »Geld« ein Scheinziel. Es erfüllt zwar manchmal sogar das, was man sich davon verspricht – doch meist ist es ein gewaltiger Umweg. Für gewöhnlich können Sie Ihre wirklich wichtigen Ziele ohne diesen Umweg direkter und effektiver erreichen.
Es lohnt sich immer, wenn Sie Ihre Arbeit motivierend und erfüllend gestalten. NLP bietet Ihnen dafür folgende Werkzeuge an:

- Auditive Belief Change (Seite 121ff.)
- Reframing (Seite 140)
- Motivatoren finden (Seite 108)
- Mit Submodalitäten die Motivation für ein Ziel verstärken (Seite 31)

Und wenn Sie damit immer noch nicht vorankommen, setzen Sie die **Walt-Disney-Technik** (siehe die Seiten 128, 130f.) ein, um nach neuen Möglichkeiten zu suchen.

Was auch immer Sie beruflich machen – es ist wichtig, dass Sie lieben, was Sie tun.

Das sollten Sie auch berücksichtigen, wenn Sie selbst Arbeitgeber sind: Nur wenn Ihre Angestellten lieben, was sie tun, werden sie hochmotiviert sein. Gleichzeitig werden die Produktivität und die Arbeitsmoral steigen, und die Ausfälle durch Krankheit werden weniger.

Grundsätzlich beeinflussen zwei wichtige Faktoren die Arbeitsmotivation: Kommunikation und Flow. Kommunikation (ab Seite 173ff.) ist der beste Weg, Mobbing zu verhindern. Und der beste Weg, Arbeit als einen befriedigenden und motivierenden Teil seines Lebens zu empfinden, ist **Flow**.

Was hat es mit diesem »Flow« auf sich – und wie können Sie und Ihre Angestellten bei der Arbeit »ins Fließen« kommen? Wir wollen uns nun genauer mit diesem wichtigen Prinzip befassen.

Im Flow sein

Flow ist ein Zustand, in dem alles rund läuft. Wenn Sie »im Flow" sind, können Sie Ihr Bestes geben, ohne sich gestresst zu fühlen. Sind Sie im Flow, sind Sie ganz bei der Sache, sind voll im Jetzt und machen sich keine Sorgen. Vielleicht haben Sie noch nie von »Flow« gehört – doch das Gefühl kennen Sie ganz bestimmt!

DEF

Der Begriff **Flow** (engl. »Fließen«) wurde 1975 von dem Psychologen Mihály Csíkszentmihályi geprägt. Flow ist das Gefühl des völligen Aufgehens in einer Tätigkeit. Flow kann nur in einem Bereich zwischen Überforderung und Unterforderung entstehen.

Tätigkeiten, bei denen man im Flow ist, müssen nicht spektakulär sein. Sowohl im Sport als auch bei handwerklichen Tätigkeiten und sogar beim Autofahren kommt es oft zu Flow-Zuständen. Tatsächlich können wir bei den allermeisten Tätigkeiten in Flow kommen. Nur merken wir es nicht so leicht. Sind wir im Flow, sind wir ganz bei dem, was wir tun. Das Glücksgefühl im Flow nehmen wir aber gar nicht in dem Moment wahr, in dem es stattfindet – wenn wir darüber nachdenken, wie wir uns fühlen, fallen wir aus dem Flow-Zustand heraus. Vor allem bei der Arbeit gehen die Momente, in denen wir im Flow sind, leicht unter. In den Augenblicken, wo wir konzentriert, aber nicht überfordert arbeiteten, waren wir sorgenfrei. Doch wenn dieser Zustand beendet ist, haben wir in der Regel gar keine Zeit, uns dieses gute Gefühl bewusst zu machen.

Suchen Sie nach **Referenzerlebnissen**: Wann haben Sie etwas getan,

- wobei Sie nicht über andere Dinge des Alltags, sich selbst oder Ihr Leben nachdachten,
- wobei Sie ein Ziel vor Augen hatten,
- wobei sich nicht langweilten,
- wodurch Ihre Fähigkeiten und Ihre ganze Konzentration gefordert waren,
- wobei Sie nicht überfordert und gestresst waren,
- wobei Sie jederzeit wussten, ob Sie es richtig machten oder nicht.

EXP

Sehen Sie sich diese Referenzerlebnisse dann genau an und versuchen Sie herauszufinden, was ihnen allen gemeinsam ist.

Die richtige Anforderung

Machen wir uns noch mal ganz klar, was nötig ist, um in den Flow-Zustand zu kommen. Es gibt drei wichtige Bedingungen:

- Erstens: Das Können muss den Anforderungen die Waage halten. Wenn die Anforderungen zu hoch sind, kommt es zu Stress, nicht zum Flow. Sind die Anforderungen dagegen zu gering, führt das zur Langeweile – einer besonders schlimmen Form von Stress.

- Zweitens: Das Ziel und die unmittelbare Rückmeldung sind wichtig. Im Büro oder auch im Haushalt fehlt oft beides. Man arbeitet, aber es ist eigentlich nicht klar, was man nun genau tun soll, wo das Ziel liegt, oder was man eigentlich wirklich geschafft hat.
- Wir müssen uns auf die Tätigkeit konzentrieren können. Durch ständige Unterbrechungen wird auch der Flow unterbrochen.

Auf die Tätigkeit selbst kommt es kaum an. Sie kann so anspruchsvoll sein wie Klettern im höchsten Schwierigkeitsgrad oder Programmieren oder so einfach strukturiert wie Akten ordnen oder Regale einräumen. Wichtig ist nur, dass das individuelle Können zum Schwierigkeitsgrad passt.

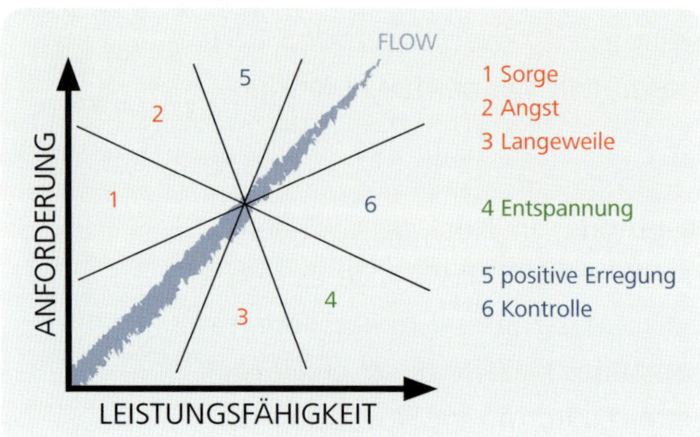

Grafik Flow

Für ein Kleinkind ist das Gehen eine höchst anspruchsvolle Sache, die seine ganze Aufmerksamkeit fordert, und die gerade an der Grenze seiner Fähigkeiten angesiedelt ist. Sehen Sie sich mal ein Kind an, das gerade Laufen lernt! Sie werden an seinem Gesichtsausdruck erkennen, dass es ihm einen Riesenspaß macht.

Wäre es nicht gut, alles so zu tun wie ein Kind, das Laufen lernt? Mit voller Konzentration, von ganzem Herzen, ohne lange Kosten-Nutzen-Rechnung und mit jeder Menge Spaß? Klar wäre das gut. Und es ist auch machbar.

Die Dinge ins Fließen bringen

Wenn Sie in Ihrem Job – oder in Ihrem Leben! – nicht ganz zufrieden sind, liegt das in erster Linie daran, dass Sie nicht häufig genug im Flow sind.

Sie können aktiv dafür sorgen, Flow häufiger zu erleben:

- Indem Sie sich klare Ziele setzen. Diese Ziele können auch ganz kurzfristige, an einem Arbeitstag erreichbare sein.
- Indem Sie dafür sorgen, dass Sie immer Bescheid darüber wissen, ob Sie sich gerade in die richtige Richtung bewegen.
- Indem Sie Ihr Können und die Anforderungen einander angleichen.
- Indem Sie sich eine halbe Stunde Zeit geben, um in Flow zu kommen – so lange dauert es nämlich in der Regel, bis das Gehirn »umschaltet«.

Zuerst aber mal die einfachste Methode, in Flow zu kommen: Machen Sie es sich bloß nicht zu schwer! Und lassen Sie es sich auch nicht zu schwer machen! Es führt zu Stress, nimmt Ihnen die Lebensfreude und verhindert auch das kleinste bisschen Flow. Nun arbeiten wir aber nicht in erster Linie, um im Flow zu sein, sondern um eine Leistung zu bringen, um Gewinn zu erwirtschaften, um die Firma am Laufen zu halten. Und nicht um möglichst wenig Stress, möglichst viel Lebensfreude und so oft wie möglich Flow zu erleben. Das ist aber ziemlich kurzsichtig und ineffektiv.

PRA

Machen Sie sich klar: Wenn Sie (und/oder Ihre Untergebenen) nicht im Flow sind, sinkt nicht nur die allgemeine Lebensfreude, sondern ebenso die Leistungsfähigkeit und Effizienz!

Wenn Sie nur noch darüber genervt sind, dass man Ihnen immer mehr abverlangt, können Sie nicht Ihr Bestes geben, so sehr Sie sich auch abstrampeln. So sehr Sie oder Ihr Vorgesetzter das auch wollen – Sie können nicht mit der rechten Hand einen Auftrag bearbeiten, mit der linken Hand eine E-Mail schreiben und gleichzeitig am Telefon mit einem Kunden einen Vertrag aushandeln.

Manchen Menschen wächst irgendwann alles so gründlich über den Kopf, dass sie mit einem Burn-out zusammenbrechen. Oder gerade noch die Reißleine ziehen können und sich innerlich völlig von ihrem Job verabschieden. Aber wenn Sie daraus den Schluss ziehen, es wäre am besten, einfach alles an sich vorüberziehen zu lassen, sich jeder Leistung zu verweigern, nur das Nötigste zu tun und die Hände in den Schoß zu legen, dann sind Sie damit genauso auf dem Holzweg, wie wenn Sie sich überfordern (lassen). Liegt Ihr Können deutlich über den Anforderungen, führt das nämlich ebenfalls zu Stress. Es gibt kaum etwas Stressigeres als Langeweile, das Gefühl unterfordert zu sein und sich durch Monotonie zu quälen. Auch dann sind Lebensfreude und Flow unmöglich.

Besser als optimal geht nicht!

Wird Ihr Job zu stressig, und fordert Ihr Chef immer mehr, ist das keine angenehme Situation. Sie »müssen« und wollen Ihr Bestes geben, aber es ist zu viel oder zu schwierig. Dann haben Sie die Wahl zwischen den folgenden beiden Möglichkeiten:

- Ihnen bricht der Schweiß aus, und Sie arbeiten völlig gestresst, immer mit dem Blick auf die Uhr, ob Sie es in der

Zeit noch schaffen. Sie haben begründete Befürchtungen, dass Sie das nicht lange durchhalten und irgendwann krank werden.

- Sie konzentrieren sich ganz auf das, was Sie tun und arbeiten in dem Tempo, bei dem Sie nach Ihrem eigenen Empfinden weder über- noch unterfordert sind, bei dem alles rund läuft. Ihre Fähigkeiten wachsen dabei mit.

Vielleicht schaffen Sie mit keiner der beiden Strategien die Vorgaben, wenn diese zu hoch sind. Doch eins ist sicher: Bei der ersten Vorgehensweise wird ein großer Teil Ihrer Energie durch Versagensängste, Sorgen um mögliche Konsequenzen, Selbstzweifel oder Wut über Ihre Lage vergeudet – Energie, die nicht in Ihre Produktivität und Ihre Lebenszufriedenheit fließt.
Die zweite Strategie führt in jedem Fall zu mehr Produktivität als die erste. Bei der zweiten Strategie können Sie sich wohlfühlen und gleichzeitig mehr schaffen, sogar dann, wenn Sie sich mit hohen Anforderungen konfrontiert sehen!
Schwitzen und Angst haben bringt nichts. Ganz gleich, wie sehr Sie sich verausgaben und sich stressen lassen: Besser als optimal geht nicht! Sie sind am effizientesten und am besten, wenn Sie im Flow sind. Gleichzeitig sind Sie dann auch am ausgeglichensten und zufriedensten.

Wenn Sie in Ihrer Arbeit aber keineswegs völlig überfordert sind, sondern Ihnen eher Unterforderung und Langeweile auf die Nerven gehen, haben Sie unendlich viele verschiedene Möglichkeiten, Flow herzustellen. Machen Sie es sich schwerer!
Das klingt natürlich erst einmal nicht gerade nach einem guten Tipp, um seine Arbeit befriedigender zu machen. Doch es ist tatsächlich so.

Möglichkeiten, die Arbeit komplexer werden zu lassen

- Die (monotone) Arbeit zu einer Achtsamkeits-Meditation machen: Kommen Sie ganz in den Moment und achten Sie ganz genau auf das, was Sie tun. Je einfacher die Tätigkeit, desto mehr Feinheiten können Sie erkennen. So wird die Tätigkeit so anspruchsvoll, wie Sie wollen.
- Nach Vollkommenheit streben: Versuchen Sie, das was Sie tun, perfekt, fließend und optimal zu tun. Selbst dann, wenn Sie eine sehr einfach strukturierte Tätigkeit haben, ist es eine Herausforderung, sie perfekt auszuüben – und viel befriedigender.
- Neugierig sein: Interessieren Sie sich für die Einzelheiten dessen, was Sie tun. Dabei können Sie beliebig in die Tiefe gehen. Selbst wenn Ihre Tätigkeit ganz simpel ist – die Zusammenhänge und Einzelheiten können beliebig komplex werden. Mit Ihrer Kenntnis der Details wachsen Ihre Qualifikation und Befriedigung.
- Die Menschen in den Mittelpunkt stellen: Achten Sie auf die menschlichen Interaktionen bei Ihrer Arbeit. Sehen Sie sich noch einmal den Kommunikationsball (Seite 175) an und versuchen Sie, die verschiedenen Ebenen der Kommunikation zu durchschauen. Dabei erwerben Sie eine Fähigkeit, die Ihnen in jedem Bereich Ihres Lebens hilfreich sein wird.

Wie Sie sehen, lässt sich ein Job, der Sie unterfordert, in einen optimal fordernden Job verwandeln – und dabei können Sie nur gewinnen.

Wenn Sie richtig effizient sind, werden Sie Ihren Job natürlich gut machen. Das könnte Ihre Beförderungschancen erhöhen, Ihnen mehr Anerkennung und eine Gehaltserhöhung eintragen. Si-

cher – auch wenn Sie sich stressen und abquälen, wenn Sie Ihre Freizeit, Ihr Wohlbefinden sowie Ihre körperliche und seelische Gesundheit für den Job opfern, können Sie vielleicht beinahe so hohe Leistungen erbringen. Und doch gibt es gravierende Unterschiede: Ein Opfer hat eine andere Ausstrahlung als ein Macher, ein unglücklicher, gestresster Mensch eine andere als ein ausgeglichener und zufriedener. Das wird keiner übersehen können. Auch Ihr Chef nicht.
Flow tritt dann auf, wenn Ihr Bewusstsein mit Erlebnissen gefüttert wird, die miteinander im Einklang stehen. Wenn Sie etwas widerwillig tun, ist das immer auch ineffizient. Wenn Sie etwas aus Pflichtbewusstsein tun, ist es nur unwesentlich besser. Nur wenn Sie etwas freiwillig, mit ganzem Herzen tun, können Sie Ihr Bestes geben und dabei im Einklang mit sich selbst sein – und dadurch ungeahnte Energien wecken.

Wenn es Ihnen gelingt, in Flow zu kommen oder Ihren Mitarbeitern Flow zu ermöglichen, stimmt alles. Menschen die sich bei ihrer Arbeit wohl fühlen, sind zufriedener, seltener krank und produktiver. So wäre es ideal. Aber machen wir uns nichts vor: Das Leben, insbesondere das Arbeitsleben, verläuft natürlich nicht immer so ideal. Insbesondere zwei Probleme haben direkt mit der Arbeit zu tun. Diese zwei Probleme schaden der Gesundheit und der Lebenszufriedenheit, aber auch der Volkswirtschaft: Mobbing und Burn-out.

Mobbing

Mobbing ist zu einer der häufigsten Ursachen von Arbeitsunfähigkeit geworden. Für die Betroffenen bedeutet es einen enormen Verlust an Lebensqualität. Manchmal müssen sie ihre Arbeit sogar aufgeben – oder sie verlieren ihren Arbeitsplatz. Für den Arbeitgeber bedeutet es Produktivitätsverlust und Kosten.

DEF

Der Begriff »Mobbing« wurde 1963 von dem berühmten Verhaltensforscher Konrad Lorenz für Gruppenangriffe von Tieren auf überlegene Gegner geprägt. Peter-Paul Heinemann verwendete ihn einige Jahre später für Gruppenattacken auf Personen, die von der Norm abweichen. Der Begriff, wie wir ihn heute gebrauchen, wurde von dem Arzt und Psychologen Heinz Leymann definiert.
Nach einer groben Definition ist Mobbing »regelmäßiges Schikanieren anderer Menschen in fest umrissenen Situationen wie Schule, Gefängnis, Altenheim, Internet oder Arbeitsplatz«. Typisch für Mobbing am Arbeitsplatz sind sexistische Bemerkungen, Ausschluss aus der Gruppe, Verbreitung falscher Tatsachenbehauptungen, ungerechtfertigte Kritik an den Arbeitsleistungen oder die Zuweisung sinnloser Aufgaben.
50 Prozent aller Mobbingopfer werden krank oder sogar arbeitsunfähig. Die volkswirtschaftlichen Kosten liegen in Milliardenhöhe.
Obwohl das Wort »Mobbing« aus dem Englischen kommt, wird es im englischsprachigen Raum nicht verwendet; dort heißt es »Bullying«.

Jeder Mensch sollte eigentlich daran interessiert sein, Mobbing zu verhindern oder zu stoppen. Aber warum existiert Mobbing dann überhaupt?

- **Unzufriedenheit des Mobbers:** Unausgefülltheit am Arbeitsplatz, allgemeine Lebensunzufriedenheit oder konkrete private Probleme führen zu einem Spannungszustand, der sich dann in irrationalem Verhalten wie Mobbing ausdrückt.

- **Mobbing förderndes Betriebsklima:** Das Klima am Arbeitsplatz kann Mobbing fördern oder einschränken. Ist eine Art von Ellbogenmentalität die Vorgabe – in der irrigen Annahme, dadurch würden sich die Leistungsstärksten durchsetzen – führt das zu Stress und antisozialem Verhalten, das Mobbing Vorschub leistet.
- **Gruppendynamische Effekte:** Es gibt nicht so viele Menschen, die von sich aus zu Mobbern werden. Mitläufer mobben oft mit, weil sie sich einer Gruppe zugehörig fühlen (wollen). Und anderen fällt das Ungute an der Situation durchaus auf, sie werden aber nicht aktiv, da jeder meint, es gäbe genug andere, die etwas unternehmen sollten.

Mobbing trifft Menschen mit geringem Selbstbewusstsein natürlich häufiger. Doch sie sind ebenso wenig schuld daran, dass sie Opfer von Mobbing werden, wie Raub- oder Vergewaltigungsopfer schuld daran sind, zum Ziel von Angriffen geworden zu sein.
Auf der anderen Seite müssen wir uns fragen, ob es sinnvoll ist, den aktiven Mobbern die Schuld zu geben. Führen Schuldzuweisungen überhaupt weiter? In manchen Fällen kann es so sein – wenn der Arbeitgeber Konsequenzen zieht und die Mobber abmahnt oder ihnen kündigt. Das geschieht aber selten.
Im NLP gehen wir zielorientiert vor, nicht problemorientiert. Unser Ziel ist es, ein gutes, menschliches Verhältnis zu Kollegen, Mitarbeitern, Untergebenen und Vorgesetzten zu haben.
Wenn es also zum Mobbing kommt, ist der erste Schritt, nach der **Positiven Absicht** zu suchen. Denn denken Sie an den **zweiten Grundsatz des NLP**: »Jedem Verhalten liegt eine positive Absicht zugrunde.« Unserer Erfahrung nach ist das ein Grundsatz, mit dem viele Menschen Schwierigkeiten haben. Wir wollen daher noch mal darauf hinweisen, dass die Positive Absicht keine

Aussage über die Effektivität, Sinnhaftigkeit oder Angemessenheit des Verhaltens ist, das aus dieser Absicht entsteht. Natürlich ist Mobbing völlig inakzeptabel. Dennoch erfüllt sein Verhalten für den Mobber irgendeinen Zweck. Wenn man die **positive Absicht** hinter dem inakzeptablen Verhalten erst einmal kennt, wird es viel leichter, etwas dagegen zu unternehmen.

Wie kann man gegen Mobbing vorgehen?

Es liegt auf der Hand, dass Kommunikation der Königsweg ist – sowohl für die Betroffenen selbst, als auch für die Unbeteiligten, die sich dabei unwohl fühlen. Kommunikation ist aber auch für Vorgesetzte, denen Effizienz und Produktivität am Herzen liegen, ganz entscheidend.

Für die Betroffenen selbst ist es natürlich am schwierigsten. Verfügten sie über die Fähigkeit zur effektiven Kommunikation, wären sie wohl nicht zum Mobbing-Opfer geworden. Für Kollegen, die nicht direkt am Mobbing beteiligt sind, ist die Situation oft auch nicht viel einfacher: Sie befürchten, in Schwierigkeiten zu geraten oder gar selbst zum Mobbing-Opfer zu werden, wenn sie das Problem ansprechen. Diesen Menschen, wie auch Vorgesetzten, die Mobbing bekämpfen wollen, gibt NLP ein paar »risikofreie« Werkzeuge an die Hand: **Rapport** herstellen (Seite 178), **Spiegeln** (Seite 268) und **Führen** (Seite 268) oder **Reframing** (Seite 140).

EXP

Mobbing-Gespräch

- Einzelgespräch mit dem Mobber: Das ist wichtig, damit derjenige sein »Gesicht wahren« kann und nicht etwa Gruppeneffekte zum Tragen kommen.
- Rapport herstellen: Es ist natürlich nötig, mit seinem Gesprächspartner auf eine Wellenlänge zu gehen, wenn man etwas erreichen will.

- Ausgehen von einer positiven Absicht: Dazu ist keine eingehende Analyse oder Befragung nötig – nur das Wissen darum, dass es immer eine positive Absicht gibt.
- Die Kompetenz des Mobbers betonen: Das bedeutet, seinen Gesprächspartner wertzuschätzen. Eine gute Frage könnte lauten: »Ich habe das Gefühl, dass X von anderen Mitarbeitern ausgegrenzt wird. Haben Sie vielleicht eine Idee, warum das so ist?« Dadurch entsteht zumindest ein Problembewusstsein.
- Reframing: Angesprochene Probleme können mit Reframing umgedeutet und in positivere Bahnen gelenkt werden: »Frau X nervt mich einfach mit ihrem ständigen Gequatsche über Mode!« »Ja, das verstehe ich. Ich finde es manchmal aber ganz unterhaltsam. Dabei kann man auch was lernen …«

Was kann man als Mobbing-Opfer tun?

Als von Mobbing Betroffene(r) sollte man sich nicht darauf verlassen, dass sich andere für einen ins Zeug legen. Und man kann das Ganze auch nicht aussitzen. Ist der Mobbing-Prozess erst einmal in Gang gekommen, werden Schweigen, Rückzug oder das offene Zeigen seines Verletztseins immer negativ umgedeutet: als Schwäche, als Arroganz oder psychische Abweichung.

Mobbing kann extrem belastend sein. Wenn Sie von Mobbing betroffen sind, haben Sie vielleicht gar nicht mehr die Kraft, selbst etwas zu unternehmen. Scheuen Sie dann nicht davor, die professionelle Hilfe eines Coaches oder Psychologen in Anspruch zu nehmen. Machen Sie sich auf jeden Fall klar: Es ist nicht Ihr Fehler, wenn Sie gemobbt werden!

Wenn das Mobbing gerade erst begonnen hat, haben Sie noch gute Chancen, selbst eine Wendung herbeizuführen. Und wenn Sie nicht in dieses Kapitel gesprungen sind, sondern das Buch bis hierher durchgearbeitet haben, kennen Sie bereits viele Möglichkeiten, wie Sie mit NLP etwas gegen den Missstand unternehmen können.

Reframing

Sie können die Schwierigkeiten und die Wahrnehmung dieser Schwierigkeiten umdeuten. So können Sie Ihre unangenehme Situation als Herausforderung **reframen** (Seite 140) – als Anlass, mit Kommunikation zu experimentieren, neue Verhaltensweisen auszuprobieren oder durch **Spiegeln** einen **Rapport** (Seite 22) zu schaffen. Denken Sie immer an den **Grundsatz des NLP**: »Wenn etwas nicht funktioniert, probiere etwas anderes!«

Löschen Sie einschränkende Glaubenssätze

Es ist möglich, dass Sie **Glaubenssätze** (Seite 119f.) haben, die dazu führen, dass schon erste Ansätze von Mobbing extrem stressig für Sie sind. Beispielsweise: »Ich muss von jedem gemocht werden«, »Es darf keine Konflikte geben« oder: »Keiner mag mich«. Versuchen Sie, solche **Limiting Beliefs** durch **Auditive Believe Change** (Seite 122ff.) aufzulösen.

Sehen Sie sich die Struktur der Mobbingerfahrung an

Suchen Sie nach negativen **Referenzerfahrungen**, sehen Sie sich genau an, welche Submodalitäten die Erfahrung ausmachen und versuchen Sie dann, die **Submodalitäten** zu verändern. Sinnvoll ist auch ein Vergleich dieser negativen Referenzen mit positiven Referenzerfahrungen.

Innerer Dialog

Hören Sie in sich hinein: Welche Ihrer **Subpersönlichkeiten** leiden? Welcher Teil Ihrer Persönlichkeit reagiert worauf? Gibt es Teile Ihrer Persönlichkeit, die immun sind gegen das Mobbing oder Ideen haben, wie Sie damit zurechtkommen könnten? Führen Sie einen **inneren Dialog** (vgl. die Seiten 156, 160ff.).

Ändern Sie Ihre Strategie

Sehen Sie sich Ihre **Strategie** (Seite 222ff.) an – »Wie mache ich es, gemobbt zu werden?« Diese Frage ist natürlich provokativ. Doch sie kann Ihnen dabei helfen, Auslöser zu finden und diese abzustellen.

Arbeiten Sie an Ihrem Selbstbewusstsein

Selbstbewusst handeln heißt nicht, arrogant, laut oder forsch aufzutreten. Sehen Sie sich noch einmal an, wie es um Ihre Selbstachtung und Ihr Selbstwertgefühl bestellt ist und arbeiten Sie daran. Beispielsweise mit Ihrer **Time Line** beim **History Change** (Seite 228), indem Sie positive **Referenzerfahrungen** sammeln und ankern, oder indem Sie einen **inneren Dialog** mit Ihrem **Inneren Freund** (Seite 192f.) führen.

Arbeiten Sie an Ihren Ängsten

Wenn Sie Mobbing ausgesetzt sind, wird das vermutlich Angst bei Ihnen auslösen. Angst vor Mobbing ist natürlich kontraproduktiv. Versuchen Sie, Ihre Ängste in den Griff zu bekommen, beispielsweise mit der **Phobia Cure** (Seite 202).

All das sind Möglichkeiten. Wenn Sie in einer Mobbing-Situation gefangen sind, werden Ihnen diese Vorschläge vermutlich unrealistisch oder ihre Umsetzung unerreichbar erscheinen. Das ist verständlich. Mobbing ist oft so belastend, dass sich Betroffene nicht mehr selbst zu helfen wissen. Doch Sie dürfen sich auf keinen Fall mit der Situation abfinden. Handeln Sie, bevor Sie völlig verzweifeln!

Wenn Sie selbst nicht mehr zurechtkommen, scheuen Sie sich nicht, mit Ihren Vorgesetzten, mit dem Betriebsrat oder auch mit einem Psychologen/Coach zu sprechen. Wenn Sie nicht handeln, werden Sie früher oder später krank und ausgebrannt sein.

Rufen Sie sich den **fünften Grundsatz des NLP** in Erinnerung: »Für jedes Problem gibt es eine Lösung!«

Burn-out

Mobbing führt oft zum Burn-out. Aber es ist in der Regel nicht die einzige Ursache. Burn-out trifft nicht nur Mobbingopfer, sondern insbesondere auch Menschen in verantwortungsvollen höheren Positionen, die von Mobbing nicht betroffen sind. Burn-out wird – ebenso wie Mobbing – oft unterschätzt. Manchmal wird Burn-out sogar als »Scheinkrankheit« bezeichnet: Es handle sich dabei »nur« um ein »Problem der Lebensbewältigung«. Und tatsächlich ist das Burn-out-Syndrom nicht international als Krankheit anerkannt. Doch die Folgen von Burn-out sind klar definiert und haben eindeutigen Krankheitswert: Burn-out führt zu Teilnahmslosigkeit, einer erhöhten Suchtgefährdung, Depressionen und psychosomatischen Erkrankungen. Die volkswirtschaftlichen Kosten von Burn-out in der EU werden auf rund 20 Milliarden Euro im Jahr beziffert.

Burn-out ist eine ernste Sache. Wir werden versuchen, Ihnen ein paar Hilfestellungen zu geben. Doch wenn Sie bereits »ausgebrannt« sind, sollten Sie sich unbedingt professionelle Hilfe suchen!

Burn-out (engl. »ausbrennen«) ist ein Zustand starker emotionaler, geistiger und körperlicher Erschöpfung mit verminderter Leistungsfähigkeit. Ursachen sind oft Mobbing, zu großer Leistungsdruck, fehlende Erfolgserlebnisse und chronische Überforderung. Das Burn-out-Syndrom ist keine eigenständige Krankheit, sondern eine Rahmendiagnose, die unterschiedlichste Stresserkrankungen zusammenfasst.

DEF

Wie Sie Burn-out vorbeugen

Wenn Sie spüren, dass Ihr Beruf Sie zunehmend stresst, können Sie ein paar Dinge tun, um Burn-out zu vermeiden. Zur Vorbeugung haben sich vor allem drei Faktoren als hilfreich erwiesen:

- **Entspannung:** Körperliche Entspannung wirkt sich auch auf die Seele aus. Bewährte Entspannungswege sind Yoga, Taiji, Qigong und Autogenes Training.
- **Achtsamkeitsmeditation:** Die eigenen körperlichen und seelischen Vorgänge nicht-wertend zu beobachten, führt zu Gelassenheit und einer entspannten seelischen Haltung, die es Burn-out schwer macht, von Ihnen Besitz zu ergreifen.
- **Sport:** Lustvolle körperliche Belastung bringt den ganzen Organismus in einen Gleichgewichtszustand, der Burn-out entgegenwirkt.

Entspannung ist sehr sinnvoll. Doch mit Entspannung allein ist es nicht getan. Burn-out ist nicht einfach nur ein körperlicher Spannungszustand, Burn-out ist nicht nur eine Arbeitsüberlastung. Burn-out ist eine seelische Krise, die den eigenen Wert und den Sinn des eigenen Handelns in Zweifel zieht. Mit NLP haben Sie jedoch ein paar Werkzeuge an der Hand, die Ihnen helfen können, die Krise zu bewältigen, beispielsweise:

- **Circle of Excellence** (Seite 137)
- Kommunikation optimieren (Seite 177)
- Flow anstreben (Seite 240ff.)

Am wichtigsten ist jedoch, dass Sie mit sich selbst ins Reine kommen. Burn-out ist nur zum Teil eine Folge von Überlastung. Meist ist Burn-out ein längerer Prozess. Mögen anfangs trotz hoher Arbeitsbelastung noch Begeisterung, Tatkraft, Spaß im Vordergrund stehen, geht die Lust an der Tätigkeit mit der Zeit immer mehr verloren.

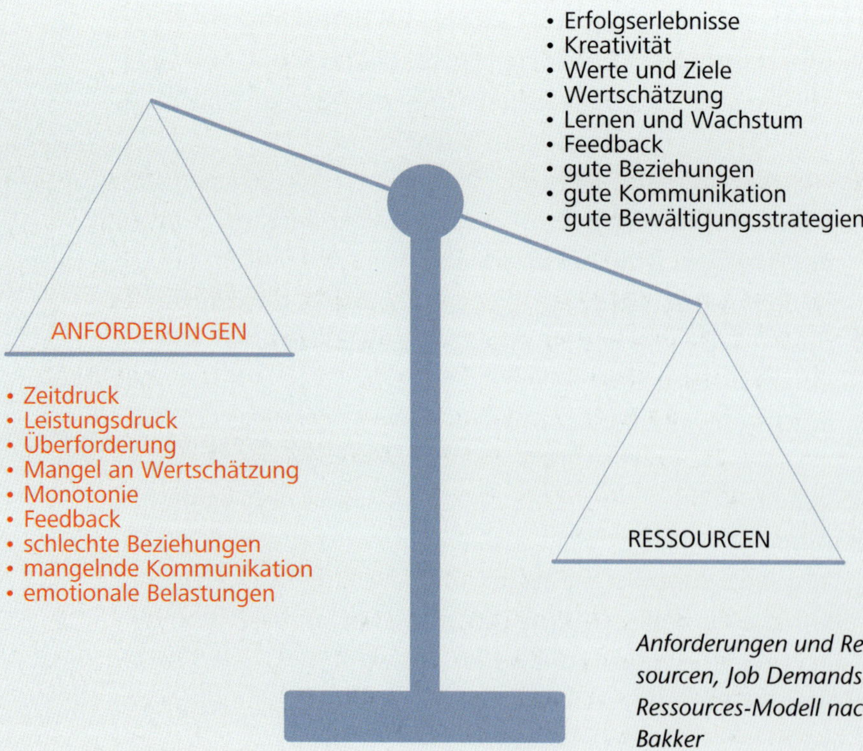

Anforderungen und Ressourcen, Job Demands-Ressources-Modell nach Bakker

Der Königsweg aus dem Burn-out ist daher der Weg ins eigene Innere:

- Durch **Inneren Dialog** (Seiten 156, 160ff.)
- Durch **wohlgeformte Ziele** (Seite 86f.)
- Durch ein tragfähiges **Lebensleitziel** (Seite 147ff.)

Burn-out ist keine Schande, kein Versagen, kein Mangel. In der Regel ist es eine Lebenskrise. Wenn Sie merken, dass Sie selbst nicht mehr damit klarkommen und immer mehr Energie verlieren: Warten Sie nicht, bis Sie vollkommen ausgebrannt und arbeitsunfähig sind. Wenn Sie sich ein Bein brechen, suchen Sie einen Arzt auf – und wenn Ihre Seele zu zerbrechen droht, ziehen Sie einen Psychologen zu Rate!

Zusammenfassung des Kapitels

In diesem Kapitel haben Sie erfahren, was Sie mit NLP in Ihrem Beruf tun können:

- Sie haben gelernt, warum es so wichtig ist, dass Sie lieben, was Sie tun – und wie Sie es schaffen, dass Sie Freude an Ihrer Arbeit haben.
- Sie haben gehört, wie Sie Ihre Mitarbeiter und sich selbst zu effizienter und produktiver Arbeit motivieren.
- Sie wissen nun, wie Sie durch gute Kommunikation Probleme in Ihrem Beruf lösen oder vermeiden und wie Sie Ihre Ziele leichter erreichen.
- Sie wissen, was Flow ist und wie Sie in diesen Zustand kommen.
- Sie haben erfahren, wie Ihnen die NLP-Methoden, die Sie bisher kennengelernt haben, bei Mobbing und Burn-out helfen können.

Kapitel 9

Coaching, Trance und Hypnose – Menschen mit NLP helfen

NLP weitergeben

»Coach« ist die englische Bezeichnung für einen Trainer oder Berater. Die meisten NLP-Vertreter verwenden lieber den Begriff »Coach« als »Psychotherapeut«. Darin zeigt sich auch das Selbstverständnis des NLP: Ein Mensch, der eine Veränderung erzielen will, ist nicht »krank«, braucht keine »Behandlung«, sondern einen »Trainer«, der ihn dabei unterstützt, seine – bereits vorhandenen! – **Ressourcen** möglichst effizient und umfassend zu nutzen. Außerdem wird NLP zu einem Großteil auch ganz außerhalb von therapeutischen Settings herangezogen, beispielsweise zur Erhöhung der persönlichen Motivation, zur Erweiterung der kommunikativen Fähigkeiten oder zur Leistungssteigerung im Sport.
Das Ergebnis eines solchen »NLP-Trainings« kann zwar durchaus auch die Befreiung von psychischen oder körperlichen Problemen sein – doch nicht als Ergebnis einer »Heilbehandlung«, sondern allein deshalb, weil der Klient mit Hilfe seines Coaches gelernt hat, sein Potenzial besser auszuschöpfen als zuvor.

Wir haben uns mit diesem Buch zum Ziel gesetzt, NLP interessierten Laien als »Werkzeugsammlung« zur Verbesserung und Steigerung der eigenen Fähigkeiten, des eigenen Wohlbefindens und zur selbstbestimmten Veränderung zu vermitteln. Dennoch wollten wir nicht auf dieses Kapitel verzichten, das die professionelle Arbeit mit NLP zum Inhalt hat.
Unserer Meinung nach wird dieses Kapitel wird für Sie in jedem Fall von Interesse sein, auch wenn Sie nicht beabsichtigen, NLP als therapeutische Methode einzusetzen oder als Mental- oder Motivations-Trainer zu arbeiten. Sie werden eine Reihe interessan-

ter Dinge erfahren: über die Sprache und die Körpersprache, die erstaunliche Aussagekraft unbewusster Signale und die Möglichkeiten, die Trance und Hypnose bieten.
Wenn Sie mit den Techniken in diesem Buch bereits gute Erfahrungen bei sich selbst gemacht haben, werden Sie jetzt vielleicht mit Erstaunen lesen, dass die Veränderungs-Möglichkeiten für einen Menschen durch die Unterstützung eines NLP-Trainers noch um ein Vielfaches größer werden. Warum das so ist, werden Sie im Verlauf dieses Kapitels sicherlich erkennen.
Wenn Sie bereits als Therapeut, Coach oder Lehrer arbeiten, wird Ihnen sicher einiges dessen, was wir im Folgenden ausführen, bekannt sein. Aber gehen Sie ruhig noch einmal alles durch – vielleicht begegnen Ihnen wichtige neue Anregungen …
Doch lassen Sie uns am Anfang beginnen.

Die Kontaktaufnahme

Der erste Eindruck ist tatsächlich sehr wichtig. Wenn der Coach (Psychotherapeut/Arzt) das erste Mal Kontakt mit einem Klienten aufnimmt, ist es ausschlaggebend, dass sich der Klient sicher und gut aufgehoben fühlt und Vertrauen fassen kann, damit er sich mit einer positiven Grundeinstellung an seinen Zielen orientiert.
Auch für den Coach ist es wichtig, seinen Klienten mit seinen Einstellungen, seiner Vorgeschichte und seinen Besonderheiten kennenzulernen, damit er für den Klienten sinnvolle und »zielführende« Wege aufspüren kann.
Das wichtigste für jeden Coach oder Therapeuten ist natürlich seine Fähigkeit, sich in seine Klienten einzufühlen. Dem steht nicht entgegen, dass bei der ersten Kontaktaufnahme eine Art »Schema« eingehalten wird.

- 1. Informieren
- 2. Zuversicht vermitteln
- 3. Vertrauen aufbauen
- 4. Informationen sammeln
- 5. Zielbestimmung (Wellformed Outcome)

1. Informieren

Bevor irgendetwas anderes geschieht, ist es wichtig, dass der Klient ein erstes Vertrauen zu seinem Coach aufbauen kann. Die Basis für dieses Vertrauen ist zunächst einmal Klarheit und Offenheit: Der Coach sollte also seinen Klienten kurz über die Arbeit mit NLP informieren: Wie funktioniert es? Was hat der Klient zu erwarten? Der richtige »Ton« ist dabei wichtig: Ein Coach, der seinen Klienten gleich mit NLP-Fachausdrücken überschüttet, sollte sich noch einmal auf eine Grundannahme des NLP besinnen: Die Bedeutung jeder Kommunikation liegt in ihrem Ergebnis!

Eine langatmige Erläuterung des Begriffs »Neurolinguistisches Programmieren« ist ebenso kontraproduktiv wie der Ansatz, sofort mit »der Tür ins Haus zu fallen« und vom **Subpersönlichkeitsmodell**, von **History Change**, **Reframing** oder **Ressourcen** anzufangen. Sprechen Sie die Sprache Ihres Klienten!

Sinnvoll ist es dagegen, die wichtigsten **Grundannahmen des NLP** (kurz und nicht zu theoretisch!) zu erklären, vor allem den Unterschied zwischen der »mentalen Landkarte« und der Realität, die **positive Absicht** jedes Verhaltens und das Vorhandensein aller notwendigen Fähigkeiten im Klienten hervorzuheben.

Oft ist es auch hilfreich, den Unterschied zwischen dem Rahmen, in dem Psychotherapie stattfindet, und dem NLP-Rahmen zu erläutern:

Psychotherapeutischer Rahmen	NLP-Rahmen
Orientierung an Problemen	Orientierung an Zielen
Frage nach den Wurzeln des Problems	Frage danach, wie das Ziel zu erreichen ist
Der Patient leidet und will von einem Leiden befreit werden	Der Klient will ein Ziel erreichen und das Notwendige lernen
Alternative: Versagen vs. Erfolg	Kein Versagen, nur Rückmeldungen

2. Zuversicht vermitteln

Schon bei derersten Information Ihres Klienten ist es sinnvoll, ihm Zuversicht zu vermitteln: Natürlich sind Zweifel nicht »verboten« – aber natürlich wird Ihr Klient sein Ziel leichter und schneller verwirklichen können, wenn er davon überzeugt ist, dass ihm NLP entscheidend dabei helfen kann.

Jemand, der NLP gelernt hat und damit beginnt, das Gelernte weiterzugeben, ist in der Regel von einer großen (und ja auch berechtigten) Begeisterung erfüllt über die Möglichkeiten, die NLP eröffnet. Doch der Ausdruck der Begeisterung muss unbedingt dem Wesen und der Situation des Klienten angemessen sein: Ein Klient, der bereits psychotherapeutische Methoden kennt und mit etwas Vorsicht an NLP herangehen will, wird einem überschwänglichen, scheinbare Wunder versprechenden Coach sicherlich eher mit großer Skepsis begegnen!

Zeigen Sie Ihre eigene Zuversicht, aber missachten Sie keinesfalls die Sichtweise Ihrer Klienten.

3. Vertrauen aufbauen

Wenn Ihr Klient weiß, was ihn erwartet und er der NLP-Arbeit einigermaßen zuversichtlich entgegensieht, haben Sie bereits ein

Grundvertrauen in ihm aufgebaut, das Sie für die weitere Arbeit stärken sollten. Da dieser Punkt so wichtig ist, insbesondere für die **Trance**, werden wir ihn später ausführlich behandeln. Hier nur so viel: Es gibt wirksame Strategien, um Vertrauen aufzubauen und sich auf einen Klienten einzustellen – die wichtigste ist das **Pacing** oder **Spiegeln**.

4. Informationen sammeln

Vertrauen ist auch deshalb wesentlich, damit der Klient frei über sich selbst berichten kann. Damit sich der Coach möglichst gut in den Klienten einfühlen und sich ein Bild von dessen Leben machen kann, ist es wichtig, dass er nicht nur das aktuelle Anliegen des Klienten kennt, sondern auch dessen Lebensumstände und -bedingungen.

- Familie und soziales Umfeld
- Ausbildung und Beruf
- Fähigkeiten und Interessen
- Abneigungen und Ängste

Neben diesen »Grunddaten« spielt das Selbstbild des Klienten eine Hauptrolle. Daher ist es hilfreich, den Klienten zunächst zur achtsamen Beobachtung seines Ist-Zustands anzuregen. Wenn Sie eine Ausbildung in Achtsamkeitsbasierter Stressreduktion (MBSR) haben, wissen Sie, wie das geht. Wenn nicht: In der Regel reicht es, den Klienten aufzufordern, einfach für eine Weile wiederzugeben, was ihm durch den Kopf geht und dabei jede Selbstkritik beiseitezulassen. Meist werden dabei die Schwachstellen des Selbstbilds erkennbar. Oft wird dann die Arbeit an der Verbesserung des Selbstbilds ein Teil der NLP-Arbeit sein.

Einen ersten Eindruck vom Selbstbild Ihres Klienten können Sie durch zwei simple Fragen gewinnen – deren Antworten bereits viel über seine mentale Landkarte aussagen:

- Was sind drei Wörter, die für Ihr Leben eine wichtige Rolle spielen?
- Was genau bedeuten diese Wörter für Sie?

5. Zielbestimmung (Wellformed Outcome)

Nach der bisherigen »Vorarbeit« wird es Zeit, mit der »eigentlichen« NLP-Arbeit zu beginnen. Und dieser Anfang sollte im NLP immer die Bestimmung eines Ziels sein, das der Klient anhand des **WFO**-Schemas (vgl. Seite 87) für sich entwickelt. In der Regel wird der Klient mit einer Problembeschreibung beginnen wollen. Ohne dabei den **Rapport**, den emotionalen Kontakt, zum Klienten zu verlieren, sollten Sie versuchen, Ihren Klienten vom Problembewusstsein zum Zielbewusstsein zu führen, indem Sie ihm immer wieder klarmachen, dass ihm nicht an seinem Problem gelegen sein kann, sondern an einem positiven Zustand/Verhalten, in dem das Problem nicht vorhanden ist – dass es also in der NLP-Arbeit darum gehen wird, dieses Ziel und Mittel, mit denen es erreicht werden kann, zu entwickeln. So gesehen ist das Problem selbst nichts, woran gesondert zu denken wäre. Wenn dann ein »wohlgeformtes Ziel« bestimmt wurde, beginnt die Arbeit mit den NLP-Techniken, mit denen Sie vertraut sind und die Ihrem Klienten und seinem Veränderungsvorhaben angemessen sind.

Die Kunst des Zuhörens und Verstehens

Wir haben in diesem Buch oft von Zuhören und Verstehen gesprochen. Das ist keine Nachlässigkeit. Diese beiden Qualitäten haben einfach eine ganz zentrale Bedeutung für die Kommunikation und

einen guten **Rapport**. Das gilt in allen Lebensbereichen – doch für Coaches, Lehrer, Erzieher und Therapeuten sind die Fähigkeiten »Zuhören« und »Verstehen« unverzichtbar. Ein Therapeut, Coach oder Berater sollte aber möglichst noch mehr können.
Zunächst einmal sollte er in der Lage sein, aktiv zuzuhören. »Aktiv zuhören« heißt, er vermittelt seinem Gegenüber nicht nur, dass er wirklich interessiert ist – ein guter Coach ermutigt seine Klienten, sich selbst zu erforschen. Das funktioniert aber nicht oder nur sehr unzureichend durch direkte Anweisungen. Anweisungen und »Befehle« führen oft zu Widerstand.

Widerstand gilt in der Psychotherapie als eine mehr oder weniger bewusste Ablehnung der Behandlung, einer bestimmten Methode oder des Therapeuten. Zum Widerstand kommt es, wenn der Therapeut mangelndes oder falsches Verständnis zeigt. Widerstand tritt auch dann oft auf, wenn der Klient überfordert wird. Wichtig ist, den Widerstand des Klienten nicht als Fehler des Klienten, sondern als Rückmeldung zu betrachten.

DEF

Zum zweiten aber sollte das Verständnis des Therapeuten für seinen Klienten über das Alltagsverständnis hinausgehen. Menschen haben mehr oder weniger Einfühlungsvermögen in andere. Doch Empathie kann man schulen. Und selbstkritische Erfahrung fördert das Einfühlungsvermögen.
Erfahrung und Bemühen um echtes Verständnis sind sehr wichtig. Doch es gibt auch »Techniken«, die einem Coach helfen, Empathie zu entwickeln und zu zeigen. Eine der Methoden, Empathie zu zeigen, ist das **Spiegeln**. Ein hervorragendes Mittel, um Empathie zu entwickeln, ist, immer das Konzept der **positiven Absicht** vor Augen zu haben.

Was eine Beratung erfolgreich macht

Carl Rogers (1902-1987) war ein US-amerikanischer Psychologe und Psychotherapeut, der die Klientenzentrierte Gesprächstherapie begründete und eine großer Rolle bei der Entwicklung der Humanistischen Psychologie spielte. Carl Rogers betonte stets die Einzigartigkeit des Individuums.

Die Basis von Rogers' Therapiekonzept war das Streben des Menschen nach Selbstverwirklichung und Selbstaktualisierung – auch im NLP bildet das die Grundlage.

DEF

Selbstverwirklichung bedeutet, das eigene Wesen ganz zur Entfaltung zu bringen. Das ist nicht etwa mit »Egoismus« gleichzusetzen. Im Gegenteil: Selbstverwirklichung und Altruismus treten immer gemeinsam auf.

Selbstaktualisierung ist das grundlegende Motiv allen menschlichen Handelns. Jeder Mensch versucht, unabhängig und selbstbestimmt zu sein, seine Identität zu erhalten und sich zu entfalten.

Rogers' Konzepte der Gesprächstherapie sind auch für eine NLP-Beratung sehr zu empfehlen. Sie sorgen dafür, dass sich der Klient selbst erforschen und zu selbstbestimmten Lösungen finden kann. Nach Rogers' Meinung gibt es drei notwendige und hinreichende Bedingungen für eine erfolgreiche Beratung oder Therapie:

- **Kongruenz (Echtheit):** Es ist gut, wenn sich der Therapeut nicht verstellt oder eine Rolle spielt. Auch nicht die Rolle des Beraters. Das heißt, er begegnet seinem Klienten nicht in erster Linie als Berater oder Therapeut, sondern als Mensch.
- **Unbedingte Wertschätzung (bedingungslose positive Wertschätzung):** Jeder Mensch hat das Grundbedürfnis,

ernst genommen und akzeptiert zu werden. Der Therapeut zeigt dem Klienten, dass er ihn bedingungslos wertschätzt. Er nimmt vorbehaltlos an, was der Klient zum Ausdruck bringt. Das macht es dem Klienten leicht, Rollenspiele aufzugeben, da sie keinen Unterschied in der Wertschätzung des Therapeuten oder Coaches bewirken.

- **Einfühlendes Verstehen (Empathie):** Der Therapeut fühlt sich in die Welt des Klienten und in seine Probleme aus der Sicht des Klienten ein, um ihn zu verstehen. Das Verstehen zeigt der Therapeut durch verbales Spiegeln und darüber hinausgehendes Verständnis, indem er anspricht, was den Klienten tatsächlich bewegt. Dazu dienen Mittel wie die Konkretisierung des Gesagten oder der Bezug auf das Selbstkonzept des Klienten. Der Therapeut spricht an, was der Klient nicht verbalisieren kann und nur zwischen den Zeilen kommuniziert.

PRA

Fragen, Spiegeln und einfühlendes Verstehen

Klient:	Frage:	Spiegeln:	Einfühlen:
»Meine Mutter hat mich Weihnachten wieder so genervt!«	»Was hat sie denn gemacht, dass Sie so genervt waren?«	»Sie haben sich nicht wohlgefühlt, wie Ihre Mutter gehandelt hat.«	»Sie leiden darunter, dass Sie sich nicht mit Ihrer Mutter verstehen.«

Tatsächlich sind Kongruenz, Wertschätzung und Empathie Teil jeder erfolgreichen Therapie. In der Therapieforschung hat sich gezeigt, dass eine – unabhängig von der psychologischen Schule – erfolgreiche Therapie immer diese drei Faktoren enthält.
Rogers' Vorgehensweise hat auch den Vorteil, dass kaum Widerstand beim Klienten auftritt. Da der Therapeut oder Coach keinen

Rat gibt, keine Handlungsanweisungen erteilt oder Übungen vorschlägt, kann sich auch kein Widerstand gegen die Anweisungen richten. Dieser Ansatz heißt daher auch »nondirektive Gesprächsführung«. Eine solche Haltung erleichtert es dem Klienten, sich selbst zu erkennen, zu erforschen und weiterzuentwickeln.
NLP sieht zunächst etwas anders aus. Es besteht ja gerade aus Handlungsanleitungen – das ist das »P« in NLP, das »Programm«. Und doch ist die Methodik der Gesprächstherapie auch im Rahmen eines NLP-Coachings sinnvoll – nämlich als Einstieg. Und NLP ist auch im Anschluss an eine nondirektive Gesprächstherapie sehr sinnvoll. Wertschätzung, einfühlendes Verstehen und Echtheit des Therapeuten sind eine Voraussetzung für Vertrauen und Veränderung.

- Der nächste Schritt ist Achtsamkeit – der Klient erkennt, was ist und wer er selbst ist.
- Schließlich gelangt der Klient zu der Erkenntnis, dass es sinnvoll ist, sich Ziele zu setzen und Veränderungen in Gang zu bringen: Dann ist es gut, wenn der Coach effektive Mittel aus dem NLP zur Verfügung stellen kann. Das beendet den nondirektiven Teil des Coachings – aber eben auf Initiative des Klienten, der dann wirklich motiviert ist.

Spiegeln und Führen

Spiegeln oder **Pacing** (»Schritthalten«) führt dazu, dass der Gesprächspartner sich verstanden fühlt und Vertrauen fasst. Das Wichtigste darüber haben Sie ja bereits erfahren. Wir wollen dennoch ein paar Dinge wiederholen, da das Spiegeln für einen Coach, Berater und Therapeuten besonders wichtig ist. In der Einstiegsphase der Beratung ist es ein Muss, Vertrauen und **Rapport** herzustellen.

Besteht Rapport, können Sie vom Spiegeln zum **Führen** oder Leading übergehen, wenn Ihr Beratungskonzept das vorsieht. Dabei leiten Sie Ihren Klienten an, ohne dass Widerstand seinerseits auftritt.

Unabhängig von Ihrer persönlichen Form der Beratung sind vier Schritte sinnvoll:

1. **Zuhören:** Lassen Sie Ihren Klienten aussprechen und hören Sie wirklich zu. Rat geben, bewerten, NLP-Veränderungsarbeit – all das können Sie danach machen.
2. **Verstärken:** Durch Nicken, »Hmhm«, »Ich verstehe« und ähnliche Signale bestärken Sie Ihren Klienten darin, von sich zu erzählen und zeigen Ihr Interesse.
3. **Empathisches Spiegeln:** Passen Sie Ihre Sprache, Ihre Körpersprache, wenn möglich auch Ihren Atemrhythmus Ihrem Klienten an. Geben Sie das, was er sagt, wieder – mit eigenen Worten. Und ergänzen Sie, was Sie zwischen den Zeilen verstanden haben. Echtes empathisches Spiegeln ist kein Nachäffen! Wenn sich der Klient nicht verstanden, sondern lediglich nachgeahmt fühlt, wird das den Rapport (mindestens) unterbrechen. Halten Sie sich auch mit wilden Interpretationen zurück! Während zutreffende Interpretationen den Rapport verbessern, führen falsche Interpretationen möglicherweise zum Abbruch des Rapports!
4. **Führen:** Besteht Rapport, können Sie Ihren Klienten »führen«. Sie verändern einzelne Teile dessen, was Sie spiegeln – und »ziehen« Ihren Klienten mit. Auf diese Art und Weise können Sie beispielsweise ganz nebenbei für mehr Entspannung und Ruhe beim Klienten sorgen, indem Sie den Atemrhythmus allmählich verlangsamen. Der Übergang von **Führen** oder **Leading** zu **Trance** und **Hypnose** ist fließend.

Führen oder Leading bedeutet im NLP, das sprachliche und körpersprachliche Verhalten des Gesprächspartners zu beeinflussen, indem zunächst Rapport hergestellt wird – was den Klienten oder Kunden zu einer erhöhten Zustimmungsbereitschaft führt. Offensichtlich birgt diese Methode die Gefahr der Manipulation, insbesondere in Verkaufssituationen. Tatsächlich werden Verkäufer immer öfter gezielt in **Pacing** und **Leading** geschult. Der beste Schutz vor Manipulation ist jedoch, zu wissen, wie sie funktioniert.

Warum NLP mit einem Coach viel effektiver ist

Auch wenn **Pacing** und **Leading** missbraucht werden können, sind diese Techniken kraftvolle Werkzeuge, um Klienten zu helfen. Durch das Führen erleichtern Sie es Ihren Klienten, auch die komplexeren NLP-Techniken mit voller Aufmerksamkeit nachzuvollziehen.

Pacing und Leading führen zu einer leichten Trance, einem hochkonzentrierten Zustand, in dem der innere Kritiker zur Ruhe kommt. Dadurch gewinnen die Techniken an Wirksamkeit.

An Pacing und Leading wird auch der entscheidende Unterschied zwischen einer Selbstanwendung der NLP-Methoden und der Unterstützung durch einen NLP-Coach klar. Sich selbst kann man natürlich nicht spiegeln und führen. Dadurch ist man bei der Selbstanwendung auf Dissoziation angewiesen: Man muss sich einerseits dissoziiert beobachten und die einzelnen Schritte im Kopf behalten, während man andererseits assoziiert durch die Stufen einer Übung geht. Durch die Mitwirkung eines Coaches entfällt die Dissoziation, und dem Klienten stehen alle seine Kräfte zur Verfügung.

Die positive Haltung des Klienten verstärken

Mit **Pacing** und **Leading** können Sie relativ leicht die Art und Weise verändern, wie Ihr Klient negative und positive Worte einsetzt. Ein Klient, der überwiegend negativ bewertet und kommentiert, hat eine auf systematische Weise verzerrte mentale Karte der Welt. Diese Negativ-Haltung führt zur Entstehung von Wahrnehmungsfiltern, die bei allen Ereignissen eingesetzt werden. Negatives wird besonders intensiv und schnell wahrgenommen, während angenehme Gefühle abgewertet werden.

TEC

1. Hören Sie Ihrem Klienten zu.
2. **Spiegeln** Sie empathisch, um **Rapport** herzustellen.
3. Spiegeln Sie besonders deutlich jede positive Äußerung und verbinden Sie das mit einem Kopfnicken.
4. Versuchen Sie dann zunehmend, das Kopfnicken aktiv einzusetzen und Ihren Klienten in eine positivere Haltung zu **führen**.

Das **Führen** ist mit Verantwortung verbunden. Werden Sie dieser Verantwortung gerecht, indem Sie sich klarmachen, wohin Sie Ihren Klienten führen und ob dies seinem Wunsch entspricht. Lassen Sie sich nicht von Theorien und eigenen Glaubenssätzen dazu verführen, den Klienten nach Ihren Vorstellungen zu beeinflussen – denn das ist weder Coaching noch Therapie, sondern Manipulation!

Gedanken lesen – die Physiologien

Um einen Klienten bei seiner Veränderungsarbeit unterstützen zu können, muss ihn der NLP-Coach verstehen – er muss erkennen, was den Klienten bewegt und wie er tut, was er tut. Vieles wird dabei gefühlsmäßig zu erfassen sein. Ein wichtiger Anhaltspunkt ist die Körpersprache. Und bei der Körpersprache sehen wir na-

türlich zuerst einmal das Gesicht. Im Gesicht spiegeln sich emotionale Veränderungen sehr deutlich wider.
Im NLP gibt es den Begriff der **»Physiologien«**, der die verschiedenen deutlich unterscheidbaren körperlich-seelischen Zustände bezeichnet. Das Erkennen der Physiologien ist für einen Coach äußerst wichtig: An der »Physiologie« seines Klienten erkennt er den richtigen Zeitpunkt, um **Anker** zu setzen oder zu lösen, er sieht, ob sich der Klient eine Problemsituation tatsächlich assoziiert vorstellt und ob eine Technik Wirkung zeigt.

NLP

Die Physiologie ist eigentlich dasjenige Teilgebiet der Biologie, das sich mit physikalischen und biochemischen Vorgängen und dem Zusammenwirken aller Lebensvorgänge im gesamten Organismus befasst.
Im NLP spricht man von **Physiologien**. Dem liegt die Idee zugrunde, dass man anhand äußerlicher Kennzeichen, wie Hautdurchblutung, Atemfrequenz und Gesichtsausdruck, etwas über innere Zustände – körperliche und geistige – erfahren kann. NLP unterscheidet in erster Linie drei wichtige **Physiologien**: Die Problemphysiologie, die Veränderungsphysiologie und die Zielphysiologie.

Tatsächlich ändert sich der gesamte körperlich-seelische Zustand eines Menschen, wenn er die Lösung eines ihn belastenden Problems erkennt, wenn er sich in einer entspannten Situation ein Problem vergegenwärtigt, oder wenn ein alter negativer Glaubenssatz ins Wanken gerät. Einige dieser Veränderungen (in der Tat die eigentliche Physiologie) lassen sich nicht ohne Weiteres ausmachen – beispielsweise die Veränderung des Hautwiderstands. Andere, wie die Veränderung des Muskeltonus, sind von einem erfahrenen Beobachter schon eher zu bemerken. Am einfachsten ist ein Physiologiewechsel jedoch sicherlich am Gesichtsausdruck und der Körperhaltung zu erkennen.

Die Problemphysiologie

Wenn sich jemand an eine Situation erinnert, die für ihn belastend, unangenehm, unbefriedigend war, wird er die Problemphysiologie zeigen – umso deutlicher, je intensiver die negativen Gefühle waren. In diesem Zustand ist der Klient nicht in der Lage, eine Lösung für sein Problem zu erkennen.
Wenn Sie die Problemphysiologie bei einem Klienten bemerken, wissen Sie, dass er sich tatsächlich (nicht nur verbal und rational) an sein Problem erinnert. Um Veränderungen auszulösen, müssen Sie Ihren Klienten aus diesem Zustand herausführen – zunächst einmal dadurch, dass Sie ihm helfen, sich seiner Ziele bewusst zu werden (Wellformed Outcome).

Typische Kennzeichen der Problemphysiologie:

- Erhöhte Muskelspannung oder Schlaffheit
- Flache Atmung
- Geringe Hautdurchblutung (Blässe)
- Nach unten gezogene Mundwinkel
- Die Augen blicken etwas nach unten (oft rechts)

Die Problemphysiologie

Die Veränderungsphysiologie

Sobald der Klient beginnt, Ziele, Problemlösungsmöglichkeiten und **Ressourcen** zu erkennen, geht die Problemphysiologie allmählich oder auch plötzlich in die Veränderungsphysiologie über. In diesem Zustand ist der Klient bereit für Veränderungen: Nunmehr kann er sich immerhin vorstellen, dass es Lösungen für seine Probleme gibt, wenn er möglicherweise auch noch nicht erkennt, wie diese aussehen könnten.

Die Veränderungsphysiologie zeigt Ihnen, dass Sie mit Ihren Anregungen auf dem richtigen Weg sind.

Die Veränderungsphysiologie

Häufige Kennzeichen der Veränderungsphysiologie:

- Heben der Augen
- Blick nach leicht nach oben (oft nach links)
- Leichtes Heben der Mundwinkel
- Entspannung (bei zuvor erhöhtem Tonus) bzw. Normalspannung

Die Zielphysiologie (State of Excellence-Physiologie)

Die Zielphysiologie stellt sich ein, wenn der Klient zu einer für ihn stimmigen Lösung gefunden hat. In diesem Zustand ist er motiviert, aktiv auf sein Ziel zuzugehen.

An der Zielphysiologie erkennen Sie, dass Ihre Vorgehensweise funktioniert hat.

Eine besonders starke Zielphysiologie zeigt jemand im sogenannten **State of Excellence** – dem Zustand, in dem er sich eins mit sich selbst und im Vollbesitz seiner Möglichkeiten fühlt.

Die Zielphysiologie

Typische Kennzeichen der Zielphysiologie:

- Augen weit geöffnet
- Blick nach vorne
- Pupillen erweitert
- Aufrechte Körperhaltung
- Gut durchblutete Haut
- Mundwinkel nach oben gezogen

Kalibrieren

Natürlich sind nicht alle Menschen gleich. Nicht jeder zeigt die Problemphysiologie, die Veränderungsphysiologie und die Zielphysiologie in derselben Weise. Deshalb können Sie die individuelle Bedeutung von Körpersignalen nicht aus einer allgemeinen Beschreibung lernen, vielmehr müssen Sie sie bei jedem Ihrer Klienten erst einmal ermitteln. Dieser Vorgang heißt **Kalibrieren**. Im Gegensatz zur bloßen Interpretation seines Gesichtsausdrucks, seiner Augenbewegungen und seiner Haltung, erhält man beim Kalibrieren gesicherte Auskünfte über die Vorgänge im Inneren des Klienten.

Beim **Kalibrieren** stellen Sie sich auf die individuellen Reaktionen Ihres Klienten ein, indem Sie ihm gezielte Fragen stellen und dabei genau auf seine Reaktionen achten:

- Problemphysiologie (beispielsweise): »Was war Ihr unangenehmstes Erlebnis in Ihrer Schulzeit?«
- Veränderungsphysiologie (beispielsweise): »Könnten Sie sich vorstellen, dass Sie zufriedener wären, wenn Sie eine Methode wüssten, die Ihnen Gelassenheit verleiht?«
- Zielphysiologie (beispielsweise): »Was geschah am schönsten Tag in Ihrer Kindheit, an den Sie gerne zurückdenken?«
- Wahrheit (beispielsweise): »Nennen Sie mir bitte noch einmal Ihren vollständigen Namen und Ihren Geburtsort.«
- Lüge (beispielsweise): »Behaupten Sie doch einfach einmal, jemand anderer zu sein. Überzeugen Sie mich!«

TEC

Alles, was wir bisher über das **Kalibrieren** gesagt haben, bezog sich ausschließlich auf das visuelle Kalibrieren – aber selbstverständlich können Sie die Physiologien auch auditiv kalibrieren, indem Sie genau auf den Klang, die Sprechgeschwindigkeit, das

Timbre usw. der Stimme Ihres Klienten hören. Sie können sogar kinästhetisch kalibrieren, wenn Sie eine Hand auf den Arm oder die Schulter Ihres Klienten legen und die Veränderungen in seiner Muskelspannung, seiner Hautfeuchtigkeit und seiner Bewegung registrieren.

Wenn Sie sich gut auf Ihren Klienten kalibriert haben, ist das ein sehr machtvolles Instrument. Sie können seine ihm selbst oft unbewussten Strategien erkennen und an den richtigen Stellen eingreifen.

Gedankenlesen

Keine Sorge: Wir werden jetzt nicht ins Übernatürliche abschweifen. Bei uns geht alles mit rechten Dingen zu!

Wenn Sie einmal einen »Mentalisten« – einen Zauberkünstler – gesehen haben, sind Ihnen vielleicht kurz Zweifel gekommen, ob er nicht wirklich Gedanken lesen kann und über übernatürliche Kräfte verfügt. Wenn Sie ein wenig kritischer sind, haben Sie sich wohl gedacht, dass er einfach gute Tricks beherrscht. Und genauso ist es. Einen dieser »Tricks« werden Sie jetzt kennenlernen. Er ist gar nicht sensationell. Aber jeder angebliche Wahrsager und Gedankenleser verwendet ihn.

Es ist ganz einfach: **Spiegeln**, genau hinsehen, **Kalibrieren** und **Führen**.

Vielleicht haben Sie im Zusammenhang mit NLP gehört, dass die Bewegungen der Augen Auskunft über die Vorgänge im Inneren des betreffenden Menschen geben. Es gibt im NLP die berühmten **»Eye Cues«**. Wir werden Ihnen später noch etwas darüber sagen. Wahrsager und Gedankenleser gehen nicht so technisch vor. Und deshalb sind sie so gut, bei dem, was sie tun. Im Folgenden zeigen wir Ihnen, wie Sie als Wahrsager Freunde verblüffen können.

Es sollten allerdings Freunde sein, die nicht allzu methodisch und kritisch denken …

Gedankenlesen und Wahrsagen

Sicher kennen Sie das Klischee der Wahrsagerin mit ihrer Kristallkugel. Die brauchen Sie nicht. Doch es ist gut, wenn sich die Aufmerksamkeit Ihres Gegenübers auf etwas richten kann – sei es nun eine Kristallkugel, eine Wasserschale, Ihre Hand, seine Hand oder Karten. Das macht seine Reaktionen natürlicher.

1. Sie **spiegeln** Ihr Gegenüber, während Sie ein paar allgemeine Worte sagen. Lassen Sie Ihre »Versuchsperson« möglichst viel sprechen. Sie spiegeln ihn. Dadurch kommt es zum **Rapport**.
2. Sie sehen genau hin. Behalten Sie Ihren Partner im Auge. Aber sehen Sie ihm nicht direkt in die Augen – denn im Gegensatz zum allgemein verbreiteten Glauben sieht man in den Augen selbst wenig. Viel eher in der Muskulatur um die Augen. Achten Sie auch auf Mund, Schultern und Hände.
3. **Kalibrieren** Sie. Das heißt, stellen Sie Fragen, deren Antworten Sie schon kennen. Sie werden feststellen, dass sich Lügen, Wahrheiten, angenehme und weniger angenehme Erinnerungen bemerkbar machen! Es sind in der Regel nur ganz kleine und vor allem Ihrem Partner völlig unbewusste Bewegungen der Muskulatur. Doch wenn Sie gezielt darauf achten, werden Sie sie wahrnehmen.
4. Nun **führen** Sie. Sie beginnen mit möglichst allgemeinen Äußerungen, sodass Ihr Partner zustimmt. Das vertieft den Rapport. Gehen Sie in kleinen Schritten vor, die Ihnen Auswege offen lassen. Sobald Sie von Ihrem Gegenüber ein körpersprachliches »Nein«-Signal bekommen, reagieren Sie und verändern Ihre Aussage. So tasten Sie sich allmählich vorwärts und gelangen schließlich zu immer konkreteren und verblüffenderen Aussagen.

EXP

Das kann dann beispielsweise so aussehen: »Ich sehe eine Frau … sie hat lange … halblange Haare. Ihre Haare sind hell … Licht spiegelt sich auf den Haaren, daher sehen sie heller aus, als sie sind. Die Frau ist mit dir verwandt … nicht blutsverwandt, aber seelenverwandt. Du würdest sie gerne wiedersehen. Die Gegend ist anders. Es war nicht hier in München. Vielleicht nicht einmal in Deutschland, nein, sicher nicht in Deutschland. Im Norden … nein, es muss im Süden sein. Die Häuser sehen südländisch aus. Es könnte Spanien sein. Du hast diese Frau dort vor Kurzem … nun ja, nicht so Kurzem, kennengelernt … Kennen kann man eigentlich nicht sagen. Du hast Sie gesehen. Und sofort gespürt, dass da etwas Besonderes ist. Da waren viele Menschen. Eine Art Feier … nein, nicht wirklich eine Feier, also eine Veranstaltung, etwas Berufliches … ist es nicht, sondern ein privater Anlass. Fröhlich … war der Anlass nun wirklich nicht. Es war traurig. Jemand ist gegangen. Eine Beerdigung. Ein Freund ist gestorben.«
Immer wenn »…« im Text erschien, erfolgte eine Kehrtwendung – haben Sie es bemerkt? Bestimmt. Doch der »Versuchsperson« wird es umso weniger auffallen, je weniger kritisch sie ist und je besser der Rapport zwischen Ihnen beiden ist. Jedenfalls nahm der Wahrsager an diesen Stellen »Nein«-Signale wahr und veränderte seine Zielrichtung. Am Ende »fand er heraus«, dass sein Gegenüber in Spanien bei der Beerdigung eines Freundes eine Frau gesehen und sich in sie verliebt hat, obwohl er nicht einmal ihren Namen kennt. Das sorgte für einige Verblüffung. Und das können Sie auch. Was Sie dazu brauchen sind Techniken, die Sie aus dem NLP kennen. Und ein bisschen Kreativität.

Aber wozu? Vor allem: Weshalb steht das in diesem Buch? Und warum im Kapitel über Coaching? Wir wollen Sie bestimmt nicht dazu animieren, Ihr Coaching mit Scharlatanerie zu betreiben.

Doch die Prinzipien, die wir hier vorgestellt haben, lassen sich auch bei einem Coaching oder einer Therapie einsetzen. Wenn wir genauer hinsehen, gibt es schon ein paar Überschneidungen bei der Beratung durch einen guten Wahrsager und der durch einen guten NLP-Coach. Der Unterschied besteht darin, dass Sie nicht behaupten, Gedanken lesen zu können und dass Ihnen ein weitaus größeres Instrumentarium für die Arbeit mit Ihren Klienten zur Verfügung steht.

Doch gerade beim Coaching und der Therapie ist das »Gedankenlesen« sehr nützlich. Immer wenn Sie etwas sagen, das zutreffend ist und über das hinausgeht, was Ihnen Ihr Klient gesagt hat, wird der Rapport stärker. »Gedankenlesen« ist auch ein hervorragendes Mittel, um seinen Klienten tiefer in einen Trancezustand zu führen. Doch davon später.

Ankern

Das richtige **Ankern** ist eines der wichtigsten Werkzeuge eines NLP-Coaches. Und richtiges Ankern funktioniert nur, wenn zuvor richtig kalibriert wurde. Wenn der Coach genau erkennen kann, wann sich der Klient in einer Zielphysiologie befindet, kann er diesen Zustand ankern und den Klienten später durch das Auslösen des Ankers aus einem Problemzustand herausbringen.

Erkennt der Coach die Zielphysiologie nicht richtig, ankert er einen weniger positiven, im schlimmsten Fall sogar einen negativen Gefühlszustand. Wird dieser **Anker** dann ausgelöst, wenn sich der Klient in einem Problemzustand (beispielsweise in Angst) befindet, wird der **Anker** nicht die gewünschte bzw. sogar eine negative Wirkung zeigen.

Also sollte ein Coach **Anker** nur dann verwenden, wenn er die Physiologien seines Klienten sicher identifizieren kann – und das bedeutet, dass er sich zuvor auf die Physiologien seines Klienten kalibriert hat!

Wenn der Coach einen **Anker** verwendet, ist das wesentlich kraftvoller, als wenn der Klient selbst einen Anker bei sich setzt. Das Ankern verlangt ja eine Beobachtung des Gefühlszustands – setzt man nun bei sich selbst einen Anker, bedingt das automatisch einen gewissen Grad an Dissoziation; man muss sich sozusagen »von außen beobachten« und damit ein Stück von seinen tatsächlichen Gefühlen abrücken. Überdies kann man bei sich selbst natürlich keine unbewussten Reaktionen beobachten – denn dann wären sie ja bewusst. Das richtige Ankern ist also eines der Erfolgsgeheimnisse eines guten NLP-Trainers.

Man kann auf ganz unterschiedliche Art und Weise **Anker** bei seinen Klienten setzen. Kinästhetische Anker sind in der Regel am einfachsten. Eine Berührung am Arm oder an der Schulter wird vom Klienten deutlich wahrgenommen und vermittelt ihm überdies oft auch das Gefühl der Unterstützung und des Aufgehobenseins. Ein weiterer Vorteil kinästhetischer Anker liegt darin, dass sie lange gehalten werden können und gleichzeitig mit einem zweiten Anker eingesetzt werden können (beispielsweise beim **History Change**).

Kinästhetische **Anker** können manchmal allerdings auch problematisch sein, beispielsweise bei einem Klienten des anderen Geschlechts, der auf Berührungen empfindlich reagiert. Insbesondere im therapeutischen Setting ist unbedingt darauf zu achten!

Auditive Anker sind auch oft sinnvoll. Sie haben den Vorteil, dass sie der Klient in der Regel nicht bemerkt – ein Vorteil ist das deshalb, weil er dann nicht dazu neigen wird, über ihre Bedeutung nachzudenken und somit nicht den Fluss des Geschehens unterbricht. Ein einfacher auditiver Anker kann beispielsweise ein kleines Räuspern sein oder ein Senken der Stimme. Bei auditiven Ankern ist besonders darauf zu achten, dass vor allem als PS-Anker (Anker eines Problemzustands) nicht solche gewählt werden, die in Alltagssituationen versehentlich aktiviert werden können – das wäre beispielsweise beim Räuspern der Fall.

Auch visuelle **Anker** sind möglich, aber schwer gezielt einzusetzen. Ein visueller Anker ist sicherlich schon der Anblick des NLP-Trainers oder der Praxis – gute Erfahrungen mit dem Trainer werden bei einer erneuten Begegnung automatisch gute Gefühle auslösen.

Gute Gefühle verstärken

Anker bieten die Möglichkeit, gute Gefühle bei Ihrem Klienten zu verstärken. Sie können das direkt als Intervention einsetzen: Sie lassen Ihren Klienten assoziiert positive **Referenzerlebnisse** aufsuchen. Immer wenn Sie feststellen, dass Ihr Klient die **Zielphysiologie** zeigt, setzen Sie einen Anker. Sie können nicken, »Hmhm« sagen oder ihn kurz am Arm oder der Schulter berühren. Sitzt der Anker, können Sie ihn dazu einsetzen, um Ihren Klienten aus negativen Gefühlszuständen herauszuholen.

Eine andere Möglichkeit ist, das ganz nebenher zu machen. Sie setzen den Anker, sobald Ihr Klient positive Gefühlsregungen zeigt oder äußert. Das erfordert etwas mehr Erfahrung, ist dafür aber im Ergebnis umso verblüffender für Ihren Klienten.

TEC

Das Meta-Modell der Sprache

Der bekannte amerikanische Linguist Noam Chomsky unterschied zwei Aspekte der Sprache: die Oberflächenstruktur und die Tiefenstruktur. Dieses Modell ist ein Meta-Modell der Sprache.

Die Oberflächenstruktur gibt Ihnen Auskunft über die bewusst wahrgenommene Realität, die »mentale Landkarte« Ihres Klienten.

Die Oberflächenstruktur sind die geäußerten Worte mit ihrem Sinngehalt. Doch die Oberflächenstruktur der Sprache enthält zahlreiche Verkürzungen, Veränderungen und Verzerrungen – diese Transformationen weisen auf die Struktur der mentalen Landkarten Ihres Klienten hin.
Die Tiefenstruktur dagegen enthält alle verfügbaren Informationen. Sie repräsentiert in verbaler Form die ursprünglichen Erfahrungen, die einer Äußerung des Klienten zugrunde liegen. Die Tiefenstruktur beschreibt die Möglichkeiten, die dem Sprecher zur Verfügung stehen (die »Realität«). Die Oberflächenstruktur geht aus der Tiefenstruktur hervor, indem der Klient die Tiefenstruktur durch seine mentale Landkarte filtert.
Mit gezielten Fragen können Sie Ihrem Klienten die Tiefenstruktur bewusst machen. Dazu ist es natürlich notwendig, dass Sie die Transformationen, die auf die mentale Landkarte des Klienten zurückgehen, erkennen. Das hört sich leider ein wenig theoretisch an – aber Sie werden gleich sehen, dass das alles sehr einfach und praktisch ist.

In der folgenden Tabelle finden Sie die wichtigsten und häufigsten Transformationen, Beispiele und Fragen, die die Tiefenstruktur aufdecken.

Oberflächenstrukturen	**Beispiele**	**Fragen zum Aufdecken**	**Tiefenstruktur**
Tilgungen	Es ist besser, positiv zu denken.	Wofür ist es besser? Für wen? Besser als was?	Ich nehme an, dass ich mich gut fühlen würde, wenn ich positiv dächte.
	Ich zeige ihr dauernd, dass ich sie liebe.	Wie genau zeigst du das?	Ich bin eifersüchtig, wenn sie andere Männer trifft.

Oberflächen-strukturen	**Beispiele**	**Fragen zum Aufdecken**	**Tiefenstruktur**
Nominali-sierungen	Unsere Beziehung ist gestört.	Was genau macht ihr?	Wir streiten täglich.
	Ich leide unter Stress.	Was genau stört dich?	Ich arbeite sehr viel und habe das Gefühl, es nicht mehr zu schaffen.
Selbstauf-erlegte Ein-schränkungen	Ich kann bei Kritik nicht gelassen blei-ben.	Was hindert dich daran?	Ich denke, dass ich mich gegen Kritik verteidigen muss, sonst fühle ich mich als Versager.
	Ich kann nicht mit dem Rauchen auf-hören.	Was würde pas-sieren, wenn du es doch tätest?	Beim Gedanken nicht zu rauchen, fühle ich mich nervös.
Generali-sierungen	Sie sieht jedem Mann hinterher.	Wirklich jedem?	Es stört mich, wenn ich sehe, dass sie einen anderen Mann ansieht.
	Er sitzt immer nur vor dem Fernseher.	Sitzt er wirklich immer vor dem Fernseher?	Er schaut oft Fußball, wenn ich gerne mit ihm reden würde.
Kausalzu-schreibungen	Schon ihre Stimme macht mich wütend.	Wie macht sie das?	Wenn sie mit schriller Stimme redet, reagiere ich sofort mit Aggression.
	Das schlechte Wetter macht mich depressiv.	Wie macht das Wetter das?	Wenn es regnet, fühle ich mich eingesperrt und weiß nichts mit mir anzufangen.
Gedanken-lesen	Meine Kollegen können mich nicht ausstehen.	Woher weißt du das?	Mir fällt es schwer, mit meinen Kollegen unbefangen zu sprechen.
	Mein Mann liebt seine Arbeit mehr als mich.	Woran bemerkst du das?	Mein Mann arbeitet sehr viel; ich würde gerne mehr Zeit mit ihm verbringen.
Abstrakte Autoritäten	Man sollte sich nicht gehen lassen.	Wer sagt das?	Ich denke, dass ich weniger wert bin, wenn ich nichts leiste.
	Es ist nicht gut, zuviel zu träumen.	Was würde dann geschehen?	Meine Träumereien sind schöner als die Wirklichkeit – wenn sie sich nicht erfüllen, bin ich enttäuscht.

Natürlich müssen Sie nicht jeden Satz Ihres Klienten hinterfragen. Zu leicht entsteht dann der Eindruck eines »Verhörs«. Wird jede Äußerung hinterfragt, geht das wohl den meisten Menschen auf die Nerven. Negative Gefühle aber sind etwas, das Ihre Klienten von Ihnen bestimmt nicht brauchen; in der Regel haben sie davon ohnehin genug. Wenn Sie jedoch auf die Sprachmuster Ihres Klienten achten und ihm ab und zu durch gezielte Fragen die Tiefenstruktur zu Bewusstsein bringen, kann allein das schon wichtige Veränderungen bewirken.

Hypnose und Trance

Viele Techniken des NLP sind nach der therapeutischen Vorgehensweise des Begründers der modernen Hypnotherapie, Milton Erickson, modelliert. In der Tat wird bei allen NLP-Techniken, die ein Visualisieren verlangen, ein leichter Trancezustand eintreten.

DEF

Trance ist ein Bewusstseinszustand, der durch besondere Konzentration gekennzeichnet ist. Die Trance kann dabei als schlafähnlich oder als Zustand höchster Konzentration empfunden werden. Bei einer Trance ist die Aufmerksamkeit stark eingeschränkt. Die generelle Aufmerksamkeit und die Wachheit sind stark herabgesetzt. Damit ist Trance der Gegenpol zu Achtsamkeit.

Von Achtsamkeit bis Trance

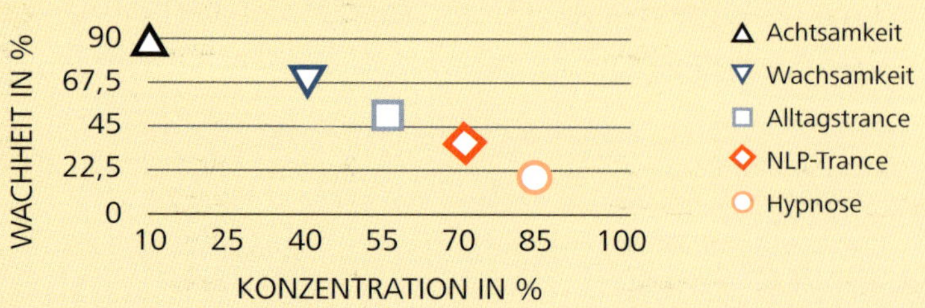

Sobald Sie Ihren Klienten dazu veranlassen, genau hinzusehen, bewegt sich sein Bewusstsein in Richtung Trance. Natürlich ist es noch keine Trance, wenn sich Ihr Klient auf eine alte Erinnerung konzentriert. Doch Sie können die **Trance** fördern: Indem Sie »Ja«-Antworten provozieren, indem Sie **spiegeln**, in dem Sie ihn zu Ruhe und Entspannung führen und indem Sie **Anker** setzen und abrufen, die mit entspannter Konzentration verbunden sind.

NLP nutzt **Trance** in der Veränderungsarbeit. In Trance kann der Klient besser assoziiert und dissoziiert visualisieren und sich voll und ganz auf die Veränderungsarbeit konzentrieren.

Der Coach wird die **Trance** in der Regel unterstützen – denn in der Trance ist das Unterbewusstsein wesentlich aufnahmefähiger und besser in der Lage, neue Lösungswege aufzuspüren.

Die Verarbeitungskapazität unseres Unterbewusstseins ist wirklich gigantisch. Das Bewusstsein kann nur etwa 40 Bits (Informationseinheiten) pro Sekunde verarbeiten. Doch es gelangen über die Sinne mehr als 10 Millionen Bits pro Sekunde in unser Gehirn! Natürlich geht diese ungeheure Menge an Information nicht einfach verloren. Einiges davon wird gefiltert – aber das ist ja bereits eine Verarbeitung. Ein großer Teil der gefilterten Information wird aber im Unterbewusstsein weiterverarbeitet.

Deshalb ist es so wirksam, Veränderungsarbeit in **Trance** zu machen. Bewusstes und Unbewusstes arbeiten viel enger zusammen, und daher können viel mehr Informationen genutzt werden.

Trance kommt deutlich häufiger vor, als allgemein angenommen. Dazu muss man nicht einmal, wie der Bewusstseinsforscher Charles Tart, von einer »Alltagstrance« sprechen – tatsächlich befinden wir uns im Alltag, wenn wir nicht gerade etwas ganz bewusst tun, in einer Art leichter Trance. Die Alltagstrance ist allerdings nicht sehr sinnvoll: Sie führt dazu, dass wir nur halb bewusst durchs Leben gehen und sehr leicht beeinflussbar sind.

Wenn wir im NLP von **Trance** sprechen, meinen wir etwas anderes als die Alltagstrance. Und zwar eine echte, tiefere und deutlich erkennbare entspannte Konzentration. Aber auch die kommt im Alltag häufig vor. So sind beispielsweise Kinder beim Spielen, Menschen, die konzentriert, aber entspannt arbeiten oder vollkommen versunken Musik hören, meditieren oder ein Bild betrachten, in einem Trancezustand.

Charakteristisch für eine Trance ist, dass die Umwelt zu einem großen Teil ausgeblendet wird, die Konzentration auf einen Vorgang gerichtet ist und dass über das Geschehen nicht kritisch-rational reflektiert wird. Kann das gut sein, wenn man Kritik, Reflexion und rationales Denken verringert? Ja, natürlich – und zwar bei allen kreativen Prozessen. Und Therapie oder Veränderungsarbeit ist ein kreativer Prozess!

Trance muss aber keineswegs besonders tief sein, um wirksam zu werden. Milton Erickson, der Meister der Hypnotherapie, führte seine Klienten meist nur in eine schwache Trance – was seinen Therapie-Erfolgen nicht im mindesten abträglich war.

Für NLP ist die Trance deshalb interessant, weil die Tore zum Unterbewussten im Trancezustand weiter geöffnet sind als gewöhnlich.

Hypnose ist ein Trancezustand, der durch einen anderen Menschen, den Hypnotiseur, herbeigeführt wird. Hypnose ist ein Zustand höchster Konzentration bei gleichzeitiger Wachheit: Das Bewusstsein ist stark eingeengt, meist auf die Stimme des Hypnotiseurs beschränkt. Da keine Reflexion stattfindet, werden Suggestionen relativ leicht übernommen. Alles, was man in Hypnose tun kann, kann man prinzipiell auch im Wachzustand. In der Hypnose können jedoch Barrieren fallen, die es einem ermöglichen, seine Kräfte gezielt zu bündeln. Die moderne Hypnotherapie wurde von Milton Erickson begründet. Milton Erickson wiederum ist einer jener drei Therapeuten, die von den Begründern des NLP »modelliert« wurden. Daher spielen bei der professionellen Arbeit mit NLP Trance und Hypnose eine wichtige Rolle.

DEF

In einer therapeutischen NLP-**Trance** oder einer **Hypnose** verändert sich die Aktivität im Gehirn. Grob gesagt wird die linke Hemisphäre gehemmt, während die rechte vermehrte Aktivitäten aufweist. Diese Aktivitätsunterschiede kann man mithilfe von EEGs und anderen, neueren bildgebenden Methoden sehr genau darstellen. Was beweist, dass in Trance tatsächlich diejenigen Regionen in unserem Gehirn aktiviert werden, die für unsere unterbewussten Fähigkeiten zuständig sind. Dadurch wird klar, warum es in Trance einfacher ist, die Bahnen gewohnter Denkmuster zu verlassen.
In Trance sind aber nicht nur die psychischen Parameter einer Veränderungsarbeit besonders förderlich, es sind auch einige vegetative Funktionen deutlich verändert, wodurch sie zu einer Verbesserung des Allgemeinbefindens, der Aufnahmefähigkeit und damit zu besseren Voraussetzungen für Veränderungen beitragen.

- Blutdruck: Die Pulsfrequenz sinkt, die Blutgefäße sind erweitert
- Blutbild: Die Leukozyten-Haftfähigkeit verändert sich
- Hormonsystem: Es werden weniger Stresshormone ausgeschüttet
- Immunsystem: Bessere Wundheilung, Abnahme des Plasmakortisols
- Nervensystem: Der Tonus, d.h. die »nervliche Anspannung«, wird normalisiert
- Gehirn: Die Durchblutung verbessert sich, Hirnstrommuster zeigen eine stärkere Aktivierung.

NLP nutzt diese Chancen, die in der **Trance** liegen. Einer der Hauptgründe, weshalb die Arbeit mit einem Coach viel intensiver ist als ohne, liegt eben darin, dass ein NLP-Coach seinen Klienten dabei unterstützen kann und wird, in Trance zu gehen und die Kräfte seines Unterbewusstseins zu mobilisieren.

Tranceinduktion

Durch Spiegeln erleichtert man es dem Klienten, in Trance zu gehen. Um den Klienten tiefer in die **Trance** zu führen, kann der Coach zunächst eine Anleitung zur Entspannung geben und dem Klienten helfen, sich auf die Stimme zu fokussieren.
Die Begründer des NLP entwickelten aus der Beobachtung des therapeutischen Verhaltens von Milton Erickson das sogenannte Milton-Modell, das Formulierungen, die den Trancezustand fördern, systematisch kategorisiert.

NLP

Das Milton-Modell
Scheinbare Alternativen anbieten: »Ob Sie Ihre Augen jetzt schließen oder irgendwann später, spielt gar keine Rolle …«

Indirekt beinhaltet die Aussage jedoch, dass sich die Augen des Klienten auf jeden Fall schließen werden.

Offen lassen: »Ich weiß nicht, ob Sie schon ganz entspannt sind …« , »Sie können darauf achten, ob Sie spüren, wie sich Entspannung in Ihrem Körper ausbreitet …« Es erfolgt keinerlei Anweisung, doch durch die Vorstellung des Gesagten entsteht im Klienten die Tendenz, diese Vorstellung zu verwirklichen.

Nominalisierung: »Das Entspannen ist angenehm …«, »Das Wohlfühlen ist ganz einfach …« Der Klient wird nicht direkt angesprochen und daher auch weniger schnell mit Widerstand reagieren.

Verwirrung: »Und so sind Sie nun entspannt oder nicht entspannt, und wie es ist, ist es ganz in Ordnung … das fühlt sich gut an …«. Dadurch, dass die Äußerungen nicht in einer streng logischen Ordnung aufeinanderfolgen, werden rationale Strategien des Verstehens außer Kraft gesetzt und unterbewusste Suchmechanismen angeregt.

Analoges Markieren: »Manche Menschen, **Frau X**, finden es **leicht in Trance** zu kommen, wenn sie sich **entspannen**. Es ist nicht wichtig, wie **tief** Sie **in Trance** kommen, **Frau X** …« Das Unterbewusstsein nimmt die betonten Wörter als Vorschläge auf und versucht, sie umzusetzen. Da keine Anweisungen erteilt werden und die Suggestion versteckt ist, setzt das Bewusstsein den Worten keinen Widerstand entgegen.

Üben Sie diese Sprachmuster. Es ist nicht wichtig, dass Sie sie benennen können. Wichtig ist, dass Sie sie anwenden können – und dabei helfen drei Dinge: Üben, Üben und Üben.

Mit Hypnose arbeiten

Hypnose hat immer noch einen Beiklang von etwas Geheimnisvollem. Befreien Sie sich davon, Hypnose als eine ganz besondere und beinahe magische Methode zu betrachten. Wenn Sie das Gefühl nicht loswerden: Löschen Sie diesen Glaubenssatz mit ABC. Es ist nämlich gar nicht hilfreich, es sich und seinen Klienten schwerzumachen.

Manche Klienten fürchten sich davor, die Kontrolle zu verlieren. Dann erklären Sie ihnen, was Hypnose ist: »Hypnose ist nichts Besonderes. Ich helfe Ihnen nur, sich zu entspannen und sich zu konzentrieren. Sie müssen auch gar nichts Besonderes tun. Es reicht, wenn Sie einfach zuhören …«

Auf der anderen Seite gibt es Klienten – unserer Erfahrung nach ist es sogar die Mehrheit –, die unbedingt hypnotisiert werden wollen. Auch diese Menschen glauben, dass sie im Zustand der Hypnose ganz besondere Kräfte entwickeln. Oft sind sie auch einfach neugierig. In diesem Fall ist es gar nicht sinnvoll, ihnen lang und breit zu erklären, dass Hypnose eigentlich nur entspannte, tiefe Konzentration ist. Nutzen Sie die Ressourcen Ihrer Klienten!

Was Sie aber in jedem Fall tun sollten: Klären Sie Ihren Klienten darüber auf, dass keinerlei Gefahr besteht, dass er etwa »nicht mehr aus der Hypnose herauskommt«. Ihr Klient wird gerade dann, wenn er sich sehr viel von Hypnose erwartet, etwas aufgeregt und angespannt sein. Nehmen Sie ihm die Sorgen so gut es geht.

Am besten schicken Sie diesen Satz voraus: »Wir fangen einfach mit einer kleinen Entspannungsübung an …« Und dann beginnen Sie mit der Hypnose.

Trance-Einleitung

Bevor Sie mit Ihrem Klienten in Hypnose arbeiten, führen Sie ihn tiefer in Trance. Wie tief, hängt davon ab, ob Sie mit ihm im Dialog bleiben und Ereignisse durcharbeiten wollen, oder ob Sie mit einer »Trancereise« das Unterbewusstsein Ihres Klienten ansprechen möchten.

Beispiel einer Tranceeinleitung

»Sie können die Augen schließen, wenn Sie möchten und allmählich ruhig werden und sich entspannen … Sie hören meine Stimme, die Sie begleitet … Sie hören Geräusche und nehmen Ihre Gedanken wahr, und jedes Geräusch, jeder Gedanke bringt Sie tiefer in die Ruhe und Entspannung. Meine Stimme begleitet Sie … und Sie können sich ganz entspannen …

Ihre Arme fühlen sich nun vielleicht etwas schwerer an … wie angenehm … und Sie können ganz ruhig und entspannt sein … Ihre Arme können sich entspannen … Ihre Beine können sich immer weiter entspannen und ganz locker werden … Ihr ganzer Körper wird immer entspannter – Ihre Arme können ausruhen, Ihre Beine können entspannen, Ihr Bauch kann ganz locker werden, Ihre Brust kann entspannen, Ihr Nacken kann entspannen, Ihr Gesicht kann ganz locker und frei sein …

TEC

Mit jedem Wort meiner Stimme, die Sie begleitet, können Sie immer weiter entspannen, immer ruhiger werden …

Ihr Bauch hebt sich beim Einatmen … und senkt sich beim Ausatmen … und mit jedem Atemzug können Sie sich wohlfühlen und noch tiefer in Trance gehen. Sie können die Geräusche wahrnehmen, Gedanken wahrnehmen, und jedes Geräusch und jeder Gedanke lässt Sie entspannter und ruhiger werden … Jeder Gedanke, der auftaucht zieht langsam vorbei und lässt Sie noch tiefer entspannen, und Sie können sich warm und wohl fühlen …

Sie hören meine Stimme diese Worte sprechen, und bei jedem Wort können Sie noch tiefer in die Trance angenehm eintauchen … Und vielleicht wollen Sie noch tiefer in die Trance gehen und sich wohl und ruhig und entspannt fühlen … und das ist gut so … Vielleicht werden Sie müde, vielleicht werden Sie wach sein, vielleicht denken Sie Ihre Gedanken und fühlen Ihre Gefühle … vielleicht fühlen Sie sich leicht oder schwer … und wie Sie sich fühlen, ist es gut so.

Nichts müssen Sie tun ... müssen nicht entspannen, müssen nicht zuhören, müssen nicht wach sein, müssen nicht schlafen – manchmal dies, manchmal das ... Und während Sie meine Stimme hören, können Sie noch tiefer in Trance gehen und sich wohlfühlen, wenn Sie wollen ...
Und was Sie auch tun wollen, so können Sie immer Ihrem Unterbewusstsein vertrauen, dass es alles Wichtige aufnimmt und versteht und es genau dann, wenn Sie es brauchen, ganz zur Verfügung stellt ... Und das fühlt sich gut an, nicht wahr ... Und während Sie noch tiefer in Trance gehen können, wenn Sie wollen und sich ganz wohl und warm und ruhig und entspannt fühlen dürfen, können Sie zuhören oder auch einfach nur Ihr Unterbewusstsein zuhören lassen.«

Trance-Reisen

Im Anschluss an die Trance-Einleitung geben Sie dem Unterbewusstsein Ihres Klienten Anregungen und Hinweise und unterstützen unterbewusste Suchprozesse. Die vielleicht beste Methode, neue Ideen zu säen und Suchprozesse im Unterbewussten auszulösen, sind Metaphern, Anekdoten, Erzählungen.

Die wichtigsten Vorteile dabei:

- Die Fähigkeiten des Klienten werden genutzt.
- Das Ergebnis der Suchprozesse ist flexibel.
- Die Aufmerksamkeit wird besser aufrechterhalten.
- Es entstehen kein Widerstand und keine Angst.

Beispiele für Metaphern, die Lösungsprozesse in Gang setzen können

Berg: Hindernis; Herausforderung

Etwas bauen: planvoll Teile zu einem Ganzen zusammenfügen

Gipfel: Überblick, Freude, Weitsicht, über den Dingen stehen

Meer: Unterbewusstsein, Tiefe und Weite, Rhythmus

Schatzsuche: Motivation, verborgene Fähigkeiten usw. aufspüren

Sonnenaufgang: Neubeginn, beginnende Klarheit

Tunnel/Tal: momentane Dunkelheit, aber Hoffnung in der Ferne sichtbar

Vogel: sich mit Leichtigkeit über die Dinge erheben, Mühelosigkeit

Konkret sieht es so aus, dass Sie eine Geschichte erzählen. Da Ihr Klient die Bilder und Ereignisse, die Sie vorgeben, in tiefer Trance hochkonzentriert miterlebt, ist es für ihn wie eine Reise. Auf dieser Reise begleiten Sie ihn beispielsweise bei der Suche nach einem Schatz, der tief in einer Höhle verborgen ist – Sie setzen Metaphern ein, die direkt zu seinem Unterbewusstsein sprechen. Dieses Geschichtenerzählen erfordert ein bisschen Kreativität vom Therapeuten. Aber machen Sie sich keinen Stress. Die Geschichte muss erzählerisch nicht gut sein, es stört nicht, wenn Sie sich versprechen oder nicht mehr weiter wissen; die Figuren, Ereignisse oder Landschaften müssen nicht gut und stimmig beschrieben werden.

Es geht nicht darum, ob Sie ein guter Erzähler sind oder ob Ihre Geschichte druckreif ist. Das Unterbewusstsein Ihres Klienten füllt Lücken: Und zwar so, dass es für ihn stimmt. Und genau das wollen Sie ja. Sie fungieren nur als Stichwortgeber.

Beispiel einer Trance-Reise (Ausschnitte)

»Und da fällt mir eine Geschichte ein, die mir einmal von einer weisen Frau erzählt wurde, die sie von ihrem Großvater hatte, der als kluger Mann überall geschätzt war. Er kannte ein Kind, das in einem fernen Land in einem Palast aufgewachsen war und später ein großes Reich weise regieren sollte. In dem Schloss hatte ein böser Magier alle Spiegel verzaubert, sodass sie alles, was schön war, grau und unscheinbar zeigten und alles, was ein wenig unscheinbar und liebenswert war, hässlich und unansehnlich machten. So sah das Kind niemals sein wirkliches Selbst und wurde nach und nach immer trauriger. Es machte sich kleiner und verbarg sich und vermied es, in den Spiegel zu schauen. …

Doch eines Tages erschien dem Kind im Traum eine weise Frau, die sprach: »Wenn du in einen Spiegel siehst, der nicht verzaubert ist, wirst du dich wirklich erkennen. Dazu aber brauchst du nur ein wenig Mut – denn tief unten, in den Kellern des Schlosses, ist noch ein Spiegel, den der böse Magier nicht gefunden hat. Such diesen Spiegel!« …

Am nächsten Morgen war das Kind voll Zuversicht. Ein wenig Angst hatte es vor dem tiefen Keller, doch es wusste, dass es der weisen Frau vertrauen konnte. Es schlich durch die Küche zur großen alten Kellertür, die schon lange niemand mehr geöffnet hatte und drehte die Türklinke. Langsam und quietschend öffnete sich die alte Tür. Es war dunkel und eine Treppe führte in die dunkle Tiefe hinab, doch das Kind fasste sich ein Herz und stieg mutig hinab. Es gab dort auch nichts, vor was es sich zu fürchten hätte – nur den kostbaren Spiegel, von dem die weise Frau im Traum erzählt hatte.

Das Kind stieg Stufe um Stufe hinab. Viele wunderbare Sachen, längst vergessene Bücher, wertvolle Bilder und Schätze lagen dort und dem Kind wurde ganz froh und leicht ums Herz. Schließlich fand es auch, in einer dunklen Ecke den Spiegel. Es blickte hinein, doch was es dort sah, konnte es gar nicht glauben: Der Spiegel zeigte ein anmutiges Kind mit strahlenden Augen. »Bin das wirklich ich?« dachte das Kind und lächelte. Auch das Spiegelbild lächelte. »Ja, das bin ich! Wirklich ich!«, lachte das Kind und der Spiegel begann zu leuchten und zeigte das herrliche Spiegelbild immer klarer …

Und so kannst du dein Spiegelbild im Spiegel aus Glas und in dem Spiegel in deiner Seele anlächeln und den Zauber aufheben, der nur Graues und Unscheinbares und Hässliches zeigt. Je mehr du lächelst, desto schneller klären sich die Spiegel und zeigen dir dein schönes, freies, wahres und starkes Selbst, dem du mit Achtung und Respekt begegnen kannst und das dir zeigt, dass noch so vieles in dir steckt, was wert ist, beachtet und verwirklicht zu werden. Und du kannst dich wohlfühlen und stolz auf dich sein … Es ist so befriedigend, sich auf die Suche nach seinen verborgenen Möglichkeiten zu begeben und dabei immer selbstsicherer, freier und stärker zu werden. Und der Beginn der Suche fühlt sich schon so gut an – es ist erst der Anfang … Du weißt tief in dir, dass du dich lieben und dir ganz vertrauen darfst …

Trance-Ausleitung

Jede tiefe Trance oder Hypnose sollte mit einer Trance-Ausleitung abgeschlossen werden. Die Trance-Ausleitung dient dazu, den Klienten aus dem Trancezustand wieder völlig in den Wachzustand zu führen. Wird eine tiefe Trance nicht richtig abgeschlossen, kann das zu einer mehrere Stunden lang anhaltenden Müdigkeit oder sogar zu einer leichten Desorientierung führen.

Beispiel einer Trance-Ausleitung

»Und ob Sie nun geschlafen oder zugehört haben oder einfach Ihr Unterbewusstsein haben zuhören lassen, so können Sie doch darauf vertrauen, dass alles, was wichtig war in der Trance von Ihrem Unterbewusstsein aufgenommen wurde und es Ihnen all das, was wichtig für Sie war, zur Verfügung stellen wird, wenn Sie es brauchen können und brauchen wollen …

Langsam können Sie nun die Trance oder den Schlaf oder das entspannte Zuhören wieder verlassen und allmählich immer wacher werden. Alles Angenehme können Sie mitnehmen, alle Entspannung, alle Einsichten, alle angenehmen Erinnerungen, alle angenehmen Gedanken, alle angenehmen Gefühle. Sie können mitnehmen, was Sie mitnehmen wollen und sich dabei immer wohler und kraftvoller und allmählich immer wacher fühlen …

Wenn ich jetzt von 10 bis 1 zähle, kommt mit jeder Zahl neue Kraft und Energie in Ihren Körper, Sie werden immer wacher und kraftvoller und kommen immer mehr ins Hier und Jetzt zurück. – Wenn wir bei der Zahl 1 angelangt sind, sind Sie hellwach und voller Kraft und Zufriedenheit und Zuversicht.

10 – langsam werden Sie wacher – 9 – immer ein wenig kraftvoller – 8 – 7 – 6 – immer mehr Energie – 5 – 4 – alle Müdigkeit fällt von Ihnen ab – 3 – Sie werden immer wacher – 2 – hellwach – 1 Sie sind jetzt wieder ganz und gar im Hier und Jetzt und hellwach. Wenn Sie wollen, können Sie sofort aufstehen; Sie können sich aber auch noch etwas Zeit lassen und der Trance ein wenig nachspüren. Vielleicht möchten Sie sich ein bisschen strecken und tief durchatmen und das Gefühl genießen. …«

Zusammenfassung des Kapitels

In diesem Kapitel haben Sie erfahren, wie Sie andere Menschen mit NLP unterstützen können:

- Sie wissen nun, wie Sie die Interaktion mit Ihren Klienten am besten beginnen.
- Sie haben gelernt, dass Zuhören und Verstehen die wichtigsten Teile jeder Beratung sind und wissen, was eine Beratung erfolgreich macht.
- Sie haben gesehen, dass man mit Spiegeln und Führen sehr viel erreichen kann und wie man dabei Manipulation vermeidet.
- Sie wissen nun, warum NLP mit einem Coach in der Regel noch wesentlich effektiver ist.
- Sie kennen die drei Physiologien und wissen, woran Sie sie bei Ihren Klienten erkennen können.
- Sie haben erfahren, wie Mentalisten und Wahrsager arbeiten und haben eine Methode zum Gedankenlesen kennengelernt.
- Sie wissen jetzt, warum Anker in der therapeutischen Arbeit mit NLP eine wichtige Rolle spielen.
- Sie haben das Meta-Modell der Sprache kennengelernt und wissen, was es für Ihre Arbeit als Coach bedeutet.
- Sie haben gelernt, was Trance und was Hypnose ist und wie Sie beide einsetzen können.

Kapitel 10

NLP und Wissenschaft

NLP beurteilen

Ein wichtiger **Grundsatz des NLP** lautet: »Wenn etwas nicht funktioniert, probiere etwas anderes.« Das bezieht sich ausdrücklich auch auf NLP-Methoden und Konzepte. NLP ist also sehr selbstkritisch. Theoretisch. Denn die Wirklichkeit sieht leider anders aus. Viele NLP-Vertreter sind bedauerlicherweise keineswegs selbstkritisch.

Wir sind fest davon überzeugt, dass Sie mehr von NLP haben, wenn Sie es als eine hilfreiche Methode ansehen, als wenn Sie es zu einer Art Wundermittel gegen alles und jedes hochstilisieren. Vor allem aber sollten Sie zwei Grundsätze des NLP nicht aus den Augen verlieren:

- Es gibt kein Scheitern, nur Feedback.
- Wenn etwas nicht funktioniert, probiere etwas anderes.

NLP

Kritik am NLP

NLP wurde und wird von verschiedenen Seiten kritisiert. Wenn man wachsen will, ist Kritik immer willkommen: Sie zeigt, wo man Schwächen hat und gibt einem die Chance, sich weiterzuentwickeln.

Die Kritik am NLP bezieht sich auf folgende Bereiche:

- Kritiker meinen, Neurolinguistisches Programmieren habe weder mit Neurologie noch mit Linguistik noch mit Programmieren zu tun – der Name sei also ein Etikettenschwindel.

- Die wissenschaftliche Psychologie kritisiert, dass dem NLP keine Theorie zugrunde liegt.
- Empirische Forscher bezweifeln die Wirksamkeit einiger NLP-Methoden.
- Es wird mitunter behauptet und kritisiert, dass NLP rein kommerzielle Ziele habe.
- Eine wichtige Kritik lautet, NLP sei ein Mittel zur Manipulation von Menschen.

Wir wollen uns die Kritik nun einmal genauer ansehen. Manches davon ist überzogen, anderes stimmt teilweise – und es gibt auch Bereiche, in denen die Kritik völlig recht hat. Es geht uns hier keinesfalls darum, kritische Stimmen abzuwehren, wie Sie auf den folgenden Seiten feststellen werden. Das ist auch überhaupt nicht nötig. Denn durch Kritik lernen wir. Und wir halten NLP, trotz einiger fragwürdiger Punkte, für eine sehr wertvolle, positive und hilfreiche Methode, die durch kritische Betrachtung nur gewinnen kann.
Um Sie sich ein möglichst umfassendes Bild vom NLP machen zu können, ist es wichtig, dass Sie auch die Kritik am NLP kennen.

Immunisierung gegen Kritik

Wir empfehlen Ihnen, immer dann besonders aufzuhorchen, wenn jemand auf Kritik allergisch reagiert. Oder aber, wenn er, statt auf die Kritik einzugehen, die logische Ebene wechselt. Das bedeutet nämlich, dass er nicht im »Lernmodus« ist, sondern gerade versucht, sein Weltbild zu verteidigen.
Reaktionen von NLP-Vertretern auf Kritik am NLP sind oft:

- »Es wäre besser für dich, wenn du positiv dächtest.«
- »In deiner Landkarte der Welt mag das so sein. Aber du kannst die Landkarte erweitern.«

- »Was bringt es dir, zu denken, NLP oder eine NLP-Technik wäre nutzlos?«

Nun sind diese Aussagen und Fragen nicht falsch. Es ist in der Regel tatsächlich sinnvoll, seine Aufmerksamkeit auf positive Aspekte zu richten – aber negative Aspekte nicht mehr wahrnehmen zu können, ist eine partielle Form von Blindheit. Natürlich ist alles, was man sieht, die eigene mentale Landkarte – nur gilt das für jeden, auch für erfahrene NLP-Anwender. Es ist sicher eine wichtige Frage, was es einem bringt, dieses oder jenes anzunehmen. Oft stehen hinter Annahmen einschränkende Glaubenssätze. Doch selbstverständlich existieren auch nutzlose Verhaltensweisen – die Fähigkeit, sie zu erkennen, ist äußerst wichtig, wenn man nicht gerade unsterblich ist und alles, was einem vorgeschlagen wird, ausprobieren kann.
Die oben zitierten Sätze sind also nicht unberechtigt oder ganz sinnlos. Sie sind aber eben nicht selbstreflektierend, was notwendig ist, um Kritik zu verstehen und um von Kritik zu profitieren. Sie dienen dazu, ein Weltbild zu verteidigen – sie immunisieren gegen Kritik. Und das ist immer eine Sackgasse, die in einem geschlossenen Weltbild endet. Bereits die Grundsätze des NLP machen deutlich, dass NLP eigentlich genau das Gegenteil beabsichtigt: NLP sollte, wenn man seine Grundsätze ernst nimmt, offen und veränderungsbereit sein.
Passende Antworten auf die oben stehenden Sätze könnten so lauten:

- »Ja, das stimmt. Ich meine, dass es positiv ist, nach Möglichkeiten zur Verbesserung zu suchen. Wenn etwas nicht funktioniert, versuche etwas anderes.«
- »In meiner Landkarte der Welt stehen sich NLP und Kritik am NLP nicht unversöhnlich gegenüber, sondern ergänzen einander.«

- »Kritisch sein zu können, erweitert meinen Handlungsspielraum. Hilfreiches und weniger Hilfreiches unterscheiden zu können, ist eine wichtige Ressource.«

Konzepte und Methoden, die nicht wirken

Die wissenschaftliche Methodik ist eigentlich eine ganz einfache Sache. Wenn eine Behauptung aufgestellt wird, stellen sich Wissenschaftler zunächst einmal die Frage: »Ist das tatsächlich so?«
Wenn also jemand sagt, dass ein Butterbrot immer auf die Butterseite fällt, besteht der erste Schritt zur wissenschaftlichen Überprüfung der Aussage darin, ein Butterbrot hundertmal fallen zu lassen und festzustellen, ob die Aussage denn überhaupt zutrifft. Fällt das Brot nur ein einziges Mal nicht auf die Butterseite, ist schon widerlegt, dass es **immer** auf die Butterseite fällt. Aber wenn es bei 70 Prozent aller Versuche geschieht, ist nicht widerlegt, dass es **häufiger** so ist. Dann ist die zweite, schwächere Theorie zwar nicht bewiesen, aber ihr Gegenteil widerlegt, nämlich dass das Brot seltener oder gleich häufig auf der Butterseite landet.
Das ist nur der Anfang einer wissenschaftlichen Untersuchung. Natürlich werden Wissenschaftler versuchen, herauszufinden, warum es denn so ist. Dann entstehen Theorien. Eine Theorie ist dann zutreffend, wenn sie Aussagen macht, die nachprüfbar sind. NLP macht Aussagen. Beispielsweise die, dass man an Augenbewegungen mentale Vorgänge ablesen kann, dass die Sprache eines Menschen etwas über seinen bevorzugten Wahrnehmungkanal verrät oder dass NLP Menschen hilft, effektiver, erfolgreicher und glücklicher zu sein.
Diese Aussagen sind mit der wissenschaftlichen Methode überprüfbar – im Gegensatz zu Schönheit in der Kunst oder einmaligen, nicht wiederholbaren Phänomenen. NLP ist nun nicht nur

prinzipiell der wissenschaftlichen Methodik zugänglich, sondern es ist auch wissenschaftlich erforscht worden. Nicht alle Ergebnisse waren dabei positiv.

Eine Methode wie das NLP, das seine Wissenschaftlichkeit oftmals betont, müsste daraus natürlich Konsequenzen ziehen: Techniken, deren Wirksamkeit nicht bestätigt werden konnte, sollten entweder verändert und neu überprüft oder fallengelassen werden.

Leider geschieht das häufig keineswegs. Die Erfahrungen auf anderen Gebieten – von der Astronomie bis zur Medizin – zeigen, dass es oft viele Jahre dauert, bis alte Vorgehensweisen, die sich als unwirksam erwiesen haben, in der Versenkung verschwinden. Wir haben Techniken, die einer wissenschaftlichen Überprüfung nicht standhalten konnten, aus diesem Buch herausgelassen. Zwei solche NLP-Konzepte möchten wir Ihnen dennoch kurz vorstellen, da sie eine weite Verbreitung gefunden haben und da Sie ihnen vielleicht begegnen, wenn Sie sich weiter mit NLP beschäftigen.

Augenmuster als Spiegel mentaler Vorgänge

Ein äußerst populäres Konzept aus dem NLP ist die Idee, dass die Bewegungen der Augen innere Vorgänge widerspiegeln. Das tun sie natürlich auch. Doch im NLP werden bestimmten Stellungen der Augen ganz bestimmte innere Vorgänge zugeschrieben. Wer sich auch nur ein wenig mit NLP beschäftigt, stößt früher oder später – meist früher – auf Abbildungen, die darstellen, wie sich die Augen bewegen, wenn sich jemand Bilder vorstellt, sich an Klänge erinnert, wenn er mit sich selbst spricht usw. NLP-Anwendern wird nahegelegt, auf diese Eye Cues, »Augenmuster«, zu achten und sie therapeutisch zu nutzen.

Eye Cues – Augenmuster

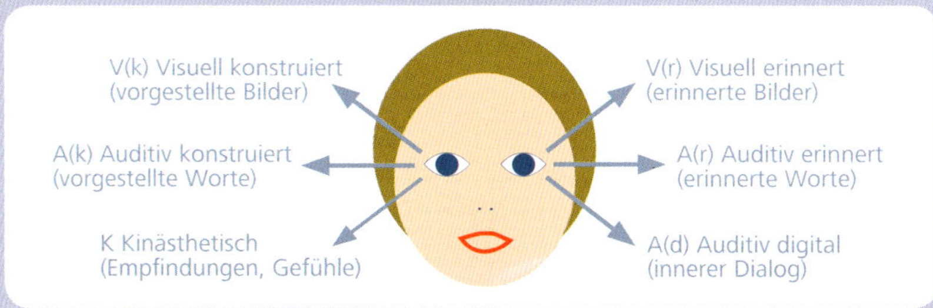

Eye Cues – Augenmuster

Das »Gedankenlesen« aus den Augenstellungen ist eine der bekanntesten Techniken des NLP – gleichzeitig aber auch die am häufigsten kritisierte Technik. Leider zu Recht.

Seriösere NLP-Anwender weisen allerdings auch darauf hin, dass man die Angaben selbstverständlich nicht einfach übernehmen kann: Rechts- und Linkshänder unterscheiden sich, und man muss auch zunächst kalibrieren (vgl. Seite 275, »Gedankenlesen«).

Trotz Kalibrierens konnten in kontrollierten Untersuchungen aber nur wenige oder keine Zusammenhänge zwischen Augenmustern und dem richtigen Ablesen mentaler Vorgänge festgestellt werden.

Beobachten Sie also Ihren Klienten oder Gesprächspartner. Nehmen Sie mit allen Sinnen wahr, wie er ist, versuchen Sie, ihn zu verstehen und sich in ihn einzufühlen. Nehmen Sie auch seine Augenbewegungen wahr. Aber bemühen Sie sich nicht unnötig, seine gedanklichen Strategien auf eine so mechanische Art und Weise zu analysieren. In wissenschaftlichen Untersuchungen hat sich das als wenig nutzbringend erwiesen.

Ein Hauptrepräsentationssystem (PRS)

Das Konzept eines Hauptrepräsentationssystems ist im NLP weit verbreitet. Schon an der Sprache eines Menschen soll sich recht deutlich zeigen, ob jemand eher ein »Visueller Wahrnehmungstyp«, ein »Auditiver Wahrnehmungstyp« oder ein »Kinästhetischer Wahrnehmungstyp« ist. Natürlich ist die Abgrenzung nicht scharf, und niemand wird ausschließlich einen Sinn benutzen oder nur ein Repräsentationssystem in seiner Sprache verwenden.

Hauptrepräsentationssystem (PRS)

Im NLP wird davon ausgegangen, dass die meisten Menschen einen Sinn – in der NLP-Sprache ein »Repräsentationssystem« – in ihrem Denken, Sprechen und Wahrnehmen bevorzugen. Dieses System heißt im NLP »,Preferred Representational System«, kurz »PRS«.

Beispiele von Sprachmustern:

Visuell – Sehen	**Auditiv – Hören**	**Kinästhetisch – Fühlen**
Da sehe ich schwarz …	Das hört sich nicht gut an …	Damit komme ich nicht zurecht …
Mir scheint …	Für mich klingt das, als ob …	Nach meinem Gefühl ist es …
Das ist doch wirklich einleuchtend …	Das klingt doch stimmig …	Das passt doch zusammen …
Sie kann das nicht einsehen …	Er hört mir nicht richtig zu…	Er kann damit nicht umgehen …
Ich sehe das aus einer anderen Perspektive …	Wir harmonieren nicht miteinander…	Wir liegen nicht auf einer Wellenlänge …

Nun können Sie ja mal ein wenig auf solche Sprachmuster achten, wenn Sie mit Menschen umgehen. Das kommt der Entwicklung Ihres Sprachgefühls, Ihrer Aufmerksamkeit und Ihrer Hinwendung zu Ihrem Gesprächspartner zugute. Die psychologische Forschung konnte jedoch die Theorie, dass sich bevorzugte Sinneskanäle in der Sprache offenbaren, oder gar, dass ein Spiegeln dieser Sprachmuster wirksam ist, nicht bestätigen.
Hören Sie Ihren Gesprächspartnern einfach gut zu und fühlen Sie sich in Ihr Gegenüber ein, anstatt krampfhaft zu versuchen, sein PRS herauszufinden und in der Sprache zu spiegeln. Es ist nicht wirklich sinnvoll.

Kommerzialisierung

Ein Kritikpunkt am NLP ist die starke Kommerzialisierung. Nun kann man Menschen natürlich nicht vorwerfen, Geld verdienen zu wollen. Insbesondere dann, wenn sie davon überzeugt sind, dafür auch wirklich etwas bieten zu können.
Das Problem dabei ist nur: Wenn das effiziente Geldverdienen an erster Stelle steht, kommt das Helfen bestenfalls an zweiter Stelle. Die Vorstellung, dass sich das Beste in der Marktwirtschaft durchsetzt, ist eine Ideologie, die von den Tatsachen nicht gestützt wird. Um wirtschaftlich außerordentlich erfolgreich zu sein, muss außerordentlicher Wert auf die positive, möglicherweise sogar manipulative Vorstellung der Vorteile des NLP gelegt werden. Für Kritik und Selbstkritik bleibt da kein Platz.
Wirtschaftlich erfolgreiche NLP-Anwender stehen vor einem Dilemma: Wenn etwas nicht funktioniert, können sie nicht ohne Weiteres dem Grundsatz »Wenn etwas nicht funktioniert, versuche etwas anderes« folgen. Ihr Lebensunterhalt, ihre Stellung als Lehrer, ihr Lebensinhalt hängen ja davon ab. Daher wird der Grundsatz oft weniger auf die Effektivität des NLP, als vielmehr

auf die Effizienz der Vermarktung angewandt. Nun gibt es aber tatsächlich auch positive Aspekte:

- NLP propagiert, auf zielorientierte Art und Weise an Probleme heranzugehen.
- NLP wurde relativ schnell bekannt, und es konnte damit vielen Menschen geholfen werden.
- Der hohe Bekanntheitsgrad des NLP führte dazu, dass das NLP auch als effektive Selbsthilfemethode Verbreitung fand.
- Der kommerzielle Erfolg des NLP führte auch dazu, dass andere Psychotherapie-Schulen sich mit NLP-Methoden beschäftigten und diese teilweise übernahmen.
- Der Erfolg des NLP brachte die wissenschaftliche Psychologie dazu, Aussagen und Techniken des NLP wissenschaftlich zu überprüfen.

Unserer Ansicht nach ist die Kommerzialisierung des NLP problematisch. Wie jede Art von Kommerzialisierung. Auch die Kommerzialisierung der Kunst und aller anderen Lebensbereiche ist nicht unbedingt eine Bereicherung. Klar sollte aber sein, dass diese Kritik nichts über die Güte und die Effektivität von NLP aussagt.

Praxis ohne Theorie

Wissenschaftler kritisieren am NLP, es sei nur eine Sammlung von Methoden und keine Lehre, der eine eigene Theorie zugrunde liege. Diese Kritik leuchtet Nicht-Wissenschaftlern oft überhaupt nicht ein. Ist es nicht völlig gleichgültig, ob so eine Theorie existiert? Wozu soll eine Theorie überhaupt gut sein? Grau ist alle Theorie. Hauptsache ist doch, dass es wirkt! Wer heilt, hat recht! Tatsächlich muss man sich ein paar Gedanken darüber machen, was das Fehlen einer eigenen Theorie bedeutet. In der Umgangssprache wird »Theorie« oft als Gegensatz von »Praxis« verwendet.

Dies hat aber mit der wissenschaftlichen Vorstellung von Theorie nichts zu tun. Eine Theorie ist vielmehr eine Voraussetzung für eine sinnvolle und effektive Praxis.

DEF

Eine Theorie ist definiert als ein System von Aussagen, das die Realität (bzw. einzelne Bereiche der Realität) erklären soll und Voraussagen über zukünftige Ereignisse ermöglicht.
Eine Theorie muss also:

- in sich widerspruchsfrei sein,
- überprüfbar sein,
- unnötige Annahmen vermeiden,
- nicht nur beschreiben, sondern auch Voraussagen ermöglichen.

Das ist vielleicht immer noch ein bisschen zu abstrakt. Es wird Ihnen aber bestimmt klarer werden, wenn Sie einmal das folgende Gedankenexperimente nachvollziehen:

EXP

Der Allesheiler

Stellen Sie sich vor, ein selbst ernannter Wunderheiler brüstet sich damit, fast alle Leiden heilen zu können – mit einem »Allesheiler-Cocktail«, den er aus allen erwiesenermaßen wirksamen Medikamenten zusammenbraut. Würden Sie diesen Cocktail trinken?

Lässt sich NLP nun mit diesem Wunderheiler vergleichen? Wenn man NLP als Universalmethode sehen will, die alle seelischen Probleme im Handumdrehen auflösen kann, trifft der Vergleich tatsächlich zu. Betrachtet man NLP hingegen als Angebot, den menschlichen Geist zu erforschen, wird NLP eine große Hilfe sein. Die NLP-Techniken sind nichts, woran Sie »glauben« müssten. Sie sind einfach hervorragende Werkzeuge, die Ihnen helfen, Ihren eigenen Weg zu finden. Mit dieser Einstellung werden Sie von NLP am meisten profitieren können. Und wenn Sie als Therapeut NLP nicht als Theorie missverstehen, sondern als Werkzeugkasten, dessen Werkzeuge Sie verantwortungsvoll und gekonnt einsetzen, um Ihren Klienten zu helfen, werden Sie bestimmt effektiver helfen.

Manipulation und Ethik

Einer der Vorwürfe gegen das NLP zielt darauf ab, dass es zur Manipulation missbraucht werden kann, da es leicht erlernbare Techniken beinhaltet, mit deren Hilfe verantwortungslose Personen andere Menschen schädigen könnten.
Nun ist es in der Tat so, dass man einige Techniken, insbesondere das Spiegeln und Führen, missbrauchen könnte.

Darauf gibt es mehrere Antworten:

1. Gerade wegen der Gefahr der möglichen Manipulation ist es wichtig, NLP kompetent zu vermitteln: Nur wenn man weiß, wie man manipuliert werden kann, kann man sich vor Manipulation schützen.
2. Richtiges Spiegeln ist keine Einbahnstraße: Wer sich in andere Menschen wirklich einfühlt, wird weniger geneigt sein, sie zu ihrem Schaden zu manipulieren.

Fragen und Antworten

Mir kommt NLP sehr »kopflastig« vor. Gibt es nicht schon genug Technik in dieser Welt? Wäre es nicht viel wichtiger, auf die Gefühle der Menschen einzugehen?
In gewisser Weise ist NLP tatsächlich sehr rational, also »kopflastig«. Die Erklärungen der Techniken und die Begründung ihrer

Wirksamkeit können nur mit logischem Denken nachvollzogen werden – aber könnte es denn anders sein? Wem wäre mit irrationalen und unlogischen Erklärungen gedient? Ganz anders ist jedoch die Praxis des NLP: Die Techniken zeigen zwar, wie man Schritt für Schritt vorgehen kann; aber diese Schritte – wie beispielsweise Visualisieren, das Beobachten von Gefühlen, die kreative Veränderung innerer Bilder, die Bedeutung der körperlichen Haltung – sind keineswegs kopfbetont. Im NLP wird ganz im Gegenteil immer wieder betont, dass das rationale Analysieren von Problemen sehr ineffektiv ist. NLP sieht sich geradezu als Gegensatz zu rational-analytischen Methoden. In der Tat ist es wichtig, die Gefühle mehr in den Mittelpunkt zu stellen. Genau das ist das Ziel von NLP.

Kann NLP wirklich ein Ersatz sein für eine herkömmliche Psychotherapie bei einem fundiert ausgebildeten Therapeuten?
Nein. NLP bietet sehr hilfreiche Ideen an, um den Geist zu erforschen und andere Perspektiven einzunehmen. Doch ein erfahrener, gut ausgebildeter Therapeut ist bei klinisch relevanten psychischen Problemen – wie schweren Depressionen, Phobien, Zwangserkrankungen, Psychosen, Schizophrenie – unverzichtbar. In Deutschland bietet die Approbation als psychologischer oder ärztlicher Psychotherapeut einen guten Anhaltspunkt.

Einige Versprechungen von Vertretern des NLP kommen mir sehr übertrieben vor. Ist es nicht etwas größenwahnsinnig, zu behaupten, NLP könne in wenigen Minuten etwas leisten, das mit anderen bewährten Methoden Monate dauert?
NLP bewirkt manchmal tatsächlich erstaunlich schnelle Veränderungen. Die psychologische Forschung führte allerdings ein wenig zur Ernüchterung: Damit Veränderungen stabil werden, reicht

eine NLP-Intervention in der Regel nicht aus. Trotzdem ist es manchmal verblüffend, wie deutlich eine einzige NLP-Sitzung das Lebensgefühl eines Klienten verbessern kann. Doch gutes NLP ist eben nicht nur Technik. Ohne einfühlendes Verstehen wird sich nichts Grundlegendes verändern können. Psychiatrische Erkrankungen wie Psychosen, Depressionen oder Schizophrenie sind nicht durch NLP-Interventionen zu »heilen«.

Werden mit den NLP-Techniken Probleme nicht lediglich verdrängt?
Nein. Ganz im Gegenteil: NLP wendet sich zwar nicht den Problemen, sondern den Zielen zu – doch die Probleme werden dabei nicht verleugnet. Interessanterweise kommt oft von denselben Menschen, die NLP als zu rational kritisieren, gleichzeitig die Kritik, dass die Problemursachen im NLP keine zentrale Rolle spielen. Wir bezweifeln, dass die »tatsächlichen« Ursachen seelischer Probleme überhaupt immer ins Bewusstsein kommen können. Der menschliche Geist und die Einflüsse, die auf ihn wirken, sind viel zu komplex, als dass wir sie rein rational verstehen könnten. Unseres Erachtens ist die Aufdeckung von »Ursachen« immer nur eine Rationalisierung. Und das Rationalisieren von Problemen wird niemals Probleme lösen können!

Einige Behauptungen, wie beispielsweise die, der menschliche Geist bestehe aus »Subpersönlichkeiten«, kommen mir doch sehr weit hergeholt vor. Was soll das?
Alle Behauptungen, die im NLP aufgestellt werden, sind nur Arbeitshypothesen. Das heißt, sie erheben keinen Anspruch darauf, die »Realität« zu beschreiben. Diese Annahmen erleichtern den Umgang mit komplexen Vorgängen, die rational nicht oder nur sehr schwer verstanden werden können. Wenn Sie Ihren Arm he-

ben wollen, denken Sie nur daran, Ihren Arm zu heben und nicht im mindesten an die vielen Muskeln, die für diese Armbewegung aktiviert werden müssen. Dadurch vereinfachen Sie den Vorgang nicht nur, sondern machen ihn überhaupt erst möglich!

Viele NLP-Techniken und Übungen fordern dazu auf, sich etwas intensiv vorzustellen. Ich habe damit große Schwierigkeiten. Es will mir einfach nicht gelingen, lebendige Bilder wachzurufen. Kann es sein, dass NLP für mich einfach nicht geeignet ist?
NLP ist tatsächlich für einige Menschen nicht geeignet, aber Sie gehören höchstwahrscheinlich nicht dazu. NLP ist ungeeignet für manche Menschen mit geistigen Behinderungen, schweren psychischen Erkrankungen und extremen Konzentrationsstörungen. Tatsächlich fällt es einigen Menschen schwer, komplexe, lebendige Bilder zu visualisieren. Das ist zwar so, aber die bildhafte Vorstellung kann durch Übung enorm verbessert werden. Wenn Sie eine Weile ganz bewusst auf die Dinge achten, die Sie sehen, ab und zu die Augen schließen und versuchen, sich das gerade Gesehene noch einmal vor Ihr inneres Auge zu holen, werden Sie feststellen, dass sich Ihre Visualisierungsfähigkeit schnell verbessert. Analog gilt das natürlich auch für alle anderen Wahrnehmungskanäle!

NLP lehrt anscheinend sehr effektive Möglichkeiten, Menschen zu beeinflussen. Besteht da nicht die Gefahr des Missbrauchs?
Ja, das stimmt: Natürlich kann man auch mit dem NLP-Wissen verantwortungslos und missbräuchlich umgehen, was beispielsweise in der Werbung und in der Schulung von Verkäufern auch tatsächlich versucht wird. Dazu ist dreierlei zu sagen:

- Erstens ist Wissen immer auch Macht, und jedes Wissen kann auch missbraucht werden – selbst spirituelles »Wissen«.

- Zweitens: Der beste Schutz vor Manipulation ist das Wissen, dass sie möglich ist. Wenn NLP also die Möglichkeit zur Manipulation bietet, so bietet es ebenso die Möglichkeit, Manipulationen zu durchschauen und sich davor zu schützen!
- Drittens: Der Missbrauch von NLP-Techniken ist nicht so leicht, wie es auf den ersten Blick erscheinen mag. Effektives Spiegeln und Führen gelingt nur, wenn man sich intensiv in sein Gegenüber einfühlt. Wenn man den anderen nun aber wirklich versteht, mit ihm fühlt und sich auf seine Wellenlänge einstellt, ist es viel schwieriger, ihn gegen seinen Willen zu beeinflussen.

Aber es ist richtig, dass die Möglichkeit des Missbrauchs besteht.

NLP ist eine »Technologie«, die sich aber mit dem Menschen befasst. Ohne eine Ethik sehe ich da große Gefahren. Gibt es eine »NLP-Ethik«?

Der Gebrauch des Begriffs »Bewusstseins-Technologie« im Zusammenhang mit NLP ist sicherlich in vielerlei Hinsicht irreführend und beschreibt nur einen kleinen, wenn auch interessanten Aspekt von NLP: NLP ist insofern eine »Technologie«, als dass Methoden und ihre Wirkungen klar nachvollziehbar und in sich logisch und damit vermittelbar dargestellt werden. In jeder anderen Hinsicht ist NLP alles andere als »technisch«, denn NLP hat stets den ganzen Menschen als Einheit von Körper, Seele und Geist, mit all seinen Bedürfnissen, mit all seinen Licht- und Schattenseiten im Auge, zielt stets auf das selbstbestimmte Wohl des Individuums ab und geht von einem positiven Menschenbild aus.

Die Grundannahmen des NLP mit ihrer Wertschätzung jedes Menschen, der Achtung vor seinem gewaltigen Potenzial und der Relativierung jedes dogmatischen und ideologischen Standpunkts beinhalten durchaus eine humanistische und konsequente Ethik.

Glossar der NLP-Techniken und Begriffe

Anker: Unter einem Anker versteht man im NLP einen Auslösemechanismus für Gefühlszustände. Ein an sich neutraler Reiz (eine Bewegung, ein Klang usw.) wird durch wiederholte Assoziation mit einem Gefühlszustand verbunden, so dass er schließlich reflexartig den Gefühlszustand auslöst.
Assoziiert: Eine Situation, auch in der Erinnerung oder Vorstellung, wird dann assoziiert erlebt, wenn man selbst das Zentrum des Erlebens ist. Siehe auch ➠ dissoziiert
Bewusstsein: Der Begriff des Bewusstseins ist kaum einer Definition zugänglich. Die Grenzen zwischen Bewusstsein und Unterbewusstsein sind fließend – wir ordnen einen geistigen Vorgang umso eher dem Bewusstsein zu, je mehr er im Zentrum unserer Aufmerksamkeit steht.

Dissoziiert: Das Gegenteil von ➠ assoziiert. Bei einer dissoziiert erlebten Situation (Erinnerung, Vorstellung) steht das Ich nicht im Mittelpunkt der Situation, sondern sieht sich selbst sozusagen »von außen«. Damit einher geht eine geringere Gefühlsbeteiligung.

Eco-Check: auch Ökologie-Prüfung, Ökologie-Check, Ecology-Check. Im NLP die Abklärung der ökologischen Stimmigkeit einer Veränderung; d. h. die Frage nach eventuellen negativen Konsequenzen einer gewünschten positiven Veränderung.

Future Pace: auch Future Pacing. Ein NLP-Standardvorgehen, das stets am Ende einer Veränderungs-Technik stehen sollte. Dabei wird die Qualität und Wirksamkeit der Veränderung geprüft.

Glaubenssätze: auch engl. Beliefs. Nach Dilts sind Glaubenssätze »Überzeugungen über uns selbst und darüber, was in der Welt um uns möglich ist«. Im NLP wird besonderer Wert auf das Aufspüren und Auflösen einschränkender Glaubenssätze gelegt.

Hypnose ➠ Trance

Kalibrieren: Im NLP bedeutet »kalibrieren«, sich auf eine Person genau einzustellen; d. h. durch Fragen und genaues Beobachten die Körpersprache dieser Person erkunden und die ➠ Physiologien eindeutig zuzuordnen.
Lead(ing): auch Führen. Das Verhalten einer anderen Person unmerklich durch körpersprachliche Signale verändern. Leading kann nur gelingen, wenn vorher ein starker ➠ Rapport aufgebaut wurde, v. a. durch ➠ Pacing.

Meta-Modell: Ein Meta-Modell ist sozusagen ein Modell eines Modells. Im NLP geht es v. a. um ein Meta-Modell der Sprache, d. h. um die Auswirkungen bestimmter Sprachmuster.

Milton-Modell: Ein Modell tranceauslösender Sprachmuster, das Bandler und Grinder aus der Analyse des Sprachverhaltens Milton Ericksons entwickelten. Das Milton-Modell ist in gewisser Weise die Umkehrung des Meta-Modells: Während das Meta-Modell Aussagen klarer macht, zeigt das Milton-Modell, wie Aussagen auf eine bestimmte, absichtsvolle Art und Weise vage gemacht werden.
Modeling: auch Modellieren. Eine Methode, durch das Nachahmen einer Person (z. B. besonders erfolgreicher Menschen), das »wie« ihres Tuns herauszufinden. Modeling kann dabei auf ganz verschiedenen Abstraktionsstufen stattfinden.

Pacing: auch Spiegeln. Eine Methode ➠ Rapport aufzubauen, indem man sein Verhalten dem des Gegenübers mehr oder weniger subtil angleicht.
Personale Integration (PI): In der PI wird besonderer Wert auf das Subpersönlichkeiten-Modell gelegt – das vorrangige Ziel ist, alle Bestrebungen der Persönlichkeit (➠ Subpersönlichkeiten) optimal und reibungsfrei (»integriert«) zusammenarbeiten zu lassen.
Phobia Cure: Eine NLP-Technik, die zur Befreiung von Ängsten eingesetzt wird.
Physiologie: Im NLP versteht man unter »Physiologie« den körperlichen Ausdruck, der mit einem bestimmten inneren Zustand einhergeht. Für einen NLP-Therapeuten oder -Coach ist es wichtig, die verschieden Physiologien (v. a. Problem-Physiologie, Veränderungs-Physiologie und Ziel-Physiologie) zu erkennen, z. B. um ➠ Anker effektiv zu setzen. Um die Physiologien effektiv zu erkennen, ist vorheriges ➠ Kalibrieren wichtig.
Positive Absicht: Eine der Grundannahmen (Arbeitshypothesen) des NLP besagt, dass jedem Verhalten eine positive Absicht zugrunde liegt. Bei Veränderungen ist es wichtig, diese positive Absicht herauszufinden und in den Veränderungsprozess mit einzubeziehen.

Rapport: Ein Ausdruck aus der Hypnose, der eine vertrauensvolle, verbindende Beziehung kennzeichnet, in der die Personen »auf einer Wellenlänge« sind. Ein guter Rapport ist wichtig, um den Klienten in ➠ Trance zu bringen.
Referenz-Erfahrung: Eine konkrete Erfahrung in der Vergangenheit, in der eine Ressource besonders stark zum Tragen kam. Eine Referenz-Erfahrung dient dazu, sich einen Ressource-Zustand konkret zu vergegenwärtigen.
Reframing: Einer Verhaltensweise, einer Ansicht, einer Situation einen »neuen Rahmen« geben, sie umdeuten, sie in einen neuen Kontext stellen.
Repräsentationssysteme: auch Wahrnehmungssysteme, Wahrnehmungsebenen. NLP geht davon aus, dass alle mentalen Vorgänge in »Wahrnehmungseinheiten« codiert werden. »Denken«, »Fühlen« und »Bewusstsein« werden im NLP also immer als sinnliche Vorgänge betrachtet. Alle mentalen Vorgänge werden demnach sinnlich repräsentiert.
Ressourcen: Alles, was dem Erreichen von Zielen dient. Dazu gehören auch äußere Ressourcen, wie Menschen oder Geld. Im NLP geht es vor allem darum, die inneren Ressourcen, also die positiven Kräfte zu mobilisieren und gezielt einzusetzen: Fähigkeiten, Kenntnisse, Erfahrungen, Vorstellungen, Strategien usw.

Separator State: auch Unterbrecher-Zustand. In NLP-Techniken werden häufig innere Zustände gewechselt. Bei einem solchen Wechsel ist es wichtig, den ersten Zustand wirklich zu beenden, bevor in den zweiten übergeleitet wird – das geschieht durch einen Separator-State. Jeder ➠ dissoziierte Zustand kann als Separator eingesetzt werden.
Spiegeln ➠ Pacing
State of Excellence: Ein herausragender Gefühls- und Bewusstseinszustand, in dem der/die Betreffende sich subjektiv sehr wohl fühlt und im Vollbesitz seiner Kräfte ist. NLP ist zu einem großen Teil eine Methode, die Zugang zu diesem Zustand verschafft.
Strategie: Eine festgelegte Folge von Handlungen oder mentalen Prozessen. Strategien können großteils unbewusst und in Sekundenbruchteilen ablaufen. NLP deckt solche Strategien auf und zeigt Möglichkeiten sie zu verändern.
Submodalitäten: Die Unterscheidungskriterien innerhalb eines Sinnessystems (einer Modalität). Beispielsweise »Helligkeit« beim Sehen oder »Lautstärke« beim Hören.
Subpersönlichkeiten: kurz SPs, auch Teile, Teilpersönlichkeiten. Subpersönlichkeiten sind eine Modellannahme, bei der unterbewusste und unbewusste Persönlichkeitsteile, Motivationen und Bestrebungen personalisiert werden, um einen intuitiven und ganzheitlichen Umgang mit ihnen zu ermöglichen und komplexe unterbewusste Vorgänge visualisieren zu können.
Swish: Eine von Richard Bandler entwickelte NLP-Technik, bei der zwei innere Bilder (ein negatives und ein positives) einander überlagern. Dabei werden auf ganzheitliche Weise die ➠ Submodalitäten der negativen Vorstellung verändert und damit der negative Gefühlszustand gelöscht.

Time Line: auch Zeitlinie. 1. Die innere sinnliche Repräsentation der individuellen Zeitvorstellung. 2. Ein bei manchen NLP-Techniken eingesetzter räumlicher ➠ Anker, der die innere Time-Line fixiert, beispielsweise mit Hilfe eines auf dem Boden ausgelegten Seils. Das Gehen auf dieser Linie wird mit dem Erleben der Vergangenheit verknüpft.
Trance: Ein Bewusstseinszustand, der sich sowohl vom Wachzustand, als auch vom Schlaf unterscheidet. In der Trance, die beispielsweise durch Hypnose oder Meditation herbeigeführt werden kann, sind Bewusstsein und Unterbewusstsein in engerem Kontakt; die Aufmerksamkeit, Aufnahmefähigkeit und Problemlösungsfähigkeit sind gesteigert.

VAKO/G: Abkürzung für die Sinnesmodalitäten: visuell, auditiv, kinästhetisch, olfaktorisch, gustatorisch, also Sehen, Hören, Spüren, Riechen und Schmecken. Es gibt noch mehr Sinneswahrnehmungen. Diese sind unter dem Begriff »kinästehisch« zusammengefasst, was nicht sehr sinnvoll ist, sich aber im NLP so etabliert hat.
Visualisieren: bildhaft vorstellen

Walt Disney Technik: auch Walt-Disney-Strategie. Eine Strategie, die drei Phasen des kreativen Prozesses voneinander trennt und damit die Kreativität effektiver und planvoller einsetzt.
Wellformed Outcome (WFO): auch Wohlgeformtes Ziel. Ein Ziel, das bestimmte Kriterien, wie Erreichbarkeit durch eigene Ressourcen, klare Definition, zeitliche Bestimmung usw. erfüllt.

Literatur

Andreas, Connirae/Andreas, Steve: *Mit Herz und Verstand. NLP für alle Fälle.* Junfermann, Paderborn 2004

Bandler, Richard/Grinder, John: *Neue Wege der Kurzzeit-Therapie. Neurolinguistische Programme.* Junfermann, Paderborn 2007

– *Metasprache und Psychotherapie. Die Struktur der Magie I.* Junfermann, Paderborn 2010

– *Kommunikation und Veränderung. Die Struktur der Magie II.* Junfermann, Paderborn 2009

Bakker, Arnold: *The Job Demands-Ressources model: State of the Art.* Journal of Managerial Psychology, Vol. 23. Bingley (UK) 2007

Dilts, Robert B.: *Einstein – Geniale Denkstrukturen und NLP.* Junfermann, Paderborn 2005

– *Identität, Glaubenssysteme und Gesundheit. Höhere Ebenen der NLP-Veränderungsarbeit.* Junfermann, Paderborn 2006

Foerster, Heinz v./Glasersfeld, Ernst v.: *Wie wir uns erfinden.* Carl Auer, Heidelberg, 2010

Long, Aljoscha/Schweppe, Ronald: *NLP macht Kinder stark.* Südwest, München 2011

– *Die 7 Geheimnisse der Schildkröte.* Heyne, München 2010

– *Meditation. Techniken für innere Ruhe und Entspannung.* BLV, München, 2014

– *Nicht anstrengen – leben! Das Dao des Alltags.* Heyne, München 2009

– *Der Seelenschlüssel zum Wunschgewicht.* Goldmann, München 2013

Mohl, Alexa: *Der große Zauberlehrling. Das NLP Arbeitsbuch für Lernende und Anwender.* Junfermann, Paderborn 2006

Ötsch, Walter/Stahl, Thies: *Das Wörterbuch des NLP.* Junfermann, Paderborn 2003

Rogers, Carl: Therapeut und Klient. Fischer, Frankfurt a.M., 2012

– *Entwicklung der Persönlichkeit.* Klett-Cotta, Stuttgart, 2012

Witzleben, Ines von/Schwarz, Aljoscha: *Endlich frei von Angst.* Gräfe & Unzer, München 2011

Zeig, Jeffrey K. (Hrsg.): *Meine Stimme begleitet Sie überallhin. Ein Lehrseminar mit Milton H. Erickson.* Klett-Cotta, Stuttgart 2006

Register

Impressum

2. Auflage 2016

Hinweise

Das vorliegende Buch wurde sorgfältig erarbeitet. Dennoch erfolgen alle Angaben ohne Gewähr. Weder die Autoren noch der Verlag können für eventuelle Nachteile oder Schäden, die aus den im Buch gegebenen praktischen Hinweisen resultieren, eine Haftung übernehmen.
Der Verlag weist ausdrücklich darauf hin, dass im Text enthaltene externe Links vom Verlag nur bis zum Zeitpunkt der Buchveröffentlichung eingesehen werden konnten. Auf spätere Veränderungen hat der Verlag keinerlei Einfluss. Eine Haftung des Verlags ist daher ausgeschlossen.

Bildnachweis

Avenue Images, Hamburg: 196 (Jason Friend/agefotostock)
F1online, Frankfurt: 172 (Ojo Images),
Getty Images, München: 18 (Digital Vision/Chad Baker), 076 (First Light/Yves Marcoux), 144 (Vetta/Mark Evans), 236 (PhotoAlto/Frederic Cirou), 258 (Stone/Tara Moore), 298 (Photodisc)
Shutterstock, New York: U1 (3DProfi), 11 (AQUAZOOM), 100 (djgis)

Projektleitung	Dr. Harald Kämmerer, Andrei-Sorin Teusianu
Redaktion	Claudia Fritzsche
Bildredaktion	Dietlinde Orendi
Umschlaggestaltung	*zeichenpool, München
Layout/DTP	buxdesign | München
Litho	JournalMedia GmbH, München
Druck und Bindung	Alcione, Lavis

Printed in Italy

MIX
Papier aus verantwortungsvollen Quellen
FSC® C021956

ISBN 978-3-517-08943-0

Verlagsgruppe Random House
FSC® N001967